Lily Brett — Zu sehen

Lily Brett

Zusehen

Aus dem Englischen
von Anne Lösch

Deuticke

*Ich wollte den Faden wiederaufnehmen,
der uns in Kopf und Herz verbunden hatte.*

INHALT

1 Altern   11
2 Meine Tochter   37
3 Sex   87
4 New York   119
5 Mein Körper   155
6 Essen   199
7 Tod   229
8 Liebe   273
9 Schreiben   311

1 Altern

ALTERN, DACHTE ICH, SEI ETWAS, DAS ÄLTEREN Menschen zustößt.

Kurz nachdem ich nach New York gezogen war, ging ich ins Lincoln Center zu einem Klavierkonzert von Daniel Barenboim. Ich war sehr aufgeregt. Ganz gleich wo in Melbourne ich in meinem Peugeot unterwegs gewesen war – ständig hatte ich seine Aufnahme von Beethovens *Pathétique* gespielt. Diese Sonate war das erste Musikstück, in das ich mich je verliebt hatte. Sie war das einzige, das ich hörte.

Musik zu hören war etwas Neues für mich. Lange Zeit in meinem Leben hielt ich es überhaupt nicht aus, Musik zu hören. Ich brauchte Stille. Jedesmal, wenn ich die Kassette aus ihrer Hülle nahm, betrachtete ich Daniel Barenboim – dunkel, nachdenklich und gutaussehend – auf dem Cover.

Unter tosendem Applaus kam Daniel Barenboim auf die Bühne. Ich war nicht die einzige, die aufgeregt war, ihn zu sehen. Das Publikum klatschte und klatschte. Ich saß da wie betäubt. Daniel Barenboim war klein, untersetzt und grau. Als der Applaus schwächer wurde, wandte ich mich zu meinem Mann und flüsterte mit zitternder Stimme: »Ich dachte, er ist dunkel.«

»Wir waren alle einmal dunkel«, sagte mein Mann.

Ich glaube, ich war der Meinung, Altern sei etwas, das mit anderen Leuten geschieht. Und in gewisser Weise tut es das auch. Wir sind nicht mehr die, die wir einmal waren. Ich sehe mir Fotos von mir mit zwanzig an. Mein Haar ist glattgezogen. Ich habe Eyeliner aufgetragen, zwei dicke Striche über und unter meinen Augen. Ich trage ein langes, psychedelisches Gewand und Glöckchen um Fuß- und Handgelenke.

Wer war ich? Worüber hab ich nachgedacht? Ich muß gefunden haben, daß ich toll aussehe. Ich weiß noch, wie gut mir meine mit Flitter besetzten falschen Wimpern gefielen. Ich weiß, daß mein Vater weinte, wenn er mich ansah. Ich hatte mir kleine, schwarze Herzen auf die Wangenknochen gemalt. »Was ist aus meiner Tochter geworden?« sagte er. »Wo ist meine Tochter?«

Wo war ich? Ich weiß es nicht. Ich war unter einer dicken Schicht Make-up, Rouge, Mascara und falschen Wimpern begraben. Und unter einer dicken Fettschicht. Fett verbarg mich wie eine behagliche Decke, wenn man davon absah, daß es überhaupt nicht behaglich war. Es umhüllte und schützte mich. Ich fühlte mich geborgen und sicher. Sicher vor wem? Wovor? Es sollte mich Jahrzehnte kosten, das herauszufinden.

Und wer war ich auf einem anderen Foto? Ich liege lächelnd in einem Krankenhausbett. Ich trage ein weißes, viktorianisches Spitzennachthemd. Mein Haar ist in der Mitte gescheitelt. Ich halte meinen neugeborenen Sohn im Arm. Ich bin ein Bild heiterer Gelassenheit. Wer war ich? Ich war zweiundzwanzig. Und das ganze Chaos wurde (wie das mit zweiundzwanzig noch möglich ist) von Furchtlosigkeit überdeckt, von Unschuld, guter Haut, schönem Haar und der richtigen Lippenstiftfarbe.

Heute ist mein Sohn siebenundzwanzig. Er ist eine der großen Freuden meines Lebens. Warum habe ich ihn bekommen? Warum ließ ich mir meine Spirale entfernen, um mit einundzwanzig schwanger zu werden? Damals hatte ich keine Ahnung, warum. Noch jahrelang habe ich mich gefragt, warum ich so versessen darauf war, ein Kind zu bekommen. Ich war selbst noch ein Kind.

Ich glaube, daß es etwas mit Sabotage zu tun hatte. Ich sabotierte mich selbst. Ich war beruflich erfolgreich. Ich war Rockreporterin. Ich reiste auf der ganzen Welt umher und interviewte Rockstars: Jimi Hendrix, The Who, The Mamas and The Papas, Janis Joplin, Sonny and Cher, The Doors. Jeden, der in der Rockwelt wer war. In Australien war ich außerdem im Radio und im Fernsehen. Ich glaube, der Erfolg war zuviel für mich. Ich konnte das alles gar nicht schnell genug aufgeben. Natürlich wußte ich nicht, daß ich das tat.

Ich war so glücklich, einen Jungen geboren zu haben. Ich war völlig hingerissen. Ich konnte mein Glück kaum fassen. In unserer Familie gab es doch keine männlichen Nachkommen. Unsere Familie verlor ihre Söhne. Meine Mutter hatte im Ghetto von Lodz einen Sohn verloren, vier Brüder in Auschwitz. Und nach dem Krieg, in Melbourne, hatte sie, voll Scham, einen männlichen Fötus abgetrieben.

In London, im Guys Hospital, konnte ich nicht schlafen. Ich blieb zwei Tage und zwei Nächte wach und betrachtete verblüfft meinen wunderschönen Sohn. Einige Tage später war ich noch verblüffter. Ich begriff, daß ich ihn mit nach Hause nehmen mußte. Ich hatte nicht weiter gedacht, als das Baby, das ich mir wünschte, auf die Welt zu bringen. Ich hatte gewiß nicht daran gedacht, es mit nach Hause zu nehmen. Was habe ich gedacht?

Ich dachte nicht an meine Mutter. Heute glaube ich, daß meine Mutter einer der Gründe dafür war, meinen Sohn zu bekommen. Ich wollte ihr die Söhne geben, die sie verloren hatte. Ich wollte ihr ein Stück Familie zurückgeben. Ich wollte ihr die Enkelkinder geben, die jemals zu haben sie sich nicht einmal erträumt hätte, als sie fast nackt, von Typhus geschüttelt, auf dem steinhart gefrorenen Boden in Stutthof lag, wohin man sie nach Auschwitz gebracht hatte.

Mein kleiner Junge veränderte meine Mutter. Sie verliebte sich in ihn. Und er sich in sie. Wenn sie ihn jemandem vorstellte, sagte sie »mein Sohn«. Manchmal, wenn ich dabei war, korrigierte sie sich »mein Enkel«, sagte sie dann.

Vor zehn Jahren, als sie mit vierundsechzig an Krebs starb, wollte sie ihn bei sich haben. Und er wollte bei ihr sein. Wußte ich von der heftigen Liebe, die sich zwischen meinem Sohn und meiner Mutter entwickeln würde? Dieser Liebe, die Gräben überbrücken und Träume erfüllen sollte? Ich weiß es nicht.

Damals wußte ich nicht viel. Als ich zum ersten Mal heiratete, wußte ich nicht, warum. Ich heiratete jemanden, den ich mit neunzehn kennengelernt hatte. Er war groß und blond. Der perfekte Arier. Später, als sein Haar nachdunkelte, färbte ich es sofort wieder hell.

Als ich zum zweiten Mal heiratete, war ich vierunddreißig. Und ich wußte, warum ich es tat. Ich war verrückt nach ihm. Ich war verrückt nach einem Mann, den ich überhaupt nicht kannte. Ich sah ihn zum ersten Mal und war sofort in ihn verliebt. Was wußte ich? Irgend etwas. Ich bin immer noch verrückt nach ihm.

Kürzlich fragte mich meine jüngere Tochter, wie ich mich in jemanden verlieben konnte, den ich kaum kannte. Es war eine schwierige Frage. Ich stotterte herum und redete über das, was wir unbewußt voneinander wissen und begreifen. Aber damit war sie nicht zufrieden. Und sie hatte recht. Ich wußte keine Antwort. Ich weiß auf viele Fragen keine Antwort. Ich hatte geglaubt, ich würde sie wissen. Ich dachte, daß das Alter Antworten bringt. Das tut es auch. Aber nicht alle.

Ich habe einige Antworten. Und das sollte ich auch – ich habe mein halbes Erwachsenenleben in Analyse verbracht. Jeder, der meine Bücher kennt, weiß das. Es gab drei Analytiker. Viele gemeinsame Jahre. Es war eine sehr schwierige Zeit. Eine Zeit, die mich von anderen entfernte, die mir aber gleichzeitig mehr Einsicht in mein eigenes Leben und das anderer Menschen gab. Die meisten dieser Jahre kannte ich sonst niemanden, der in Analyse war. Als ich damit anfing, weinte meine Mutter und sagte, ich brächte Schande über die ganze Familie. Mein Vater sagte, er habe schreckliche Dinge über meinen Analytiker gehört.

Ich habe meinen ersten Roman meiner zweiten Analytikerin gewidmet. Ich habe ein Kind nach meinem ersten Analytiker benannt, und mein nächstes Buch werde ich meiner letzten Analytikerin widmen. Die Analyse hat mich gerettet. Sie bewahrte mich davor, nur das Geringste von dem zu sein, was ich sein könnte. Es war nicht leicht. In verschiedenen Teilen der Welt bin ich viermal in der Woche frühmorgens in die Analyse gefahren. Bei Hitze und Kälte, Schneestürmen und Regenschauern. Ich bin zu Fuß gegangen, mit dem Auto und mit dem Bus gefahren. Ich habe furchtbar viel geweint. Ich habe überall geweint, wo man nur weinen kann. Im Bus, im Auto, auf der Straße.

Aber ich schaffte es. Der bessere Teil in mir kam zum Vorschein. Der Teil in mir, der das Recht beansprucht, ein Leben zu haben. Ein Leben, ohne dafür zahlen zu müssen. Und ich bin dankbar. Ich bin überrascht von meiner großen Dankbarkeit. Ich bin für Dinge dankbar, die ich früher nicht wahrnahm oder nicht verstand. Die Dankbarkeit eröffnete mir neue Perspektiven.

Letztes Jahr sagte ich in der Dankesrede anläßlich einer Preisverleihung, daß mein Roman *Einfach so* eine Hommage an die Liebe ist.

Eine Huldigung des Lebens meiner Mutter und meines Vaters, die Auschwitz überlebten. Und eine Huldigung des Umstands, daß meine Mutter und mein Vater, die in Auschwitz alle verloren, die sie liebten, ihre Liebesfähigkeit nicht verloren haben.

Meine Mutter und mein Vater überlebten fünf Jahre im Ghetto von Lodz, bevor sie nach Auschwitz transportiert wurden, wo man sie voneinander trennte, nicht aber von ihrer Liebe zueinander. Nach dem Krieg brauchten sie sechs Monate, um sich wiederzufinden, und sie sind eine statistische Rarität – zwei Juden, die vor dem Krieg miteinander verheiratet waren und die beide überlebt haben. Ich hatte großes Glück, inmitten dieser Liebe aufzuwachsen.

Ich schrieb die Rede, kurz nachdem ich erfuhr, daß ich die Auszeichnung gewonnen hatte. Ich wußte es und überraschte mich selbst damit, wie sicher ich wußte, daß es die Liebesfähigkeit meiner Eltern gewesen war, die nicht nur sie nach dem Krieg gerettet hatte, sondern auch mich. Ich brauchte Jahre, um zu begreifen, welches Glück ich hatte, diese Liebe erfahren zu dürfen. Ich habe Jahrzehnte damit zugebracht herauszufinden, was fehlte. Ich habe mir jahrzehntelang gewünscht, daß wir nicht von Toten umgeben gewesen wären, von den Nazis der Vergangenheit und der Zukunft, von Qual und Abwesenheit.

Außerdem überrascht mich mein Gefühl, Glück zu haben. Dieses Gefühl war immer gefährlich. Also habe ich mich mit dem beschäftigt, was nicht stimmt. Sobald ich über das nachdenke, was nicht stimmt, kann ich das Unbehagen über das Gefühl, Glück zu haben, abschütteln.

Aber ich habe es. Das Glück, mit dem Mann verheiratet zu sein, mit dem ich verheiratet bin. Das Glück, meine Kinder zu haben. Das Glück, lange genug gelebt zu haben, um sie heranwachsen zu sehen. Als sie noch kleiner waren, hatte ich große Angst zu sterben, bevor sie alt genug wären, auf eigenen Füßen zu stehen. Ich führte genaue Tagebücher über ihre Kindheit und über meine Gefühle für sie, falls ich nicht mehr da sein sollte, um sie an ihre Vergangenheit zu erinnern. Nicht, daß ich krank gewesen wäre. Ich litt nicht einmal an Erkältungen, aber ich hatte begriffen, daß der Tod die Liebe begleitet. Und das galt auch für meine Eltern. Jeder, mit dem sie verwandt gewesen waren, starb; alle, die sie geliebt hatten, starben.

Dieses Gefühl, Glück zu haben, gestattete ich mir so selten, daß diese Momente Erinnerungswert haben. Als mein Sohn noch klein war, sagte er einmal zu seinem besten Freund in Hörweite von dessen Mutter: »Meine Mutter ist viel netter als deine.« Die andere Mutter erzählte es mir. Als ich zu lachen aufhörte, kam ich mir sehr begünstigt vor, ein Kind zu haben, das so empfand.

Ich bin glücklich, die Bücher geschrieben zu haben, die ich schrieb. Ich habe die High School nie abgeschlossen. Ich habe meine Ausbildung weggeworfen. Und sie war nur eines der wertvollen Dinge, die ich abschüttelte. Ich war in der A-Klasse der University High School, einer Schule für hochbegabte Kinder, als ich, scheinbar aus heiterem Himmel, nichts mehr von dem verstand, was die Lehrer sagten. Ich war sechzehn.

Die nächsten drei Jahre verbrachte ich mit dem Versuch, das letzte Jahr der High School abzuschließen. Ich konnte die Schulbücher nicht lesen. Nichts von dem, was ich las, ergab einen Sinn. Worte und Absätze tanzten über die Seiten. In einem Jahr bestand ich Französisch, Ökonomie und Englisch, im nächsten Jahr fiel ich bei allen dreien durch und bestand etwas anderes. Im übernächsten Jahr gab ich auf und ging oft ins Kino statt zu Prüfungsterminen. Es gelang mir nie, die erforderlichen Prüfungen in den richtigen Fächern in ein und demselben Jahr abzulegen.

Rückblickend erkannte ich, daß ich eine Art Nervenzusammenbruch hatte. Damals war niemand deswegen beunruhigt. Zwar störte es meine Eltern, und sie wunderten sich, aber es gab andere Dinge, um die sie sich größere Sorgen machten: Ich war zu dick. Ich mußte abnehmen. Und so ging das Durchfallen und Durchdrehen eines begabten jungen Mädchens eigentlich unbemerkt vor sich. Kein Lehrer äußerte sich dazu. Der Ökonomielehrer meinte sogar, nachdem ich in seinem Fach zum ersten Mal durchgefallen war, es wäre ihm lieber, wenn ich nicht mehr an seinem Unterricht teilnähme. Ich würde die Klasse stören.

Ich war geschockt und verletzt. Ich hielt mich für gut in Ökonomie. Ich war es auch, vor meinem schulischen Abstieg. Wie ich die Klasse störte, war mir unklar. Vermutlich war es mein Schwatzen. Ich habe unentwegt geschwatzt.

Auf Klassenfotos sehe ich fröhlich aus und strahle. Wenn ich später Leute traf, die ich von der Universität oder der High School her kannte, sagten sie mir, daß sie sich an mich als jemanden erinnern, der immer fröhlich war, immer lachte. Worüber lachte ich? Warum sah ich so fröhlich aus, wenn ich so eindeutig Schwierigkeiten hatte?

Ich gab den Versuch auf zu lernen und fand einen Posten als Journalistin. Ich hatte unglaubliches Glück, diesen Job an Land zu ziehen. Beim Vorstellungsgespräch fragte mich niemand, ob ich schreiben könne. Sie wollten wissen, ob ich ein Auto hätte. Ich sagte ja, einen rosa Variant. Ich bekam den Job. Kurz darauf schrieb ich Seite über Seite für diese Zeitung, jede Woche. Mein Auto sah ich kaum noch.

Das Gefühl, Glück zu haben, ist mir immer noch etwas unheimlich. Ich möchte mein Glück nicht strapazieren. Also filtere und verwässere ich meine Tage mit sonderbaren Beschwerden und Wehwehchen und lasse das unbesonnene Gefühl, Glück zu haben, nur bruchstückweise einsickern.

Heute bin ich neunundvierzig Jahre alt und kann das Glücksgefühl zulassen. Auch physisch habe ich mich verändert. Ich bin älter und ich bin schlanker. Ich wiege weniger als mit zwölf, aber ich war auch eine recht stämmige Zwölfjährige. Ich habe meinen Körper zurückgewonnen, der mir jahrelang abhanden gekommen war.

Ich habe unangenehme Erinnerungen. Ich, mit neunzehn, als Rockreporterin beim Monterey Pop Festival in Kalifornien. Ich trage ein orange und gelb getupftes Nylonkleid. Ein weites Kleid, so geschnitten, daß es locker über die Hüften fällt. Es hat kurze Ärmel, die mir offensichtlich zu eng sind. Beim letzten Tragen waren sie noch nicht zu eng, und als ich das Kleid diesmal anzog, war ich entsetzt und deprimiert, weil mir die Ärmel ins Fleisch schnitten. Ich mache ein Interview mit Eric Burdon und versuche, die Luft einzuziehen, als ob das Atemanhalten meinen Armumfang verringern würde. Es ist heiß, und ich fühle mich miserabel.

Eine andere Szene, im selben Jahr. Ich interviewe Sonny and Cher in ihrem Haus in Los Angeles. Cher hat kaum etwas an. Sie besteht nur aus Schultern und Taille und Beinen. Sie bewundert meine purpurnen falschen Wimpern. Sie fragt mich, wo ich sie her habe. Ich kann nicht antworten. Ich bin viel zu abgelenkt durch meine wunden Schenkel, die rot sind und brennen, weil sie ständig aneinanderreiben.

Es war mir gelungen, meinen Körper häßlich und fast obsolet erscheinen zu lassen. Anscheinend war mein Verstand der einzige Teil von mir, den ich nutzte, und auch das hätte ich besser machen können. Ich dachte schnell und hatte ein akzeptables Sprechtempo, aber alles andere an mir war langsam. Ich ging langsam. Ich betrieb keinen Sport. Wenn ich alte Fotos von mir ansehe, möchte ich weinen. Ich sehe furchtbar aus. Ich habe meinen Körper nie betrachtet. Wenn ich nach dem Duschen an einem Spiegel vorbeikam, habe ich in die andere Richtung gesehen. Ich habe meinen Körper nie berührt. Ich dachte, Glück zu haben, wenn jemand anders fand, daß ich mich gut anfühlte.

Dieser verheerende Gemütszustand beruhte auf dem komplizierten Zusammenfluß von Geschichte und Familie. Todeslager, Hunger, Gier und eine schöne Mutter, die außer ihrer Schönheit alles verloren hatte. Es war ein schwer zu verdauendes Gebräu. Ich zerrte an meinen symmetrischen, attraktiven und regelmäßigen Zügen herum und quälte mich so lange, bis ich so entstellt war, daß ich nicht mehr ich, sondern jemand anders zu sein schien. Und als diese andere Person fühlte ich mich frei genug, friedvoll zu sein.

Freiheit zu empfinden ist immer noch nicht leicht für mich. »Freiheit ist etwas, das Sie sich nie sehr lange gestattet haben«, schrieb mir mein erster Analytiker vor fünfzehn Jahren.

»Heute bist du viel freier«, sagt meine jüngere Tochter, die fürs Wochenende vom College nach Hause gekommen ist und mir über die Schulter sieht, während ich tippe. »Und tanzen kannst du jetzt auch«, sagt sie. »Früher hast du nie getanzt.« Sie hat recht. Ich kann tanzen. »Du gehst auf die Tanzfläche und amüsierst dich königlich«, sagt sie. Ich lächle ihr zu. »Außerdem bist du viel ruhiger geworden«, sagt sie. »Es ist leichter geworden, dir zu sagen, wenn mir etwas nicht paßt. Die Welt bricht dann nicht mehr zusammen.«

Ich verstehe genau, was sie sagt. Sie war immer ein braves, angenehmes Kind. Viel zu brav. Früher machte ich mir Sorgen, daß sie sich vielleicht zum Bravsein verpflichtet fühlte. Weil ich mich mit zu vielen Dämonen herumschlagen mußte und sie mir nicht noch zusätzlichen Kummer bereiten wollte. Letztes Jahr kaufte ich ihr ein T-Shirt mit der Aufschrift »Miss Nett gibt's nicht mehr«.

Die ehemalige Miss Nett schaut auf den Titel dieser Geschichte. »Ich finde, du bist älter *und* jünger geworden«, sagt sie. »Ich finde, du gehst mehr Risiken ein als früher. Du bist neugieriger geworden, vertrauensvoller.«

Meine kleine Tochter spricht. Das Kind, das 1,75 Meter groß ist, kurz vor seinem College-Abschluß steht und für mich immer noch mein kleines Mädchen ist.

»Ja«, sagt sie und schaut mich an, »du hast nicht mehr soviel Angst. Du hast viel Trauriges verarbeitet. Du mußtest über den Tod deiner Mutter hinwegkommen. Und Grampa und du, ihr seid die besten Freunde geworden. Und du hattest die Kraft und den Willen, eine sehr anstrengende Analyse abzuschließen.«

Ich habe aufgehört zu schreiben und starre sie an. Wie kann sie mein Leben einfach so zusammenfassen? »Dein Wachsen hat mir geholfen, erwachsen zu werden«, sagt sie.

Erwachsen. Ich fühle mich erwachsen. Heute kann ich zu Little Richard Rock'n'Roll tanzen, mich drehen, herumwirbeln, lachen und mich dabei sehr erwachsen fühlen. Ich habe die Freiheit, albern zu sein, zu hüpfen, Fahrrad zu fahren und gar nicht darüber *nachzudenken*, was andere von mir halten.

Diese Freiheit, diese Fähigkeit, meinen Körper zu fühlen, Lust für ihn zu empfinden, begann in ganz kleinen Schritten vor über zehn Jahren. Sie machte nur langsame Fortschritte, langsamer als meine Analyse, mit der sie unauflöslich verwoben war.

Ich begann, zu Fuß zu gehen. Einen Häuserblock weit, dann zwei, dann drei. Es war eine fremde Erfahrung. Ich war wie mein Vater. Er fuhr mit dem Auto ins Milchgeschäft, sieben Häuser weiter.

In unserer Familie bewegte man sich nicht viel. Vielleicht das Mundwerk, aber es wurde kein Sport betrieben, keine Gymnastik. Wohin hätte einen das führen sollen? Sicher nicht auf die juristische Fakultät, was der größte Wunsch meiner Eltern war.

Als ich die Volksschule Lee Street in Carlton besuchte, machte jemand den Vorschlag, ich sollte zum Turnunterricht gehen. Ich war acht Jahre alt und mollig. Einmal ging ich hin. Eine Frau sagte mir, ich sollte Seilhüpfen. Jeder vor mir, einer nach dem anderen, hatte das getan. Ich konnte es nicht. Ich brachte meine Füße nicht vom Boden hoch.

Ich ging nie wieder turnen. Ich sah nicht ein, warum. Warum sollte es gut für mich sein, Seil zu hüpfen? Würde es mir helfen, dem Sex auszuweichen, der sich nach der Schule auf dem Feldweg abspielte? Wohl kaum. Nachmittags ging ich so schnell wie möglich an dem armen Mädchen vorbei, wer auch immer es sein mochte, das gerade von einem der großen Jungs aus der Schule auf dem Feldweg gefickt wurde. Mein Herz raste. Ich hielt die Luft an und hoffte, unsichtbar zu sein.

Es war schlimm genug, von einem der großen Jungs morgens bei der Schulversammlung befingert zu werden. Während wir mit gespreizten Knien auf dem Boden saßen und einem Lehrer zuhörten, hatten viele Mädchen Hände der Jungs in ihren Unterhosen. Ich habe mich oft gefragt, warum das niemand bemerkte.

Aber damals, in dieser Zeit, wurde vieles nicht bemerkt, bedacht oder berücksichtigt. In meiner Klasse gab es Kinder jeden Alters. Die älteren von ihnen gingen in diese Klasse, weil sie kein Englisch konnten. Ich weiß noch, wie ich mich gefürchtet habe, wenn von Zeit zu Zeit hinten auf Adas Kleid große Blutflecken auftauchten. Ich dachte immer, sie müßte sterben.

Ich verbrachte viel Zeit in der Volksschule Lee Street damit, so zu tun, als ob ich keine Angst hätte. Ich war ungerührt, quasi kontra-phobisch. Erst Jahre später kamen alle Ängste an die Oberfläche, und ich wurde phobisch. Die Angst vor Straßen war eine meiner Phobien. Heute laufe ich jeden Tag durch die Straßen von Manhattan.

Ich gehe im Schnellschritt über den Westside Highway zum Spazierweg am Hudson River. Ich schwinge meine Arme auf und nieder und gehe so schnell ich kann. Fünf Meilen. Jeden Morgen. Dafür brauche ich eine Stunde und fünfzehn Minuten. Es macht mir unglaublichen Spaß. An manchen Tagen möchte ich gar nicht mehr aufhören. Ich möchte gehen und gehen. Als Samuel L. Jackson in *Pulp Fiction* sagte, »ich möchte über die ganze Erde laufen«, wußte ich genau, was er meinte.

Der Hudson River ist eine Welt für sich. Da gibt es Enten und Vögel. Da sind Schlepper und Barkassen und Schiffe und Yachten. Eines morgens fuhr plötzlich aus dem Nichts die *Queen Elizabeth II* an mir vorbei. Da war er, im rosigen frühen Morgenlicht, der Luxusdampfer, so groß wie ein ganzer Straßenzug, und so nah.

Auf dem Fluß ist immer etwas los. Polizeiboote, Fähren, manchmal sind auch Fischer da. Die Freiheitsstatue ist immer da und immer ein bewegender Anblick. Die Luft riecht nach Salz, und ich atme sie so tief wie möglich ein.

Ich habe Freunde gewonnen auf diesem Weg am Fluß. Jeden Tag winkt mir ein älteres chinesisches Ehepaar mit ausgestreckten Armen enthusiastisch zu. Sie joggen bei Hitze und im Schneesturm. Ich finde sie hinreißend. Es ist eine wunderbare und manchmal seltsame Gemeinschaft von Sporttreibenden. Es gibt Jogger, Schnelläufer, Schnellgeher, Spaziergänger. Eine junge Frau, die mir fast jeden Tag begegnet, gab mir mitten im Laufen letzte Woche ihre Karte und schlug vor, daß wir uns auf einen Kaffee treffen. Ich sagte zu, und dann wurde ich nervös. Ich nicke ihr seit über einem Jahr täglich zu, aber ich kenne sie gar nicht. Werden wir an einem Kaffeehaustisch irgendwelche Gemeinsamkeiten finden? Zumindest weiß ich, daß sie Kaffee trinkt. Vermutlich wird sie keinen Kuchen dazu essen. Sie sehen recht gesund aus, alle diese laufenden Leute.

Was ich außerdem für meine Gesundheit getan habe, ist ordentlich zu essen. Das klingt so einfach, *ordentlich essen*, aber ich habe sehr lange gebraucht, um es zu tun. Ich hatte immer merkwürdige Eßgewohnheiten. Beinahe mein ganzes Leben lang habe ich irgendeine Diät eingehalten. Seit ich zehn war, versuchte ich mit wachsender Verzweiflung abzunehmen. Meine Schulhefte waren vollgeschrieben mit mathematischen Berechnungen. Ich gab mir ein halbes Jahr, um sechsundzwanzig Pfund abzunehmen. Ich sah mir die Kalkulation an. Sechsundzwanzig Pfund in einem halben Jahr. Das hieß, grob gerechnet, ein Pfund pro Woche. Leicht. Viel zu leicht – ich konnte ohne weiteres noch einen Monat warten, bis ich mit der Diät anfing.

Ich kalkulierte weiter. Sechsundzwanzig Pfund in fünf Monaten. Noch keine Eile geboten. Sechsundzwanzig Pfund in drei Monaten. Immer noch möglich. Sechsundzwanzig Pfund in einem Monat. Ich hätte fasten können. Sechsundzwanzig Pfund in zwei Wochen. Unmöglich. Ich mußte es aufgeben. Immer und immer wieder stellte ich diese Berechnungen an. Ich kann Pfunde schneller als jeder andere durch Wochen und Monate teilen.

Alle meine Hefte waren mit Zahlen vollgekritzelt, und ich war immer noch dick. Vielleicht könnte ich jemand anders sein? Ich wünschte mir, mich gegen jemand anderen austauschen zu können. Jemand, der alt oder gebrechlich oder häßlich war, ganz egal, Hauptsache schlank.

Wie konnte ich mir das nur gewünscht haben? Ich war so hübsch. Große braune Augen, dichtes lockiges Haar. Was war los mit mir? Das gleiche, was mit vielen Frauen los ist. Ich kenne nur wenige Frauen, die sich nicht ständig mit ihrem Gewicht beschäftigen. Dünne Frauen, Durchschnittsfrauen, dicke Frauen.

Meine ältere Tochter, die hin und wieder als Serviererin arbeitet, erzählt mir, wie sie sich freut, wenn sie Frauen sieht, die herzhaft zugreifen und mit gutem Appetit ihr Essen verzehren.

Ich bin immer wieder erstaunt, wie kompliziert das Thema Essen und eigener Körper für Frauen ist. Frauen, die über zwei Pfund Übergewicht völlig entsetzt wären, haben überhaupt kein Problem, mit dicken Männern auszugehen und sie attraktiv zu finden.

Ich staune auch ein wenig über die Veränderung meiner eigenen Eßgewohnheiten. Aus dem Mädchen, das einst glaubte, es könne sich aus der Abhängigkeit von Marsriegeln befreien, indem es so viele aß, wie ihm schmeckten – einmal habe ich an einem Tag fünfundzwanzig Stück gegessen, und das Gefühl, nie wieder einen Marsriegel sehen zu wollen, hielt genau zwei Tage an –, wurde ein Mensch, der drei wohlausgewogene Mahlzeiten am Tag zu sich nimmt. Ich war schon über vierzig, als ich begann, meine Eßgewohnheiten zu ändern. Ich kann gar nicht glauben, daß ich mittlerweile für Huhn und Gemüse die Schokolade stehenlasse. Aber so ist es. Auch wenn das alles zu schön klingt, um wahr zu sein, es trifft zu. Ich habe mich sehr dafür anstrengen müssen. Eine Analyse ist weder billig noch einfach.

Jetzt strenge ich mich auf andere Weise an. Vor zwei Jahren, mit siebenundvierzig, habe ich mit dem Gewichtheben begonnen. Kein Mensch in meiner Familie hat jemals etwas Schwereres gehoben als einen großen Käsekuchen. Auf physische Kraft wurde in meiner Familie kein besonderer Wert gelegt, obwohl meine Eltern sehr davon beeindruckt waren, daß ich schwimmen konnte. Das habe ich in der High School gelernt. Jedesmal, wenn meine Eltern mich schwimmen sahen, sagte einer zum anderen voll Staunen und mit einem gewissen Stolz: »Schau wie sie schwimmt.«

Ich hielt mich auch für eine recht gute Schwimmerin. Vor einigen Jahren schwamm ich im Pool des Hilton Hotels in Los Angeles, der olympische Ausmaße hat. Ich war gerade bei meiner dritten Länge, als ich einen Mann am Rand des Beckens zu seiner kleinen Tochter sagen hörte: »Sieh dir ihren Schwimmstil an, schau auf den Stil.« Ich war sehr stolz. Das kleine Mädchen sah mich an. »Nicht die«, sagte ihr Vater. »Die Frau auf der anderen Seite.« Den Rest der Bahn versuchte ich unter Wasser zurückzulegen.

Ich weiß nicht, was mich veranlaßt hat, Gewichte heben zu wollen. Das Bedürfnis schien aus dem Nichts zu kommen. Aber ich habe genügend Stunden auf der Analytikercouch verbracht, um zu wissen, daß nichts aus dem Nichts kommt.

Ich war von mir selbst überwältigt, als ich loszog, um mir die entsprechende Ausrüstung zu kaufen. Ich fragte den Mann im Sportgeschäft, was ich für den Anfang brauchen würde. Man schickte mir jemanden, der das Ganze für mich installierte. Ich suchte mir einen Trainer.

Zunächst hatte ich keine Chance beim Bankdrücken. Ich hatte Angst, mich auf die Bank zu legen. Sie war so schmal. Ich würde ganz sicher herunterfallen. Ich fiel nicht herunter. Heute mache ich Kniebeugen mit hundertfünfzig Pfund und kann mit hundertachtzig Pfund kreuzheben. Das sind schwere Gewichte. Erst Jahre, nachdem ich in ihn hineingeschlüpft war, stellte ich fest, daß ich einen starken Körper habe.

Anfangs war ich von meinen neuen Muskeln fasziniert. Ich rannte mehrmals am Tag zum Badezimmerspiegel, rollte die

Ärmel auf und spannte meinen Bizeps an. Ich konnte nicht glauben, daß meine Muskeln immer noch da waren.

Das Gewichtheben hat meine Körperform verändert. Ich habe ziemlich lange gebraucht, um mich an diese Veränderung zu gewöhnen. Ich wachte mitten in der Nacht auf, völlig verängstigt. Ich hätte in mich hineinlaufen können, ohne zu begreifen, daß das ich selbst war. Ich berührte mich und fühlte einen fremden Körper. Einen Körper, der eine andere Größe hatte, eine andere Struktur, eine andere Straffheit.

Ich liebe das Gewichtheben. Als ich damit anfing, wollte ich, daß jeder, dem ich begegnete, Gewichte hebt. Ich hörte auf, mit allen darüber zu reden, als ich einen schrillen, missionarischen Ton in meiner Stimme bemerkte. Eine polnisch-jüdische Wiedergeborene mittleren Alters, die Eisen stemmt. Wer hätte das glauben sollen?

Dreimal pro Woche hebe ich meine Gewichte, und es macht mir immer Spaß, auch wenn ich müde bin oder einen schlechten Tag gehabt habe. Nach viermal Bankdrücken fühle ich mich viel besser, und die Welt sieht wieder ganz anders aus.

Es ist so einfach. Man macht es dreimal die Woche, und das war's. Es funktioniert. Es ist nicht das gleiche, wie Klavierspielen zu lernen. Man muß zwischen den Stunden nicht üben. Gewichtheben unterstützt die Straffheit des Körpers, die bei Frauen in der Menopause stärker nachläßt.

Auf die Wechseljahre bereitete ich mich genauso vor wie auf die meisten Dinge in meinem Leben: Ich las darüber. Ein halbes Dutzend Bücher. Ich las sie Jahre vor der Zeit und war überzeugt, eine frühe Menopause zu erleben. Unterlag ich Stimmungsschwankungen, wurde in den Büchern gefragt. Natürlich tat ich das. Weinte ich öfter als früher? In unserem ersten halben Jahr in New York weinte ich unentwegt. War ich reizbarer? Ungeduldiger? Hatte ich Kopfschmerzen? Ja, ja, ja.

Eine Nachbarin, die über uns wohnt, war in den Wechseljahren. Sie sagte mir, es sei die schlimmste Zeit ihres Lebens. Sie ist eine warmherzige, intelligente Frau, und ich habe sie sehr gern.

Eines Tages traf ich sie, als sie die Treppe herunterkam. Sie schluchzte. Ich fragte sie, ob irgend etwas nicht in Ordnung sei – eine blöde Frage. »Ich fuhr mit dem Auto die MacDougal Street hinunter«, sagte sie zu mir, »und ich kam an eine Polizeiabsperrung und bin durchgefahren. Ich wußte, daß es eine Polizeiabsperrung war«, weinte sie, »aber ich mußte zur Post.«

»Ich kann verstehen, daß man zur Post muß«, sagte ich. Das heiterte sie nicht auf. Sie weinte den ganzen Weg bis zum Erdgeschoß. »Zumindest geht es mir besser als ihr«, sagte ich zu meinem Mann.

»Ich gehe mit meiner Menopause wirklich gut um«, sagte ich zu meiner älteren Tochter. Und das tat ich auch. Ich schluckte literweise Nachtkerzenöl, gläserweise Beifuß, in Wasser aufgelöste Baldrian- und Mutterkrautextrakte und Knoblauchpillen, um prä-menstruellen und prä-menopausalen Streß sowie Schlaflosigkeit und Unruhe zu bekämpfen.

Mein Arzt rief an, um mir die Ergebnisse der Hormontests mitzuteilen, die ich hatte durchführen lassen, um festzustellen, in welchem Stadium meiner Menopause ich mich befand. »Mrs. Brett«, sagte er. »Wir haben die Befunde. Ihre Menopause hat noch nicht einmal begonnen.«

»Kein Wunder, daß ich so gut damit fertig wurde«, sagte ich, nachdem ich die Fassung wiedererlangt hatte. Er lachte nicht.

Dafür lachte mein Mann umso mehr. Ich fand es gar nicht so lustig. Ich hatte gegen Reizbarkeit und Ungeduld, gegen Kopfschmerzen und Stimmungsschwankungen angekämpft. Ich hatte Tee und Kaffee aufgegeben.

Am nächsten Morgen wachte ich mürrisch auf. Da hatte ich mich so gequält und war noch nicht einmal in den Wechseljahren. Was würde sein, wenn die Menopause wirklich einsetzte? »Ich glaube, wir haben ein paar schlimme Jahre vor uns«, sagte ich zu meinem Mann.

Ich schüttete das Nachtkerzenöl, den Beifuß, die Baldriantropfen und das Mutterkraut weg. Ich kaufte zwei Pfund frischgemahlenen kolumbianischen Kaffee und drei Päckchen Tee: Earl Grey, English Breakfast und Orange Pekoe.

Das war vor einigen Jahren. Heute geht es mir gut, und ich bin wirklich in der Menopause. Durch Labortests nachgewiesen. Jüdische Frauen, habe ich gelesen, leiden, statistisch gesehen, in den Wechseljahren an den ärgsten Symptomen. Zumindest in Amerika. Ich wappnete mich, um in diese Statistik zu passen. Aber irgend etwas geschah. Ich glaube, es war die Kombination aus all diesen Jahren in Analyse – die Menopause, diese Veränderung in meinem Leben, würde mir keine neuen Offenbarungen, Reuegefühle oder Spannungen bringen, nicht, nachdem alle Details jeder Offenbarung und Spannung erforscht worden waren – und aus dem Laufen, dem Gewichtheben und dem richtigen Essen.

Was ich erlebte, war eine asymptomatische Menopause. Richtig, keine Symptome. »Glauben Sie, daß sich noch Symptome einstellen werden?« fragte ich meine Gynäkologin.

»Nicht, wenn Sie bist jetzt keine hatten«, sagte sie. »Es geht Ihnen gut, und Sie sind auf dem besten Weg, das alles hinter sich zu bringen.«

Asymptomatische Menopause, Gewichtsreduktion, Tanzen, Bizeps und Trizeps. Wenn es in meinem Leben ein Happy End gibt, werde ich nervös. Ich muß ausdrücken können, daß mein Leben nicht perfekt ist. Ich muß Probleme finden. Auf vielen Gebieten bin ich so unvollkommen, wie man nur sein kann. Und nicht jeder Schaden kann repariert werden. Die

Narben der Selbstverstümmelung bleiben. Eine geht quer über meinen Bauch, sie ist das Ergebnis einer überflüssigen Blinddarmnotoperation. Ich war erst zehn und wollte all die Aufgeregtheit aus mir herausschneiden.

An meinen Beinen sind immer noch die Spuren der roten, entzündeten Schwielen zu sehen, die sie übersäten, als ich ein Teenager war und zu jung, um zu begreifen, wie unglücklich ich war. Die Schwielen haben gejuckt und gejuckt. Und ich habe gekratzt und gekratzt. Wenn ich traurig sein möchte, denke ich daran. Traurigkeit ist immer ein gutes Gegenmittel, wenn ich zu glücklich bin.

Manche Dinge ändern sich nie. Ganz gleich, wie sehr man selbst glaubt, sich verändert zu haben. Ganz gleich, wieviel Klarheit, Weisheit oder Reife man erworben zu haben denkt. Ich fühle mich noch genauso verletzt wie als Teenager, wenn eine Freundschaft nicht das hält, was ich mir von ihr versprach.

Freundschaft, wirkliche, tiefe Freundschaft – ein Thema, das mich fast mein ganzes Leben lang beschäftigt hat – hat sich mir auf seltsame Weise entzogen. Gelegentlich habe ich immer noch die Vision von der besten Freundin. Die Freundin, die alles mit mir teilt. Die Freundin, zu der es wirklich eine Verbindung gibt. Eine Verbindung untereinander, zu ihrem und meinem Partner, ihren und meinen Kindern, ihrer und meiner Vergangenheit.

Vielleicht sehne ich mich nach der leidenschaftlichen, ungezügelten Freundschaft aus jüngeren Jahren. Jenen Jahren, in denen man nicht wartet, ob man sich gut fühlt oder gut aussieht oder darauf achtet, den passenden und nicht etwa einen unpassenden Moment zu erwischen, in dem man jemanden besucht. Vielleicht sehne ich mich nach der unbedachten, ehrlicheren, weniger auf Konkurrenz ausgerichteten Freundschaft der Jugend.

In den letzten paar Jahren habe ich einige Male versucht, meine Version einer tiefen Freundschaft in die Realität umzusetzen, was natürlich nicht funktioniert hat. Die betreffenden Frauen hatten keine Ahnung, auf was sie sich da eingelassen hatten.

Mein Mann versteht dieses Bedürfnis nach Freundinnen nicht. Er hat sich nie einen besten Freund gewünscht. Sein bester Freund bin ich. Er verweist darauf, daß wir viele Freunde haben. Vielleicht verstehe ich mein eigenes Bedürfnis selbst nicht. Auch nach tausenden Stunden auf der Analytikercouch gibt es immer noch vieles, das ich nicht verstehe, und vermutlich vieles, dem ich mich nicht gestellt habe.

Die Stadt New York zwingt mich, mich mit anderen und mit mir selbst auf eine Art und Weise auseinanderzusetzen, wie kein anderer Ort, an dem ich je gewesen bin. Zu Anfang, nachdem ich hierher gezogen war, habe ich jedesmal geweint, wenn ich an einem Obdachlosen vorbeikam. Ich sah ihn an und sah mich selbst. Ich sah die Männer, manchmal auch eine Frau, die in Toreinfahrten und auf Parkbänken schliefen, und sah Bilder von Juden, sterbend, auf den Straßen im Ghetto von Lodz.

Ich kochte riesige Bottiche Suppe für City Harvest, eine Organisation, die Essen holt und es an Obdachlose verteilt. Ich kochte Linsensuppe mit vielen großen Rindfleischstücken. In die Erbsensuppe kam Schweinefleisch. Ich dickte die Suppen mit einer Mehlschwitze ein und würzte sie sorgfältig.

Nachdem ich es das erste Mal gemacht hatte, wartete ich darauf, daß mich jemand anrufen würde, um mir zu sagen, wie köstlich die Suppen wären. Ich war enttäuscht, als niemand sich meldete. Und dann kam ich mir blöd vor. Was bildete ich mir denn ein? Hatte ich etwa für eine Dinnerparty gekocht?

Kurz bevor das Essen geholt wurde, hatte ich mich gerade noch zurückhalten können, auf jeden der hundertfünfzig Suppenbehälter eine genaue Liste der Zutaten zu kleben. Es dämmerte mir im letzten Moment, daß es sich hier nicht um Menschen handelte, die Lebensmitteletiketten auf Inhaltsstoffe hin überprüfen würden. Mein Mann sah die Etiketten, die ich zu schreiben begonnen hatte. Er sah traurig aus. »Ich glaube nicht, daß es sich hier um die Sorte Leute mit Weizenallergien oder Milchunverträglichkeiten, um Naturkostfanatiker oder Vegetarier handelt«, sagte er. Ich lachte. »Ich muß verrückt sein«, sagte ich.

Es gibt verrückte Menschen auf den Straßen New Yorks. An manchen Tagen hat es den Anschein, als ob sie an jeder Ecke wären. Sie reden, hauptsächlich zu sich selbst. Ein junger Mann, der im letzten Sommer oft zu sehen war, hatte ein gelbes Spielzeugtelefon aus Plastik bei sich. Er spazierte durch die Straßen von SoHo und schrie in dieses Telefon. Anfangs fürchtete ich mich vor ihm, vor seiner Intensität, und das gelbe Telefonkabel, das er hinter sich herzog, nervte mich.

Eines Tages folgte er mir vier Blocks weit. Eigentlich glaube ich nicht, daß er mir wirklich folgte. Ich glaube, wir hatten nur beide den gleichen Weg. Sein Gebrüll übertönte meine Gedanken. Ich hörte ihm zu. Geschäftsstrategien wurden dem gelben Hörer mitgeteilt, den er dicht an sein Ohr gepreßt hielt. Er traf Verabredungen, die sehr kompliziert zu sein schienen, diskutierte über politische Themen und die Liebe. Ich bewunderte seine Eloquenz und war dankbar für meinen gesunden Verstand.

Wie jeder, der in New York lebt, muß ich mich mit Rassenproblemen auseinandersetzen, mit ungleicher Behandlung und mit Spannungen zwischen den verschiedenen Bevölkerungsgruppen. Das ist vielleicht unangenehm, aber sicher gesünder als vorzugeben, es gäbe das alles gar nicht. New York ist nicht Los Angeles, wo einem ein Bediensteter das Auto aus der Tiefgarage des Appartmenthauses holt, in dem man wohnt, und man in einen Supermarkt oder in ein Restaurant fährt, wo wieder ein Bediensteter bereitsteht, um das Auto zu parken. In New York muß man das Kohlenmonoxyd einatmen, und das ist gut so.

Das Wetter in New York ist so unbeständig wie seine Bevölkerung. Furchtbare Hitze und bittere Kälte. Man kann ihm nicht entkommen. In New York muß man zu Fuß gehen. Zur U-Bahn, zur Bushaltestelle, auf der Suche nach einem Taxi. Und das Wetter ändert sich so dramatisch. Ich habe mich oft vor Wetterumschwüngen gefürchtet. Bevor ich hierher gezogen bin, habe ich mich geängstigt, wenn der Wetterbericht schweren Regen voraussagte. Als ob die Natur im Begriff gewesen wäre, eine Katastrophe auszulösen. Damals habe ich mich in Gedanken viel mit Katastrophen beschäftigt. Ich scheine viel Zeit damit verbracht zu haben, eine Katastrophe entweder zu vermeiden oder an mich zu ziehen.

Ich habe mich an Schneestürme und arktische Temperaturen anpassen müssen, an drückende Hitze und an eine Luftfeuchtigkeit von hundert Prozent. Letzte Woche wurde diese Anpassung einer harten Prüfung unterzogen. Im Wetterbericht wurde eine Sturmwarnung ausgegeben. Man erwartete eine Menge Schnee. Die Vorhersage wurde dann in einen Alarm wegen eines herannahenden Blizzards abgewandelt.

Für mich klingen die Worte *Achtung*, *Alarm*, *Warnung* viel dramatischer, als es die Meteorologen beabsichtigt haben. Ich muß mich immer wieder daran erinnern, daß wir nicht im Krieg sind, es geht nur ums Wetter.

Und was für ein Wetter das war. Es schneite und schneite. Große, dicke Flocken, die herumwirbelten und die Luft verdichteten. Man konnte die Hand vor Augen nicht sehen. Es schneite den ganzen Tag und die ganze Nacht. Ich stand stundenlang am Fenster und beobachtete das Spektakel.

Am nächsten Tag nennt man den Sturm Blizzard von '96, und er hat New York den größten Schneefall seit 1947 beschert. Es schneit immer noch. Ich habe mich unerschrocken dem Schnee gestellt und bin einkaufen gegangen, ein paar Mal. Ich finde, es *ist* Krieg.

»Wir haben genug zu essen im Haus, um einen Monat gut davon leben zu können«, sagt mein Mann. Ich gehe wieder aus dem Haus, diesmal um Toilettenpapier zu besorgen. Andere New Yorker taten das gleiche. In Supermärkten und kleineren Geschäften gab es innerhalb weniger Stunden nach diesem Wetterbericht keine leichtverderbliche Ware und kein Toilettenpapier mehr zu kaufen.

Der Staat New York, so heißt es, befindet sich im Ausnahmezustand. Das beruhigt mich auf seltsame Weise. Jetzt bin ich in *meinem* Element. Seit Jahren habe ich im Kopf Katastrophen dirigiert und seziert. Ich gehe noch einmal los, um noch mehr Toilettenpapier zu kaufen. Ich versinke knietief im Schnee. Wieder zu Hause angekommen, zähle ich die Toilettenpapierrollen im Regal. Es sind vierundfünfzig Stück.

Im Laufe des Tages läßt das Schneetreiben nach. Ich sage meinem Mann, daß ich gern spazierengehen möchte. Mein Bedürfnis zu gehen ist sehr stark. Es scheint mein Bedürfnis nach Marsriegeln, nach Schokolade, dem Tratsch am Telefon, nach zuviel Kochen und nach Einkaufen ersetzt zu haben.

Ich weiß, daß ich heute meine fünf Meilen nicht werde gehen können, aber Bürgermeister Giuliani hat erklärt, daß die Schneepflüge schon unterwegs sind und einige der wichtigsten Straßen geräumt werden. Mein Mann sagt, daß er mitkommt.

Wir gehen spazieren, sehr langsam. Die Straßen sind wie ausgestorben. Es ist ganz still. Ein einsamer Skilangläufer gleitet mitten über den West Broadway. Wir kommen zum Hudson River. Der Fluß sieht so anders aus. Große, runde, flache Eisschollen stoßen aneinander und lassen den Hudson wie ein riesiges Puzzlespiel aussehen. Ich bin völlig fasziniert.

Wir gehen durch Tribeca zurück. Kein Mensch ist zu sehen. Ich komme mir sehr mutig vor. Eine Abenteurerin im Einklang mit den Elementen. Ich stapfe stolz durch den Schnee. Ich habe keine Angst.

Eine Frau und ein junges Mädchen kommen aus einem Haus heraus. Es schneit immer noch, und ich trage einen großen Hut. Ich nehme sie aus dem Augenwinkel wahr. Ich sehe zu ihnen hin und bemerke, daß sie Mutter und Tochter sind und daß sie die gleichen Pelzmützen tragen.

»Hallo«, ruft die Frau. Es ist ein lauter und begeisterter Gruß. Das Hallo einer Mitreisenden. Das Hallo derer, die sich nicht von einem bißchen Schnee einschüchtern lassen. »Hallo«, rufe ich zurück. Die Frau lacht vergnügt. Sie hat ein strahlendes Lachen. Sie hat wirklich keine Angst vor diesem Schnee. Dann erkenne ich das blonde Haar und das offene Lächeln. Es ist Bette Midler. Ich lächle ihr noch einmal zu. Wir jüdischen Mädels sind zäher, als man glaubt.

Nun, Daniel Barenboim ist grau. Ich hingegen werde immer dunkel bleiben. Dafür habe ich mich entschieden, als ich vierzig war und sich die ersten grauen Haare zeigten. Daniel Barenboim hat offensichtlich eine andere Entscheidung getroffen.

2 Meine Tochter

»Almosen für die Zweifler«, sagt der Transvestit an der Ecke vom West Broadway, als ich an ihm vorbeikomme. Ich muß lachen. Das ist wirklich komisch. Ich gehöre auch zu den Zweiflern, möchte ich ihm sagen. Unterschiedliche Voraussetzungen, aber die gleichen Zweifel. Statt dessen lächle ich und gebe ihm einen Dollar. Er sieht sehr gut aus. Ich habe ihn schon öfter gesehen, und er sieht immer sehr gut aus.

Er trägt ein unauffälliges, aber perfektes Make-up. Eyeliner, Wimpern, Lidschatten, Fond de Teint, Rouge, Puder, Lippenstift und Konturenstift. Er trägt ein tief ausgeschnittenes purpurnes Tüllkleid. Er hat eine makellose, sehr weiße Haut. Seine Brüste quellen aus dem Ausschnitt des Kleides. Sie sehen aus, als ob sie ohne Hilfe eines Wonderbra das Dekolleté füllen würden. Ich denke an meine eigenen Brüste und beschließe, den Gedanken nicht weiter zu verfolgen. Mit seinen Brüsten kann ich nicht mithalten.

Es ist neun Uhr früh an einem Samstagmorgen. In SoHo ist es noch sehr ruhig. Ich überquere die Straße. Ein junger

Schwarzer fährt auf einem Fahrrad vorbei. Irgend etwas sieht anders aus, anders als die üblichen Unüblichkeiten. Ich sehe noch einmal hin. Er trägt einen Kilt. Einen sehr schön geschnittenen, rot-orange und grünen Tartan. Er trägt die komplette Aufmachung: eine schwarze Felltasche, lange Socken, Weste, weißes Hemd und passendes Jackett.

Nicht lächeln, auch wenn es schwerfällt! Wer ist er? Warum würde ein junger Afroamerikaner in einem Kilt in Lower Manhattan auf einem Fahrrad herumfahren? Ich werde es wahrscheinlich nie erfahren.

Ich gehe die Spring Street entlang. Ich bin mit meiner älteren Tochter zum Frühstück verabredet. Diese Tochter habe ich nicht selbst geboren, diese Tochter habe ich geerbt, als ich ihren Vater heiratete. Als wir uns kennenlernten, war sie acht. Heute ist sie fünfundzwanzig.

Ich werde ihr frisch gerösteten Kaffee mitbringen. Sie trinkt liebend gern Kaffee und hat wie ihr Vater eine hohe Toleranzgrenze für Koffein. Vor der Tür von Auggie's, dem Kaffeegeschäft in der Thompson Street, spricht eine Mittfünfzigerin mit sich selbst und zieht dabei Grimassen. Sie ist verärgert über das, was sie sagt. Sie ist mit sich selbst nicht einverstanden. Ich sehe weg. Menschen, die ihren Verstand verloren haben, stören mich. Sie machen mir angst. Manchmal fühle ich mich nur um Haaresbreite von ihnen entfernt.

Ich weiß nicht, warum ich mich mit denen identifiziere, die ihren Ankerpunkt verloren haben. Mein Leben ist ziemlich fest verankert. Ich stehe jeden Morgen zur gleichen Zeit auf. Ich marschiere fünf Meilen. Ich arbeite. Ich esse zu Mittag, häufig das gleiche. Abends bereite ich meine Vitamine für den nächsten Tag vor. Das alles geschieht in dem Bemühen, Chaos abzuwehren. Welche Art von Chaos? Jenes, das einen auf der Straße mit sich selbst streiten läßt? Wessen Chaos? Das meiner Mutter? Als sie siebzehn war, kam das Chaos, das

das Leben meiner Mutter für die kommenden zehn Jahre beherrschen sollte, zu allen Juden von Lodz, in Polen, und beherrschte das Leben eines jeden.

Ein Teil meiner Mutter blieb stets die verwirrte Siebzehnjährige, die sie war, als man ihrer Familie achtundvierzig Stunden Zeit gab, ihr Haus zu verlassen und an den Ort zu ziehen, der als Ghetto von Lodz bekannt werden sollte. Die Familie teilte ihre zwei Zimmer in dieser heruntergekommenen Gegend der Stadt mit zehn weiteren Personen. Die Deutschen teilten jedem baufälligen Raum 5,8 Juden zu. Vor meiner Mutter lag ein Universum, das nicht mehr wiederzuerkennen war. Nichts war vorhersehbar, alles war unsicher. Und das, was sie erleben sollte, war unvorstellbar.

Ich habe viel Zeit in meinem Leben damit verbracht, Ordnung zu schaffen, um dem Unvorhersehbaren zu entgehen. Überraschungen schätze ich nicht. Früher glaubte ich, wenn meine Kleider alle in derselben Richtung hingen und meine Handtücher und Laken in perfekte Rechtecke gefaltet wären, dann würde im Universum Harmonie vorherrschen.

Ordnung beinhaltete für mich auch ein gewisses Durcheinander. In diesem Jahr bin ich sehr stolz auf meinen unaufgeräumten Wäscheschrank und meine kreuz und quer hängenden Kleiderbügel. Auf meinem Schreibtisch stapeln sich die Dinge, und ich habe nicht mehr das Bedürfnis, die Papiere auf den Schreibtischen anderer Leute zu ordnen. Ich mache mir immer noch Listen, als ob dadurch die Dinge nicht verschwinden könnten und sich nicht ändern würden. Häufig schreibe ich noch eine Liste meiner Listen. Mit einer guten Liste bewaffnet, empfinde ich eine gewisse Ruhe und Gelassenheit.

Ich betrachte die Frau, die mit sich selbst herumstreitet. Sie sieht weder ruhig noch gelassen aus. Ich kaufe zwei Pfund Kaffee und einen Bodum Kaffeekocher.

Vor kurzem ist meine Tochter in eine neue Wohnung gezogen. Bis dahin lebte sie, dreieinhalb Jahre lang, mit dem jüdisch-afroamerikanischen Sänger einer Trashband zusammen. Es waren lange dreieinhalb Jahre. Wir versuchten, ihn zu mögen, aber es war nicht leicht. Er verfügte über ein großes Potential. Und er war ein furchtbarer Chaot.

Während er in seiner Trashband sang (wann immer es ihnen gelang, engagiert zu werden), warf er mit endlosen Möglichkeiten, Phantasien und Erfolgsaussichten um sich. Er änderte seine Träume, Pläne und Ambitionen mit alarmierender Regelmäßigkeit. Während er auf den großen Durchbruch wartete, schien er ständig vor dem Fernseher zu sitzen und von einem Kanal auf den anderen zu schalten. Und er aß. Er war ein dicker großer Junge, als meine Tochter ihn kennenlernte, und er wurde dicker und dicker.

Er hatte eine schwere Kindheit gehabt. Meine Tochter weinte regelmäßig, wenn sie mir immer neue Details aus seiner schrecklichen Kindheit berichtete. In der Zeit, als sie zusammen waren, arbeitete er fast gar nicht und nahm Drogen. Sie arbeitete bis spät in die Nacht als Serviererin, um sie beide durchzubringen.

Diese Tochter, dieses schöne, große, schlanke Mädchen mit den Rehaugen, dem brennenden sozialen Gewissen und dem gesunden Humor, hat in ihrem Leben nur schreckliche Freunde gehabt. Ihr erster Freund war das Letzte, und dessen Nachfolger waren noch schlimmer. »Weißt du, sie bringt doch immer streunende Hunde und verletzte Vögel mit nach Hause«, sagte ich zu ihrem Vater. »Ich glaube, bei Jungs sucht sie nach ähnlichen Qualitäten.«

Als sie mit ihrem ersten Freund zusammen war, versuchte ich, meinen Mund zu halten. Ich wußte, daß ein Wort der Kritik von mir sie für immer zusammenschweißen würde. Ich übte mich in Gelassenheit. Ich übte nicht genug. »Er ist ein Trottel«, sagte ich zu ihr, als sie mir erzählte, daß er vorbeikommen wolle. Damals kannten sie sich kaum eine Woche.

Er ist ein Trottel. Die Worte waren mir einfach herausgerutscht. Ich wußte, wie das war, wenn einem Worte einfach herausrutschen. Meine Mutter hatte versucht, die Worte festzuhalten, die in ihrem Kopf herumwirbelten. Aber sie kamen heraus. Erschreckende Worte. Worte über Kinder. Kinder mit Löchern in ihren Wangen. Worte über Babys. Babys, die als Fußbälle benutzt wurden. Ich brauchte Jahre, um den Namen der Krankheit herauszufinden, die die Löcher in den Wangen der Kinder im Ghetto verursacht hatte. Ich möchte die Erinnerung an einige Worte meiner Mutter abwerfen. Ich beeile mich.

Meine Tochter wird nicht zu spät kommen. Sie ist immer pünktlich. Als ich sie das erste Mal sah, war sie ein scheues, dünnes, großäugiges kleines Mädchen. Sie schaute mich an und sagte: »Weißt du das von meiner Mutter?«

»Meinst du, daß sie sehr krank ist?« fragte ich.

»Ja«, sagte sie.

»Ja«, sagte ich.

Sie schob ihre Hand in meine. Ihre Mutter lag im Sterben. Von dem Augenblick an hielt sie stets meine Hand, wenn wir zusammen waren. Ich nahm sie mit, wenn ich mit meinem Sohn und meiner Tochter unterwegs war. Mein Sohn war fast zehn. Sie verstanden sich auf Anhieb. Sie saßen im Auto auf dem Rücksitz und redeten und redeten. Sie waren beide sehr ernsthafte Kinder. Zwei kleine, ernste Gesichter, die ununterbrochen redeten. Sie hörten nie auf damit. Außer für kurze Zeit, als ich meinem Sohn erklärte, daß ich seinen Vater wegen des Mannes verlassen würde, der heute mein Mann ist. Der Vater meiner jetzt älteren Tochter. Mein Sohn mochte ihn sehr. »Der kann bleiben«, sagte er. »Aber sie muß weg.« Das

Unglück meines Sohnes über die Spaltung seiner Welt äußerte sich als Wut auf seine neue Freundin.

Meine jüngere Tochter, mein biologisches Kind, war damals erst vier. Bei den beiden Mädchen war es Liebe auf den ersten Blick. Und daran hat sich nichts geändert. Ich war glücklich über meine neue Tochter. Ich hatte mir immer mehr Kinder gewünscht. Wir strahlten beide, wenn die Leute darüber redeten, wie ähnlich wir uns sehen. Sie hielt meine Hand auf der Straße, im Flugzeug, im Café. Ich habe niemals das Wort Stiefkind benutzt. Was hätte das bedeuten sollen? Sie war nicht mein Stiefkind. Sie war mein Kind.

Als sie neun und zehn Jahre alt war, weinte sie jedesmal furchtbar, wenn sie hinfiel oder sich ein bißchen weh getan hatte. Sie konnte gar nicht aufhören. Sie weinte und weinte. Sie dachte, es wäre wegen ihres kaputten Knies oder weil sie sich das Schienbein geschrammt hatte. Ich setzte mich zu ihr und erklärte ihr, daß sie weinte, weil etwas sehr Trauriges geschehen war, ihre Mummy war gestorben. Sie schüttelte den Kopf und bestand darauf, es sei ihr Knie oder ihr Ellbogen. Dann weinte sie noch mehr. Danach kehrte sie ruhig in ihre Welt zurück, fast strahlend. Mit sich selbst im reinen.

Ihr Verlust, der im Kindesalter fast greifbar war, wandelte sich in blanke Wut, als sie siebzehn wurde. Sie begann zu treten, auf direkte und übertragene Weise. Sie brachte einen Freund nach Hause, der so unmöglich war, daß man sich fragte, ob sie wußte, was sie tat. Das war der Trottel.

Bei dem Freund aus der Trashband versuchte ich mich zurückzuhalten, aber sie wußte, daß ich nichts von ihm hielt. Sie war erschöpft und schmuddelig, und es brach mir das Herz, sie so zu sehen. Er rauchte, und sie roch nach abgestandenem Rauch. Ich kaufte ihr neue Sachen, als ob neue Kleidung die Schmuddeligkeit überdecken würde. Einmal, ziemlich am Anfang ihrer Beziehung, verließ sie ihn und weinte sich in meinen Armen darüber aus, daß sie überhaupt mit ihm in eine gemeinsame Wohnung gezogen war. Am nächsten Tag ging sie zu ihm zurück.

Diese ältere Tochter kann, seit sie klein war, wunderschön zeichnen. Ihr ganzes Leben lang hat sie Kunst geliebt und immer ein feines und instinktives Kunstverständnis gehabt. Sie hatte eine erste Ausstellung ihrer eigenen Werke in New York. Ihr Vater platzte fast vor Stolz. Einige unserer Freunde kamen zur Eröffnung. Auch der Junge aus der Trashband kam mit einem Haufen Leute.

Es war eine kleine Galerie. Mr. Trash hielt Hof im Kreise seiner Freunde. Er versprach ihnen Kontakte, Geschäfte, Verbindungen, Jobs und Karrieren. Er hatte sich in Donald Trump verwandelt. Ich haßte ihn. Keiner seiner Freunde würdigte die Kunstwerke auch nur eines Blickes.

Einige Tage später erzählte mir meine Tochter eine weitere traurige Geschichte aus seinem Leben. »Wir alle haben eine schwere Kindheit«, sagte ich. Selbst wenn sie mir gesagt hätte, daß er von einem drogenabhängigen, zweiköpfigen Serienkiller angegriffen worden war, hätte ich kein Mitleid mit ihm gehabt.

Als sie ihn schließlich endgültig verließ, gab sie langsam zu, wie unglücklich sie gewesen war. Ich fragte sie, wie sie seinen Geruch ertragen konnte. »Je stärker er roch, desto mehr liebte ich ihn«, sagte sie. »Je dicker er wurde, desto heftiger wurde mein Gefühl für ihn.«

In den nächsten paar Wochen redeten wir viel miteinander. Wir sprachen darüber, warum sie sich ausgerechnet für diese Liebhaber entschieden hatte. Wir sprachen darüber, wie sie völlig in deren Welt aufzugehen und ihre eigene zu vernachlässigen schien. »Fang' nicht gleich wieder eine neue Beziehung an«, sagte ich zu ihr. »Mach' eine Pause und versuche herauszufinden, was du mit deinem Leben anfangen willst.«

»Ich möchte aufs College«, sagte sie, »ich möchte mein *Masters Degree* machen.«

Wenige Tage, nachdem sie aus der Wohnung ausgezogen war, die sie mit Mr. Trash geteilt hatte, sah sie um Jahre jünger aus. Ihre Augen leuchteten, ihr Haar glänzte und fiel so, als ob es freigelassen worden wäre. Selbst wenn sie nur durchs Zimmer ging, wirkte sie fröhlich. Wir sahen uns oft. Wir trafen uns zum Kaffee, nur wir beide. Manchmal nahmen wir mit der ganzen Familie gemeinsam eine Mahlzeit ein. Wir lachten viel. Wir erinnerten uns. Wir aßen. Die Distanz zwischen uns verschwand. Wir waren wieder eine richtige Familie.

Ich bin schon fast beim Café Dante. Ich freue mich darauf, meine Tochter zu sehen. Vor ein paar Tagen fragte ich eine Freundin, ob sie irgendwelche verfügbaren Männer kennt, die ich meiner Tochter vorstellen könnte. Ich weiß, daß ich niemals den Versuch machen sollte, meine Kinder mit irgend jemandem bekanntzumachen. Das ist immer ein Fehlschlag. Wenn ich mir auch nur den Anschein gebe, einen möglichen Partner nett zu finden, werden alle potentiellen Zukunftsaussichten schon im Keim erstickt.

»Hm«, sagte meine Freundin. »Ich glaube, ich kenne jemanden, der genau richtig wäre. Er ist zweiunddreißig und Komponist. Früher war er in Geldgeschäften tätig. Er hat so viel verdient, daß er nicht mehr zu arbeiten braucht. Er verbringt seine Zeit mit Lesen und mit Galeriebesuchen. Er ist Kunstliebhaber, sehr reich und sehr nett.«

»Und wie kommen wir an den heran?« sagte ich.

»Die Sache hat einen kleinen Haken«, sagte meine Freundin. »Er hat eine Freundin, aber ich glaube, die Beziehung ist so gut wie zu Ende.«

Ich übersah den kleinen Haken. Ich schlug vor, sie sollte meine Tochter gemeinsam mit diesem sehr reichen, sehr netten Mann zum Dinner einladen. »Sag' aber nicht, daß ich darüber Bescheid weiß«, sagte ich zu meiner Freundin.

Ein bücherlesender, kunstliebender, sehr reicher, sehr netter Mann. Das klingt zu schön, um wahr zu sein. Ich liebe ihn jetzt schon. Ich spinne den Faden weiter. Meine Tochter könnte ein Kind bekommen. Sie liebt Kinder. »Wie groß ist er?« sagte ich nachträglich noch zu meiner Freundin.

Ich komme ins Café Dante. Es ist Sommer. Alle Fenster und Türen des Cafés sind weit geöffnet. Die frische Luft riecht gut. Fünf Minuten später kommt meine Tochter. Ich bin jedesmal von neuem beeindruckt, wie schön sie ist. Wie anmutig. Sie nickt und geht rasch auf mich zu. Ihr Haar glänzt. Ihre Augen glänzen. Sie trägt ein einfaches, ärmelloses, navyblaues Kleid. Ihre braunen Arme und Beine sehen kräftig und gesund aus. Sie gibt mir einen dicken Kuß. Wir haben beide Hunger. Sie entscheidet sich für Mozzarella mit Prosciutto und Tomaten. Sie hatte immer schon einen guten Appetit, konnte alles essen und dabei schlank bleiben. Ich kämpfe mit der Speisekarte. Schließlich entscheide ich mich für eine halbe Melone und eine Tasse Kaffee.

»Du siehst super aus, Lil«, sagt sie. »Das ist wirklich ein hübsches Kleid. Steht dir ausgezeichnet.« Ich erzähle ihr, daß der australische Designer Graham Long es mir geschickt hat. »Wie lange macht der schon deine Kleider?« fragt sie.

»Zehn Jahre«, sage ich. Sie lächelt. Sie mag Kontinuität.

Wir berichten uns gegenseitig unsere Neuigkeiten. Sie möchte wissen, ob ich von G. gehört habe, einer Freundin, mit der ich in letzter Zeit Probleme hatte. Es wundert mich nicht, daß meine Tochter sich nach G. erkundigt. Bei jedem Riß, den eine meiner Freundschaften bekam, hat meine Tochter immer für mich Partei ergriffen. Sie ist so loyal. Sie merkt sich jede Kränkung, die ich erfahre, und ist böse auf denjenigen, der sie mir zugefügt hat. Ich sage ihr, daß G. nicht angerufen hat. »Ich konnte sie nie leiden«, sagt sie.

Ich berichte ihr von ihrem Bruder und ihrer Schwester. Sie sagt mir, daß sie mit beiden gesprochen hat. Ich glaube, sage ich ihr, daß ihr Bruder sich hauptsächlich von rotem Pesto ernährt, das ich ihm nach Chicago geschickt habe, wo er zur Zeit arbeitet. Rotes Pesto wird aus an der Sonne getrockneten Tomaten hergestellt, und ich kaufe es bei Joe's Dairy in der Sullivan Street. »Von dem Pesto hat er mir erzählt«, sagt sie. »Vor ein paar Tagen habe ich ihn abends angerufen, und er hat mir zehn Minuten lang nur von dem Pesto vorgeschwärmt.« Ich erzähle ihr, ihre Schwester hätte ihn kürzlich in Chicago besucht und mir anschließend berichtet, er würde morgens, mittags und abends Pesto essen.

Wir lachen beide. Wir schwelgen in Erinnerungen an die seltsamen Nahrungsvorlieben, die er im Lauf der Jahre an den Tag gelegt hat. Kartoffelküchlein – in Teig getunkte und in der Friteuse gebackene Kartoffelscheiben – war eine davon. Er mochte die Scheiben am liebsten ganz dünn geschnitten. Diese Leidenschaft für Kartoffeln ging nahtlos in eine Vorliebe für Austern über, was zwar gesünder, aber auch teurer war.

Unsere Bestellung wird serviert, und wir beginnen zu essen. »Dieser Prosciutto ist köstlich«, sagt sie und bietet mir mit ihrer Gabel eine Kostprobe an. Ich, die so selten das Innere einer Synagoge gesehen hat, bin erst seit kurzem fähig, Schweinefleisch zu essen, ohne das Gefühl zu haben, daß mich der Blitz treffen wird. Jüdische Speisevorschriften verbieten auch Schalentiere, aber ich esse Garnelen, Muscheln, Austern und Hummer leidenschaftlich gern und ohne Hemmungen. Irgendwie haben sie nicht die gleiche Bedeutung wie ein Stück Schinken.

Diese Zurückhaltung in bezug auf Schweinefleisch wurde mir nicht von meinen Eltern aufgedrängt. Mein Vater mochte

Schinken sehr gern. Jede Scheibe Schinken, die er aß, bestärkte ihn in seiner Überzeugung, daß es keinen Gott gibt. Selbst meine Mutter, die sich überwiegend vegetarisch ernährte, aß ab und zu gern ein Stück Schinken.

Mein Vater und meine Mutter kamen beide aus orthodoxen jüdischen Elternhäusern. Nach dem Krieg kamen sie beide unabhängig voneinander zu dem Schluß, daß es keinen Gott gibt. In Auschwitz hatte mein Vater zwei Gestapo-Offiziere beobachtet, die mit einem Neugeborenen Fußball spielten. Einer der Offiziere aß einen Apfel, während er mit dem Kind dribbelte. Mein Vater, der damals hundert Pfund wog und sich gerade in die Wangen gekniffen hatte, um arbeitsfähig zu erscheinen, entschied, daß Gott definitiv nicht existiert.

Ich esse das Stück Prosciutto. Nichts passiert.

Ich betrachte meine Tochter. Sie sieht so gut aus. Die krumme Haltung, die sie sich in der Zeit mit dem Sänger der Trashband angewöhnt hatte – er war kleiner als sie – scheint sie aufgegeben zu haben. Sie ist Mitglied in einem Fitneßklub. Sie spannt ihren Bizeps. »Fühl' mal«, sagt sie. Ich fasse den Muskel an. »Wirklich sehr beeindruckend«, sage ich. Nach den Spannungen der letzten drei Jahre haben wir beide den großen Wunsch, uns gut zu verstehen, und freuen uns darüber, daß wir es tun. Wir lächeln uns an.

»Es geht mir gut«, sagt sie, und ich bin froh, sie das sagen zu hören. Wir essen. Ich möchte mehr über ihr Leben wissen, aber ich will sie nicht unter Druck setzen. Ich möchte nicht zu besorgt, zu fordernd, zu interessiert erscheinen.

Ich esse meine Melone auf. Ich möchte meine Tochter etwas fragen. Ich überlege, wie ich die Frage am besten formuliere. Sie soll lässig klingen. Ganz beiläufig. Nicht zu wichtig. Vielleicht sollte ich gar nicht fragen. Wir verstehen uns gerade so gut. Ich sollte es auf sich beruhen lassen. Seit meine Tochter den Trashsänger verließ, habe ich peinlich vermieden, sie zu fragen, ob es jemand Neuen in ihrem Leben gibt. Ich kenne mich in ihrem Universitätsleben aus und in ihrem Arbeitsleben. Von ihrem Privatleben habe ich keine Ahnung.

Ich verziehe mein Gesicht in dem Versuch, eine neutrale Miene aufzusetzen. »Sind dir irgendwelche Männer begegnet, die du interessant findest?« sage ich zu ihr. Meine Tochter sieht bestürzt aus. Sehr bestürzt. Sie verschluckt sich. Sie hustet. Ich strecke die Hand aus, um ihr auf den Rücken zu klopfen. Sie dreht sich weg.

»Ist schon gut«, sagt sie.

Ich sehe sie an. Sie sieht nicht gut aus. Ihr Gesicht scheint einzufallen. Sie scheint in sich zusammenzusinken. Ich habe einen furchtbaren Fehler gemacht, sage ich mir. Vielleicht glaubt sie, daß ich gerade dabei bin, sie zu bitten, einen netten jungen Mann zu treffen, den ich kenne.

»Keine Sorge, ich habe nicht vor, dich zu verkuppeln«, sage ich. »Meine Zeiten als Kupplerin sind vorüber«, füge ich hinzu. Sie sieht immer noch schlecht aus.

Ich versuche, meine Frage so umzuformulieren, daß es für sie weniger fatal klingt. »Ich meine nicht, ob du die Liebe deines Lebens getroffen hast«, sage ich. Sie hat zu husten aufgehört. Sie hat die Schultern hochgezogen. Sie starrt auf den Tisch. Ich fühle mich furchtbar. »Ich wollte nicht wissen, ob dir dein Traummann über den Weg gelaufen ist oder dergleichen«, sage ich. »Ich wollte einfach nur wissen, ob du zufällig jemanden kennengelernt hast, für den du dich vielleicht ein bißchen interessierst.« Die Situation verschlimmert sich. Ich mache sie schlimmer. Ich kann offenbar nicht aufhören. Ich habe immer alles viel zu breitgewalzt, und das tue ich jetzt wieder. »Ich habe mich bloß gefragt, ob du inzwischen einen Mann getroffen hast, der dir gefällt«, sage ich.

Sie öffnet und schließt mehrmals den Mund. Sie sieht aus, als ob sie einen Schlag auf den Kopf bekommen hätte. Ich fühle mich gräßlich. Plötzlich wird mit klar, daß es hier nicht nur um die richtige Formulierung oder die richtige Frage geht. Es geht um etwas anderes. Mir wird schlecht.

Ich weiß, daß es eine kurze Zeitspanne gibt, eine Minute oder vielleicht auch zwei, in der ich das Thema wechseln könnte. Ich könnte über etwas anderes reden. Was immer es ist, über das sie nicht mit mir sprechen will, ich kann es fallen lassen. Ich brauche es nicht zu wissen. Wir könnten über andere Dinge reden und beide so tun, als hätte es dieses beängstigende Zwischenspiel nicht gegeben. Ich sehe sie an. Ihr Gesicht ist ganz rot. Ich habe Mitleid mit uns beiden.

»Geoffrey hat mir gestern einen fürchterlichen Witz erzählt«, sage ich. Geoffrey ist Geoffrey Firth, der junge englische Friseur, der mir die Haare schneidet. Manchmal schneidet er auch ihr die Haare. Sie mag Geoffrey sehr. Das steife Lächeln, das sie sich abringt, erschreckt mich. Es ist offensichtlich der falsche Zeitpunkt für einen Witz. Ich schiebe einen Rest meiner Melone auf dem Teller herum. Ich sehe sie erneut an. Meine Tochter sieht aus, als ob sie gleich explodieren würde. Ich fühle mich elend. Was ist los?

»Was gibt's?« sage ich zu ihr. Sie schweigt. Sie schweigt sehr lange. Ich kann das Schweigen nicht ertragen. Ich wiederhole mich, noch einmal. »Ich habe nur gefragt, ob du einen Mann kennengelernt hast, den du nett findest. Bloß jemanden, der nett ist, und von dem du das Gefühl hast, daß du mit ihm etwas anfangen könntest. Ich habe dich nicht mehr als das gefragt, Liebling.«

Warum glaube ich, daß Wiederholungen Klarheit bringen? Sie tun es nicht. Wieder versucht meine Tochter zu sprechen. Die Worte kommen einzeln aus ihr heraus. Zwischen

diesen Worten sind lange Pausen. »Ich finde Männer nicht besonders attraktiv«, sagt sie.
»Da ist nichts dabei«, sage ich. »Es gibt nicht viele wirklich attraktive ledige Männer«, sage ich. »Jede Frau in New York weiß das.«
Sie lächelt nicht. Sie sieht grauenhaft aus. Und dann kommt mir eine furchtbare Idee. Mein Herz rast. Ich fange zu zittern an. Meine Beine zittern. Mein gesamtes Inneres, Bauch, Därme, Nieren und Lunge, scheint zu flattern. Ich bemühe mich, ruhig zu werden.
»Willst du mir mitteilen, daß du Männer nicht attraktiv findest?« sage ich. Sie zuckt die Achseln. Ich versuche es noch einmal. »Willst du sagen, daß du Frauen attraktiv findest?«
Sie bricht in Tränen aus. Ich bin wie benommen. Sie weint und weint. Ich lehne mich über den Tisch und nehme ihre Hand.
»Es tut mir leid«, sagt sie unentwegt unter Strömen von Tränen. »Es tut mir leid. Es tut mir leid.«
So sitzen wir einige Minuten in diesem Café. Meine Tochter weint. Ich halte ihre Hand. Ich bin ganz benommen. »Es tut mir leid«, sagt sie zwischendurch. »Ist schon gut«, sage ich. »Du brauchst nicht zu sagen, daß es dir leid tut. Du hast nichts verbrochen. Es gibt nichts, für das du dich entschuldigen müßtest.«
Ich befinde mich im Schockzustand. Das darf doch alles nicht wahr sein. Ich hätte Geoffreys Witz erzählen sollen. Wir hätten beide darüber gelacht, unser Frühstück beendet, uns voneinander verabschiedet und wären gegangen, und alles wäre intakt geblieben und so wie früher. Ich weiß, daß dies einer jener Augenblicke ist, nach dem unwiderruflich nichts mehr so sein wird, wie es war. Ich will weg, ich will schreiben, an meinen Schreibtisch, in mein Arbeitszimmer, zurück in

jene sichere Welt, in der das einzig Unvorhersehbare das ist, was ich erfinde.

Wann ist das passiert? Daß sie Männer nicht attraktiv findet? Als ich das letzte Mal hinsah, blickte sie dem Sänger der Trashband tief in die Augen und hielt seine Hand. Und davor hatte sie um die Erlaubnis gebettelt, die Nacht mit ihrem damaligen Freund verbringen zu dürfen, einem arroganten, dürren Rockmusiker. Sie war neunzehn. Damals hatte ich ihr gesagt, sie könne entweder die Sperrstunde von zwei Uhr einhalten oder mit ihm zusammenziehen. Die Erlaubnis, zu Hause auszuziehen, überraschte sie. Ein paar Monate später trennten sie sich.

Warum erstaunt es mich eigentlich, daß meine Tochter Männer nicht anziehend findet? Darauf hätte man unschwer kommen können, wenn man die unattraktive Sammlung von Freunden betrachtet, an die meine Tochter ihr Herz gehängt hatte. Waren diese Freunde ein Hinweis? Ich dachte immer, sie wären ein Symptom für den Hang meiner Tochter, ihre eigenen Wünsche und Träume mit fürchterlichen Männern abzuwürgen.

In meinem Kopf dreht sich alles. Es geht nicht nur darum, Männer nicht attraktiv zu finden. Sie fühlt sich zu Frauen hingezogen. Meine Tochter trocknet ihre Augen und putzt sich die Nase. Sie wäre fast erstickt vor Weinen. Auch ich kann die Tränen kaum zurückhalten.

Plötzlich brauche ich meine Mutter. Ich bin fast fünfzig und brauche meine Mutter. Ich weiß allerdings nicht, ob sie in dieser Situation sehr hilfreich wäre. Ich erinnere mich an eine Begebenheit, bei der ich neunzehn Jahre alt war. Ich war aus meiner Wohnung ausgezogen und wohnte vorübergehend wieder bei meinen Eltern. Eine Freundin übernachtete bei mir, wir schliefen beide in meinem Bett. Sie war ein großes Mädchen – 1,76 Meter – was damals als sehr groß galt. Am

Morgen platzte meine Mutter herein, angeblich um uns das Frühstück zu bringen. Sie knallte ein Tablett mit Orangensaft auf meinen Toilettentisch und weckte uns damit beide auf. Sie starrte mich an. »Alle meine Freunde behaupten, daß du eine Lesbierin bist!« sagte sie und verließ das Zimmer. Bevor sie die Tür schloß, sagte sie: »Sie hat sehr breite Schultern.« Ich war perplex. Damals hatten wir noch kaum etwas von lesbischen Frauen gehört. Wo hatte meine Mutter dieses Wort aufgeschnappt? Sie sprach gutes Englisch, aber so gut war es auch nicht. Und was hätten ihre Freunde ihr erzählen können? Sie hatten meine Freundin nie kennengelernt und mich in den letzten zwei Jahren so gut wie gar nicht gesehen. Ich wandte mich meiner Freundin zu. Sie weinte.

Der Ausbruch meiner Mutter schockierte mich. Die Grobheit schockierte mich. Meine Mutter, die charmant, großzügig und warmherzig sein konnte, hatte oft Ausbrüche, die sich gegen meine Freunde richteten. Aber was hatte diesen Ausbruch hervorgerufen?

Ich wußte, daß Chaos, Grauen und Verwüstung im Leben meiner Mutter einen solch großen Raum einnahmen und so überwältigend waren, daß es wenig Sinn hatte, nach dem Grund für unverständliche Verhaltensweisen zu suchen. Meine Mutter erwähnte den Vorfall nie mehr, und auch das Wort Lesbierin benutzte sie nie wieder.

Damals galten große Frauen als unweiblich. Meine Mutter fand mich zu groß. Mit dreizehn war ich 1,72 Meter groß. »Weil du zu viele Süßigkeiten gegessen hast«, pflegte sie mir unter erstaunlicher Mißachtung ihrer bemerkenswerten Kenntnisse über Ernährung zu sagen.

Ich höre auf, meinen Melonenschnipsel anzustarren. Ich sehe meine hochgewachsene Tochter an. »Ich habe immer schon für Mädchen geschwärmt«, sagt sie. Was meint sie damit? Sie hatte immer sehr nette Freundinnen. An denen sie sehr hing. Wir alle mochten sie gern. Tessa, Sarah, Caroline. Wir mögen sie heute noch gern.

»Was heißt schwärmen?« bemerke ich fast kläglich. »Ist es nicht das gleiche wie jemanden heiß verehren, ihn für wunderbar zu halten?« Meine Tochter schweigt. »Schwärmen nicht alle Mädchen für ihre Freundinnen?«

»Es ist stärker als das«, sagt sie. »Es ist sehr stark.«

»Ich hatte für so viele Frauen sehr starke Gefühle«, sage ich zu ihr. »Eine Frau zu lieben und in eine Frau verliebt zu sein, dazwischen gibt es einen feinen Unterschied. Ich habe in meinem Leben so viele Frauen geliebt.«

Mit dreizehn war ich unsterblich in meine beste Freundin verliebt. Mit ihr hatte ich die einzige sexuelle Beziehung, die ich jemals mit einer Frau hatte, und eine der leidenschaftlichsten sexuellen Beziehungen meines Lebens. Wir liebten uns jahrelang. Der Sex zwischen uns hörte auf, als wir anfingen, uns mit Jungs zu treffen. Und wir haben nicht ein einziges Mal über uns und die heißen Liebesnächte, die wir miteinander verbrachten, gesprochen.

Wir waren jahrzehntelang beste Freundinnen. Einmal hatten wir einen furchtbaren Streit. Ich weiß nicht mehr worüber, und sie weiß es auch nicht mehr. Aber dieser Streit und das auf ihn folgende Zerwürfnis nahm meinem Leben zwei Jahre lang, bis wir wieder Freundinnen wurden, viel von seinem Reiz. Sie war damals verheiratet und wohnte in einem Haus auf der gegenüberliegenden Straßenseite. Das hätte die Erfüllung unseres Kindheitstraumes sein sollen. Ich war zu Hause mit zwei kleinen Kindern, sie war gerade schwanger. Wir hatten unser Leben gemeinsam leben und alles teilen wollen. Statt dessen schlug mir das Herz im Hals, wenn ich an ihrem Haus vorbeikam. Ich fuhr um den Block und machte größere Umwege zum Supermarkt, um nicht an ihrem Haus vorbeifahren zu müssen. Einige Male sah ich sie flüchtig, und mir blieb fast das Herz stehen. Ist das eine innige Freundschaft? Ist das Liebe? Heißt das, jemanden zu lieben? Oder bedeutet es, verliebt zu sein? Und was ist der Unterschied? Ist es Sex?

Meine Tochter sagt, sie sei in mehrere Frauen verknallt gewesen. Ich frage sie, worin sich Verknalltheit von der lesbischen Zuneigung zu einer Frau unterscheidet. »Ich finde sie physisch attraktiv«, sagt sie.

»Nun ja«, sage ich, »im großen und ganzen sind Frauen sowieso schöner als Männer.«

Ich verstehe, wie schön es sein kann, jemanden anzusehen, dessen Erscheinung einem gut gefällt. »Ich finde Fiona bildhübsch«, sage ich zu meiner Tochter. Es macht mir Freude, ihre blasse, an weißes Porzellan erinnernde Haut und ihr flammend rotes Haar zu betrachten. Auch Caroline ist eine Augenweide. Manche Leute sind einfach schön anzusehen.

»Vielleicht verliebt man sich in einen Menschen, nicht in ein Geschlecht«, sage ich. Ich habe den Boden unter den Füßen verloren, bin ein bißchen verzweifelt. Ganz sicher bin ich politisch unkorrekt in dieser so sehr politisch korrekten Stadt. Ich sollte meine Tochter umarmen, sollte ihr sagen, was immer oder wer immer du bist, ich habe dich sehr lieb. Es stimmt. Ich sage es ihr.

Zum ersten Mal, seit wir mit diesem Gespräch begonnen haben, nehme ich die Leute um mich herum wahr. Mir fällt auf, daß ich mich wie in einem Vakuum gefühlt habe, wie abgeschnitten vom Rest der Welt. Im Café herrscht reger Betrieb. Es ist elf Uhr, und die Leute kommen immer noch zum Frühstück. Die New Yorker essen zu sehr unterschiedlichen Zeiten. Ich bin erschöpft.

Ein Gefühl sagt mir, daß meine Tochter eine Beziehung hat. Daß sie mir nicht nur auf abstrakte Weise von ihren Empfindungen berichtet. Ich frage sie danach.

Sie wirkt erleichtert und ist fast erpicht darauf, über J., ihre neue Liebhaberin, zu sprechen. Ihre Augen leuchten, und sie wird ganz lebhaft unter ihren Tränenspuren. »Sie ist alles, was du dir von einem Mann nur wünschen kannst«, sagt sie. Ich bin vorübergehend sprachlos. Was wünsche ich mir von einem Mann? Vielleicht zunächst einmal, daß er überhaupt ein Mann ist.

»Ich habe sie früher schon im East Village gesehen«, sagt meine Tochter. »Ich fand sie immer schon toll.« War das in der Zeit, als sie mit dem Trashsänger zusammenlebte?, frage ich. »Ja«, sagt sie.

Sie berichtet mir, daß die beiden vorherigen Freundinnen des Mannes aus der Trashband ihn beide wegen einer Frau verließen und sie ihm versprochen hatte, daß sie das nie tun würde. Mein Kopfweh wird schlimmer. Langsam klingt das Ganze grotesk. Die beiden vorherigen Freundinnen des Trashmannes ließen ihn jeweils wegen einer Frau sitzen? Wo ist diese Welt hingeraten? Das ist nicht die Welt, in der ich aufgewachsen bin. In der Welt, in der ich aufgewachsen bin, hätte meine Tochter einen Mann gefunden, der all das ist, was ich mir von einem Mann wünsche, und keine Frau, die all das ist, was ich mir von einem Mann wünsche.

Ich bemerke, daß ich die Luft angehalten habe, als ob ich das, was passiert, nicht in mich aufnehmen müßte, wenn ich nicht atme. Ich atme aus. Ich habe mich bemüht, ganz ruhig zu erscheinen. Meine Schockiertheit nicht zu zeigen. Wie kam es dazu, daß meine Tochter die dritte Freundin wurde, die den Trashsänger wegen einer Frau verließ?

»Ich habe das Gefühl, in J. verliebt zu sein«, erklärt sie. Ich weiß nicht, was ich sagen soll. Bedeutet das, daß sie eine Lesbe ist? Bedeutet es, daß sie nie mehr mit einem Mann ausgehen wird? Auch meine Tochter weiß nicht, was es bedeutet.

»Ich hasse die Männer nicht«, sagt sie. Das hatte ich angenommen. »Vielleicht treffe ich mich mal wieder mit einem Mann, ich weiß es nicht«, sagt sie. »Ich weiß bloß, daß diese Beziehung wirklich gut ist. Ich fühle mich so wohl. J. ist so lieb.«

»Gemessen an Mr. Trash würde man sich mit jedem wohlfühlen, der nicht stinkt«, sage ich und habe sofort ein schlechtes Gewissen wegen dieser Bemerkung. Aber meine Tochter lacht. »Er hat wirklich furchtbar gestunken, nicht?« sagt sie.

»Was ist mit all unseren Gesprächen über das Sich-Zeit-Lassen mit der nächsten Beziehung?« sage ich. »Und das ganze Gerede über Selbstfindung und nicht im Leben eines anderen aufgehen wollen? Was ist mit deinen Plänen, erst mal für dich Raum zu schaffen?«

Warum betone ich meiner Tochter gegenüber dieses eigene Leben so sehr? Vielleicht weil ich selbst nie wirklich allein gelebt habe? Ich hatte meinen ersten Freund mit fünfzehn und war seitdem mehr oder weniger immer mit einem Mann zusammen. Meistens war ich glücklich und zufrieden, mit dem jeweiligen zusammenzusein. Aber manchmal habe ich das Gefühl, nie ein eigenes Leben als erwachsene Frau geführt zu haben. Ich hatte immer einen Mann als Pufferzone und brauchte sehr viele Dinge nicht alleine zu tun. Ich habe mich gefragt, wie es wohl ist, Urlaube allein zu planen, ein Essen zu arrangieren und allein Gastgeberin zu sein, in allen zwischenmenschlichen Beziehungen die ganze Arbeit allein machen zu müssen.

Wenn man verheiratet ist, kann man nachlässig sein. Zunächst hat man einmal einen bereits vorhandenen Gefährten, besten Freund, Gatten. Wenn man müde ist oder lustlos oder ungesellig in Gesellschaft, kann der Partner einspringen. Als Ehepaar hat man doppelt so viele Freunde, aber vielleicht nur die Hälfte an Intimität. Bei mehr als zwei Leuten ist es schwer, wirklich intim zu sein. Ich habe die Frauen immer sehr bewundert, die ein eigenes, unabhängiges Leben leben, und mich oft gefragt, wie sie das machen. Dieses Gebiet ist mir so fremd. In meinem gesamten Leben als Erwachsene war ich immer Ehefrau und Mutter.

»Ich glaube, es ist ein Fehler, nahtlos von Mr. Trash zu J. überzugehen«, sage ich zu meiner Tochter. Ich habe den Anstand, mir einzugestehen, daß ich unaufrichtig bin. Erst vor wenigen Tagen habe ich Pläne geschmiedet, wie meine Tochter von nun an bis in alle Ewigkeit mit Mr. Komponist-Kunstliebhaber-Geldsack glücklich würde.

Mein Kopf schmerzt. Ich habe den Eindruck, als säßen wir schon eine Ewigkeit in diesem Café. Ich habe keine Kopfwehtabletten bei mir. Früher hätte ich das Haus niemals ohne einen kompletten Bedarf an Pillen, Krimskrams, Terminkalendern und Dokumenten verlassen, um für jeden Notfall gerüstet zu sein. Jetzt habe ich noch nicht einmal eine Kopfwehtablette, wenn ich sie brauche, und dies ist wirklich ein Notfall. »Alles okay, Lil?« fragt meine Tochter und schaut mich besorgt an.

»Alles okay«, sage ich zu meiner Tochter und nehme ihre Hand. Ich bin mir im klaren, daß ich meine Gedanken wandern ließ. Ich habe mich von einigen Dingen, die ich nicht hören wollte, fortbegeben. Schon als Kind war ich so – ich schuf mir meine eigene Welt, in die ich entfloh. Als Teenager war ich stunden-, tage-, und wochenlang mit Paul McCartney verheiratet. Während meine Mutter mit mir das Mittagessen aus trockenen Ryvita Brötchen mit grünem Salat diskutierte, unterhielten Paul und ich uns gerade darüber, was wir uns im Fernsehen ansehen wollten. Er wollte immer dieselben Programme sehen wie ich. Während meine Mutter mir stundenlang darüber in den Ohren lag, wieviel Lola K. abgenommen hatte, lag ich in Paul McCartneys Armen.

Paul und ich redeten und redeten. Uns ging der Gesprächsstoff nie aus. Er war eloquent und zuvorkommend. Er fand mich süß und gescheit. Ich verließ ihn für einen Jungen, den ich auf einer Party traf. Der war zwar nicht so perfekt wie Paul McCartney, aber er sprach wenigstens seine Texte selbst.

Meine Tochter lächelt mich an. Sie sieht inzwischen fröhlicher aus. Ich habe die Nachwehen des Schocks – das Herzklopfen, den verkrampften Magen, die flatternde Psyche – noch nicht überstanden.

Meine Tochter ißt eine Gabel voll von ihrem Mozzarella. »Es ist komisch, mit einer Frau auszugehen«, sagt sie. »Selbst auf der Toilette benimmt man sich noch immer tadellos. Man kann sein Aussehen nicht überprüfen oder Grimassen schneiden, wenn man sich das Haar kämmt oder die Lippen anmalt. Man kann nicht einfach ein paar Minuten abhauen und sich entspannen. Es gibt keine Pause, weil sie nämlich genau neben dir steht. Das ist richtig unheimlich.«

Diese faszinierende Erkenntnis lenkt mich vorübergehend von meinem Kummer ab. Dann kehrt das Gefühl zurück, von all dem nichts wissen zu wollen. Ich wünschte, die Enthüllungen dieses Vormittags könnten wie eine Luftblase zerplatzen, und meine Tochter und ich wären wieder Mutter und Tochter, wie früher.

Ich stelle fest, daß ich meine Stimme gesenkt habe. Ich möchte, daß auch meine Tochter leise spricht. Ich schäme mich, weil ich eine Tochter habe, die eine Liebhaberin hat. Und dann schäme ich mich, weil ich mich schäme.

Ich werde furchtbar nervös. Irgend etwas macht mir angst. Und Angst kenne ich. Ich fühle sie in meinem Bauch, in meinem Herzen und in der Lunge. Wovor habe ich solche Angst? Vor Veränderung? Ist es meine alte Angst vor dem Unbekannten? Als ob alles Unvorhersehbare eine potentielle Katastrophe wäre. Habe ich Angst, weil ich völlig überrascht wurde? In meinen kühnsten Träumen hätte ich niemals an so etwas gedacht. Ich war darauf eingestellt, daß wir noch den einen oder anderen fürchterlichen Kerl ertragen müßten, aber doch nicht so etwas, doch keine *Frau*.

Bin ich in dieser Verfassung, weil sich meine Hoffnungen zerschlagen haben? Die jahrelang gehegte Hoffnung, meine Tochter würde den Richtigen finden, einen Mann, der sie wirklich liebt, und Ordnung in ihr Leben bringen? Was bedeutet das überhaupt, »Ordnung in sein Leben bringen«? Jedenfalls etwas anderes. Auf keinen Fall dieses Durcheinander.

Rege ich mich deshalb auf, weil ich wieder einmal akzeptieren muß, daß meine Tochter erwachsen ist? Eine erwachsene Frau, die ihren eigenen Weg geht? Es kann sehr tröstlich sein, die eigenen Kinder als Kinder zu sehen.

Oder haben die Enthüllungen meiner Tochter meine Ängste und Tabus aufgescheucht? Ich habe mich jahrelang, jahrzehntelang meiner Leidenschaft für meine Freundin geschämt. Sie ist immer noch die einzige Frau, mit der ich körperlich überhaupt keine Probleme habe. Ich kann mich an sie lehnen, wenn wir nebeneinander sitzen. Ich kann auf der Straße ihre Hand halten. Ich fühle mich wohl, wenn wir auf dem Rücksitz eines Autos zusammengequetscht sind. Ich kenne ihren Körper. Noch heute, nach fünfunddreißig Jahren, kann ich mich daran erinnern, wie sie roch und wie sie schmeckte. Es war mir jahrelang unangenehm, andere Frauen anzufassen. Allerdings geht es mir bei Männern nicht viel anders.

Meine Mutter konnte mich kaum anfassen. Dafür hatte sie zuviel erlebt. Sie war zu oft angefaßt worden. Tausende Häftlinge hatten sie angefaßt, mit denen sie in Auschwitz und in Stutthof auf Holzpritschen zusammengepfercht war. Männer hatten sie angefaßt, auf entsetzliche Weise in einer entsetzlichen Zeit.

Ich bin böse auf meine Tochter. Gerade als wir glaubten, uns eine Atempause vom Trashsänger gönnen zu dürfen und uns die Aufregung darüber zu ersparen, wie sie, zornig und ungewaschen, sich bei ihren Servierjobs Krampfadern holt, kommt sie damit an! Sie war so zornig in den Jahren mit Mr. Trash. Zornig auf ihn, zornig auf uns. Sie rieb ihn uns unter die Nase wie einen stinkenden Putzlappen.

In letzter Zeit sieht sie viel glücklicher aus. Sie ist wieder liebevoll und zuvorkommend. Wieder mit uns verbunden. Und jetzt das. »Was ist mit Kindern?« sage ich. Sie weiß genau, wovon ich spreche.

»Oh, ich möchte schon Kinder haben«, sagt sie. »Ich wollte immer Kinder.«

Sie hat Kinder immer geliebt. Schon als ganz junges Mädchen war sie Babysitter und hing sehr an ihren Schützlingen. »Es gibt keinen Grund, keine Kinder zu haben, wenn ich mit einer Frau zusammen bin«, sagt sie.

Ich zögere. Ich wünsche mir so sehr das Beste für sie. Ich möchte das Richtige sagen, aber es kommt das Falsche heraus. »So einfach ist das nicht«, sage ich. »Es ist schwer genug, ein Kind großzuziehen, aber wenn du schon im Abseits anfängst, ist es so gut wie unmöglich.«

Warum habe ich das gesagt? Wo kam das her? Ich weiß nicht einmal, was dieser Begriff im Sport bedeutet. Von wessen Abseits reden wir? Obwohl ich mich über das ärgere, was ich gerade gesagt habe, höre ich nicht auf.

»Wenn es schon die Kinder schwer haben, die in einer regulären Familie aus Mutter, Vater, zweieinhalb Schlafzimmern und eineinhalb Geschwistern aufwachsen, welche Chance hat dann ein Samenspenderkind in einem Haushalt mit zwei Müttern?« sage ich. Ihr steigen die Tränen in die Augen. Ich weiß, daß ich grausam war. Aber ich bin ihr immer noch böse.

Was tue ich da? Dies ist die Tochter, die für mich maßgeschneidert wurde. Die Tochter, mit der ich mich krankgelacht habe. Die Tochter, die jede Nuance aller Verstimmungen oder Streitigkeiten kannte, die ich mit allen möglichen Freunden und Bekannten hatte. Dies ist die Tochter, der ich stets so nahe war, daß es uns beide irritiert hat.

Ich sehe ihre Angst und ihre Verwirrung. Diese Gefühle sah ich zum ersten Mal bei ihr, als sie sechzehn, siebzehn war. Mich zu lieben war sehr kompliziert für sie. Sie kam sich ihrer biologischen Mutter gegenüber illoyal vor. Sie hatte große Schwierigkeiten, ihrer toten Mutter gegenüber zornig zu sein, aber sie konnte ihre Wut an mir auslassen. Ich lebte. Es ist schwer, auf seine Mutter nicht wütend sein zu können. Es ist schwer genug, auf eine Mutter, die lebt, nicht wütend sein zu können, aber es ist wirklich hart, auf eine tote Mutter böse sein zu wollen.

Ich weiß, wie das ist, keine Wut auf die Mutter empfinden zu können. Ich konnte es jahrelang nicht, ohne mich furchtbar schlecht dabei zu fühlen. Jedesmal, wenn ich mich über meine Mutter geärgert hatte oder sie mir auf die Nerven ging, sah ich sie vor mir, wie sie dasaß, am Küchentisch, als ich noch klein war. Die Tränen strömten ihr übers Gesicht, und sie sagte: »Du wirst niemals wissen, was ich durchgemacht habe.« Und ich wußte, daß ich es niemals wissen würde.

Meine Tochter weiß, daß ihre Mutter nicht sterben und sie nicht verlassen wollte. Aber sie ist gestorben, und sie hat sie verlassen. Jeder kann begreifen, daß man deswegen böse ist.

Ich nahm alle Wut, die ich auf meine Mutter hatte, und ließ sie an mir selbst aus. Als Teenager fuhr ich nachts oft mit fast hundertvierzig Stundenkilometern durch Melbourne. Ich schloß die Augen und öffnete sie erst wieder, wenn ich bis zehn gezählt hatte. Im Vergleich zu meinen eigenen Heldentaten scheint mir meine Tochter mit ihrer Geliebten vernünftig und geborgen zu sein.

Ich sollte ihr nicht länger böse sein. Ich sollte versuchen, meiner Tochter die ganze Sache zu erleichtern. Sie bemüht sich, mir etwas mitzuteilen, das für sie genauso schwierig und kompliziert ist wie für mich. Ich sehe, daß sie zweifelt. Ich sehe, daß dieser neue Schritt in ihrem Leben sie verunsichert und verwirrt. Mein Herz rast. Warum bin ich so wütend?

»Ich möchte Kinder haben«, sagt sie. »Ich habe viel darüber nachgedacht. Der Gedanke, keine Kinder haben zu können, würde mich schon daran zweifeln lassen, ob es richtig ist, eine feste Beziehung mit einer Frau einzugehen.« Sie hält inne, schaut mich an und sagt: »Tu' bitte nicht so, als ob das alles eine Tragödie wäre, Lil. Gemessen an dem, was du in meinem Alter gemacht hast, ist das hier völlig harmlos.«

»In deinem Alter war ich die Mutter eines Dreijährigen und wohnte in einem Melbourner Vorort. Der Höhepunkt des Tages bestand aus einer Fahrt zum Supermarkt«, sage ich. Aber ich weiß, wovon sie spricht. Ich hatte eine wilde Jugend. Damals habe ich sie nicht als wild empfunden. Sondern als einsam.

»Einen Sack voll LSD-Pillen durch den australischen Zoll zu bringen, wenn man zwanzig ist, in psychedelischen Klamotten und mit Perlen behängt herumläuft, ist viel gefährlicher, als eine Beziehung zu einer Frau zu haben, finde ich«, sagt meine Tochter.

»Ich glaube nicht, daß man das vergleichen kann«, sage ich.

Meine Kinder sind schockiert von manchen Sachen, die ich in meiner Jugend angestellt habe. Ich bin es auch. Und rückblickend jagt es mir Angst ein. Warum hatte ich eine solche Menge LSD ins Land bringen wollen? Damals konnte man schon ins Gefängnis gehen, wenn man mit einem Joint erwischt wurde. Ich war eine bekannte Rockreporterin. Die Welt des Rock'n'Roll galt noch als sehr suspekt. Ich war offensichtlich auf Ärger aus.

Ich mochte LSD nicht. Ein paarmal hatte ich es genommen und mich gräßlich gefühlt. Ich war in San Francisco, in Haight Ashbury. Ich war auf dem Monterey Pop Festival gewesen. Love and Peace lagen in der Luft. Wir waren alle Brüder und Schwestern, unter unseren Blumen und Perlen. Ich glaubte, die Welt würde sich verändern.

Diese Tochter war immer hip. Sie ist die stilsicherste von uns und berät die ganze Familie in Frisur- und Garderobefragen. Es ist hip, lesbisch zu sein. Zumindest hier in Manhattan. Madonna wird mit ihren Freundinnen fotografiert, und K.D. Lang ist jedermanns Liebling. Auf der High School haben die Mädchen ganz offen Affären mit anderen Mädchen. »Oh, sie ist eine LBS«, sagte meine jüngere Tochter vor einigen Jahren, als wir über eine ihrer Schulfreundinnen sprachen. »Eine LBS«, sagte ich. »Was ist das denn?« »Lesbisch bis zum Schulabschluß«, sagte meine jüngere Tochter. Seitdem habe ich dieses Kürzel in allen möglichen Zeitungen und Zeitschriften gelesen. Es ist viel über die wachsende Popularität von Bisexualität und Homosexualität unter Frauen geschrieben worden. Meine ältere Tochter wäre fuchsteufelswild, wenn ich andeuten würde, daß es sich hier um etwas handeln könnte, das hip ist. Sie hat sich immer dagegen gewehrt, als hip eingestuft zu werden.

Was tun Lesbierinnen miteinander? Warum mache ich mir Gedanken darüber? Ich denke ja auch nicht darüber nach, was meine jüngere Tochter mit ihrem Freund oder mein Sohn mit seiner Freundin macht. Im allgemeinen ziehe ich es vor, über diese Dinge nicht nachzudenken. Warum also frage ich mich, was Lesbierinnen tun? Ich meine, was können sie schon tun?

Jedem von uns sind Grenzen gesetzt. Warum stört mich dann das, was sie tun?

Ich frage meine Tochter, ob sie das alles mit ihrem Therapeuten besprochen hat. Dem Therapeuten, der ihr helfen sollte zu verstehen, warum sie mit dem Trashsänger zusammen war. Sie wirft mir einen Blick zu, der mir sagt, daß Fragen nach ihrer Therapie unzulässig sind. Ich lasse die Frage fallen.

All die Stunden in Analyse geben mir manchmal die Illusion, ich sei selbst Analytikerin. »Du bist seit so vielen Jahren zornig«, sage ich zu meiner Tochter. »Vielleicht bist du zornig auf Männer.«

»Nein, das bin ich nicht«, sagt sie.

»Nun ja, mit einer Frau zusammen zu sein ist eine gute Methode, Männern mitzuteilen, ›mich kannst du nicht fikken‹«, sage ich.

»Mit Männern hat das nichts zu tun«, sagt sie.

Ich bleibe hartnäckig. »Ich sah dich oft genug dein Gesicht verziehen, wenn du einen Penis erwähnt hast«, sage ich.

»Ich mag sie nicht besonders«, sagt sie.

Ich überlege, wie meine eigene Einstellung zu Penissen ist. Gefallen sie mir? Ich kann nicht an Penisse en masse denken. Ich kann sie mir noch nicht einmal unabhängig von ihren Besitzern vorstellen. Der einzige Penis, den ich mir vorstellen kann, ist der meines Mannes.

Liest meine Tochter meine Gedanken? »Was wirst du Dad sagen?« fragt sie mich. »Sollte ich es ihm sagen? Wie sollen wir es ihm mitteilen?« Sie wirkt verängstigt. Sie tut mir leid. Ich rücke meinen Stuhl näher an sie heran. Ich sehe den Teil in ihr, der das Gefühl hat, etwas Furchtbares getan zu haben. Uns etwas Furchtbares angetan zu haben.

Doch ich sehe auch ihre Kraft. Sie war immer stark. Dieses schlanke Mädchen hat schwere Kisten gehoben und große Möbelstücke geschleppt. Sie hat riesige Leinwände im Studio ihres Vaters gespannt und mit hohen Leitern, Farbtöpfen und Dosen gerungen. Ich sehe die Kraft, die man braucht, um über so etwas reden zu können. Ich habe mit meinen Eltern über gar nichts geredet. Ich habe die meisten Fragen abgeschmettert. Was Sex betrifft, sagte meine Mutter eines Abends, bevor ich ausging, zu mir: »Wenn du dich selbst respektierst, werden andere das auch tun«, und ich war froh, daß das alles war.

»Was machen wir mit Dad?« sagt meine Tochter wieder.

»Nun, du könntest nach Hause kommen und es ihm sagen, wir müssen allerdings um ein Uhr bei einer wichtigen Veranstaltung sein«, sage ich. Ich sehe auf die Uhr. Es ist schon fast zwölf. Der Zeitpunkt ist schlecht gewählt. »Ich glaube nicht, daß dir genug Zeit bleibt, um nach Hause zu kommen und mit ihm darüber zu reden«, sage ich.

Ich weiß, daß ich nicht in der Lage sein werde, diese Geschichte vor meinem Mann zu verbergen, auch nicht vorübergehend. Ich sehe mit Sicherheit völlig verstört aus. Einige der Kellner des Cafés haben mich ein paarmal angesehen. Sie kennen mich, und ich weiß, daß ich den Eindruck erwecke, als sei etwas nicht in Ordnung. Ich bin rot angelaufen und mir viel öfter mit den Händen durch das Haar gefahren, als ich es mir normalerweise gestatte. Mein Haar ist völlig zerzaust und steht in alle Himmelsrichtungen. Ich spüre das. Ich versuche, mich zusammenzureißen.

»Wie wär's, wenn ich es ihm sage?« sage ich zu meiner Tochter. »Ich sag's ihm nur kurz, und dann kannst du ihn vielleicht heute abend oder morgen treffen.« Damit ist sie einverstanden. Ich weiß, daß das keine perfekte Lösung ist, aber die Wirklichkeit scheint aus Unvollkommenheiten zu bestehen.

»Du hast dich wirklich großartig verhalten, Lil«, sagt meine Tochter zu mir.

»Was hast du erwartet?« frage ich sie.

»Meine Skala ging von ganz schlimmer Reaktion über halbwegs gut oder halbwegs schlecht bis zur bestmöglichen Reaktion«, sagt sie. »Und du hast die bestmögliche gezeigt.« »Wirklich?« sage ich. Ich ignoriere ihr Lob. Plötzlich empfinde ich mich als Versagerin. Es muß mein Fehler sein, daß meine Tochter Frauen lieber mag als Männer. Ich muß irgend etwas falsch gemacht haben. Intellektuell weiß ich, daß es hier um keine Schuldfrage geht. Es geht nicht darum, was richtig oder falsch ist. Aber ich fühle mich schrecklich.

Meine Tochter berichtet von all den wunderbaren Frauen, die ihr begegnet sind, seit sie mit ihrer Geliebten zusammen ist. Sie spricht von Zeitschriftenredakteurinnen, Cutterinnen, Musikerinnen, Schriftstellerinnen. Ihre Augen leuchten. »Lil, ich habe die faszinierendsten Frauen kennengelernt«, sagt sie.

Die Welt, die sie beschreibt, ändert sich von einer ganz gewöhnlichen Welt aus Redakteuren, Musikern und Schriftstellern in eine Welt, die mir fremd ist. Eine Welt, in der ich keinen Platz habe. Ein unbekanntes Universum. Ich fühle mich ausgeschlossen. So sehr ausgeschlossen, daß es auch nicht schlimmer sein könnte, wenn sie in die Fänge einer Sekte geraten wäre.

Meine Tochter redet immer noch. Sie erzählt mir, daß die Fotoredakteurin dieses Magazins und die Regieassistentin jenes Films gute Freundinnen von J. sind. Außerdem hat sie die Frau kennengelernt, die das Drehbuch für einen von der Kritik positiv bewerteten Low-budget-Film geschrieben hatte, der vor kurzem anlief. Alle diese Frauen sind so nett, sagt sie.

Jetzt bin ich neidisch. Neidisch auf diesen neuen Klub, dem meine Tochter angehört. Ich stelle mir vor, daß jede jede umarmt. Alle helfen, unterstützen und stärken einander. Der Klub wirkt sehr exklusiv. Ich wollte immer zu einem Klub gehören. In meiner Jugend habe ich einen Buchklub und einen Filmklub gegründet. Ich organisierte die Zusammenkünfte, kaufte den Filmprojektor, spendierte die Süßigkeiten. Das war, glaube ich, mein Ersatz für eine große Familie.

Deswegen also fühle ich mich ausgeschlossen. Meine Tochter hat ein neue Familie. Eine Familie, zu der ich nicht gehören kann. Und es scheint eine perfekte Familie zu sein. Eine attraktive, erfolgreiche, starke und lustige Familie. Ich war auf Familienzuwachs eingestellt. Ich war darauf eingestellt, Schwiegermutter zu werden. Ich war darauf eingestellt, Großmutter zu werden. Es schien alles so klar zu sein. Ich hatte gedacht, wir wären lediglich auf der Suche nach einer besseren Klasse von Freund.

Ich mache mir Sorgen, wie mein Mann das aufnehmen wird. Er ist zwar ziemlich unerschütterlich, aber dies ist eine schlimme Nachricht. »Glaubst du, daß Dad damit fertig wird?« fragt meine Tochter.

»Natürlich wird er das«, sage ich. »Es wird zwar ein Schock für ihn sein, aber er wird's verkraften. Und du?«

»Es geht schon«, sagt sie. Sie sieht erschöpft aus.

»Könnten wir bitte Mr. Trash zurückhaben?« sagt mein Mann, einige Minuten nachdem ich ihm die Neuigkeiten mitgeteilt habe. Ich habe versucht, ganz ruhig zu sein. Ich muß lachen. Mein Mann bringt mich immer zum Lachen.

»Mr. Trash sieht auf einmal gar nicht mehr so übel aus, nicht wahr?« sage ich. Danach sagt mein Mann für eine ganze Weile nichts mehr.

In den nächsten paar Tagen macht er einige seltsame, untypische Bemerkungen. Als ein Bekannter sich nach unserer älteren Tochter erkundigt, sagt mein Mann: »Sie weiß nicht, ob sie Pferd oder Reiter ist.« Der Bekannte, ein Amerikaner, ist verwirrt. Erstens kann er mit dem Ausspruch nichts anfangen, zweitens hat er Schwierigkeiten mit dem Akzent meines Mannes. »Wann fährt sie weg?« sagt er.

»Es war eine harte Woche«, sagt mein Mann, der stets optimistisch ist und sich selten über etwas beklagt, zu einem Freund. »Wirklich eine harte Woche.« Der Freund erkundigt sich nicht, warum. »Tja, das war eine total beschissene Woche«, sagt mein Mann.

»Eines meiner Kinder macht mir Probleme«, sagt er aus heiterem Himmel zu einem unserer Nachbarn im Haus. Diese Bemerkung kommt von einem Mann, der trotz aller Geselligkeit sehr zurückhaltend ist.

Immer wieder entschlüpfen ihm Randbemerkungen. Es ist, als ob die Reaktion auf die Neuigkeiten seiner Tochter unwillkürlich aus ihm heraussickern würde. Obwohl er sich bemüht, das Ganze leicht zu nehmen und aus der richtigen Perspektive zu betrachten. »Wenn sie glücklich ist, dann bin ich es auch«, sagt er einige Male zu mir.

Ich habe mich über jeden Versuch meines Mannes gewundert, mit anderen Leuten über die Sache zu reden, und über die unpassenden Momente, die er sich dafür aussuchte. Wenn mein Mann mit anderen über das Thema spricht, bin ich von mir selbst überrascht. Ich ärgere mich über ihn. Ich will nicht, daß es irgend jemand weiß.

Wir haben erstaunlicherweise die Rollen getauscht. Üblicherweise bin ich es, die intime Gespräche genießt. Intimität ist meine Spezialität. Ich kann über alles reden. Fast alles. Manchmal sind mir Fragen, die ich den Leuten stelle, richtig peinlich, und noch peinlicher sind mir die, die ich nicht stelle. Ich habe detailliert über mein Leben geschrieben. In Lyrik, in Prosa und in Zeitungskolumnen. Wenn ich in der Öffentlichkeit spreche, erstaunt es mich, was ich enthülle. Ich halte nur sehr wenig zurück. Jetzt ist es anders. Jetzt möchte ich alles zurückhalten.

Vielleicht möchte meine Tochter nicht, daß die Leute es wissen. Ich weiß, daß sie im East Village Arm in Arm mit J. unterwegs ist, aber vielleicht möchte sie nicht, daß die Information das East Village verläßt.

Ich weise meinen Mann darauf hin. Er sieht überrascht aus. Er hat nicht mehr so viel Schwung. Er sieht müde aus. Ich versuche, ihn aufzuheitern. »Hey, zumindest wirst du nie ersetzt werden«, sage ich. »Du wirst immer der einzige Mann in ihrem Leben bleiben.«

»Daran habe ich auch schon gedacht«, sagt er. Er versucht, komisch zu sein. »Aus der Traum vom Golfspielen mit dem Schwiegersohn«, sagt er. Das macht mich traurig.

Mein Sohn ruft aus Chicago an, wo er als Arzt in der Notaufnahme eines Krankenhauses arbeitet. Er spricht mit meinem Mann. Er habe schon seit einiger Zeit von J. gewußt, sagt er. Er versucht, unbekümmert zu klingen, sagt mir mein Mann nachher, als ob es eine ganz normale Angelegenheit wäre, aber seine Stimme verrät eine gewisse Traurigkeit und Sehnsucht. »Naja, dann wird es also keinen Schwager geben, mit dem ich und die Jungs was unternehmen können«, sagt er zu meinem Mann. Offensichtlich fühlen wir uns alle ausgeschlossen. »Ich frage mich, ob es in ihrem Leben überhaupt noch einen Platz für mich geben wird«, fügt er hinzu. »Aber selbstverständlich«, sagt mein Mann zu ihm.

Meine jüngere Tochter, die auch über J. Bescheid weiß, zeigt ihren üblichen Gleichmut. »Ich weiß, daß das ein Schock für dich ist, Lil«, sagt sie zu mir, »aber J. ist sehr nett. Ich glaube, du wirst sie mögen.«

Ich beschließe, meinem Vater nichts zu sagen. Ich weiß, daß ich damit eine Gelegenheit versäume, sein Mitgefühl zu erringen. Ich würde ihm ganz sicher leid tun, und das ist etwas, auf das man nicht so leicht verzichten sollte. Schließlich hatten meine Eltern das Monopol auf Tragödien. Und obwohl ich weiß, daß das alles keine Tragödie ist, weiß ich auch, daß mein Vater Mitleid mit mir hätte.

Als Kind, und das gilt für viele Kinder von Überlebenden, schienen meine schmerzlichen Erfahrungen, gemessen an dem, was meine Eltern durchgemacht hatten, kaum ins Gewicht zu fallen. »Du findest das schlimm? Du hast keine Ahnung, was schlimm ist«, lautete ein häufig zitierter Satz in der Familie. Ich glaube, mein Vater würde mir beipflichten, daß diese Geschichte wirklich schlimm ist, aber ich werde ihm nichts davon erzählen.

Meine Tochter hat mich darum gebeten. »Bitte erzähl' Grampa nichts«, sagte sie. »Ich will nicht, daß er mich für pervers hält.« Dieser kleine Satz verschlug mir fast die Sprache. Ich hatte die Scham und die Schuld vergessen, die die Homosexualität so oft begleiten. Für mich gehörten sie der Vergangenheit an.

Ich erzähle überhaupt niemandem davon. Unser Leben geht weiter. Wie immer. Wir arbeiten, wir gehen aus, wir kümmern uns um die alltäglichen Dinge, um die man sich ständig kümmern muß.

Eines abends sitzen mein Mann und ich auf dem Sofa. Es ist schon spät. Wir hatten australische Freunde zum Essen eingeladen. Es war ein wirklich schöner Abend. Wir haben alle auf New York geschimpft, über das Neueste aus Australien geredet, uns nostalgisch an Süßigkeiten wie Clinkers und Cherry Ripes erinnert und beschlossen, im Sommer gemeinsam ein Haus am Meer zu mieten. Mein Mann ist nachdenklich. »Ich hege immer noch eine gewisse Hoffnung, daß die Sache mit J. eine vorübergehende Phase ist«, sagt er zu mir.

Es ist Samstagmorgen, und ich sitze an einem der drei Tische von Auggie's, wo es den besten Kaffee von ganz SoHo gibt. Ich komme oft hierher. Wie die meisten der anderen

Gäste. Es ist kein Touristenlokal. Es hat noch nicht einmal einen Namen. Nur die Einheimischen kennen es als Auggie's.

Eine junge Frau kommt herein. Ich sehe sie schon seit Jahren hier ein- und ausgehen. Sie ist Mitte bis Ende zwanzig, eine Schauspielerin. Sie glaubt, wie Elizabeth Taylor auszusehen – ich habe gehört, wie sie das zu einem jungen Mann sagte. Sie hat einen kleinen Kreis von Adoranten, drei oder vier junge Männer, die dasitzen und an ihren Lippen hängen. Möglicherweise hat diese Anhänglichkeit auch mehr mit ihrem Brustansatz zu tun als mit ihrer Konversation. Sie trägt stets tiefe Ausschnitte und keinen BH. Zur Verdeutlichung ihrer Aussagen lehnt sie sich vornüber. Im Lauf der Jahre hatte sie mehrere feste Freunde im Schlepptau. Diese Freunde scheinen die Adoranten zu tolerieren. Sie und der momentane Favorit küssen sich oft sehr heftig am hinteren Tisch.

Ich nicke ihr grüßend zu. Sie geht zum hinteren Tisch und begrüßt eine Freundin, eine junge Frau ungefähr in ihrem Alter. Ein paar Minuten später sehe ich hinüber, und die beiden Frauen küssen sich. Und zwar genauso leidenschaftlich, wie sie früher ihre Freunde geküßt hat. Ich kann es nicht fassen. Ich sehe noch einmal hin. Sie halten sich umschlungen und küssen sich und küssen sich. Was ist eigentlich los? Der Tagesablauf dieser Frau bestand daraus, sich von Männern bewundern zu lassen, mit Männern zu flirten, über Männer zu reden und mit Männern zu knutschen.

Sie läßt ihre Freundin los, hält deren Gesicht für einen Augenblick in ihren Händen, küßt sie noch einmal und geht zur Theke. Sie trommelt mit den Fingern auf die Theke und bellt ihre Kaffeebestellung heraus.

Das atemlose Vogelstimmchen gibt es nicht mehr, und auch den gewagten Ausschnitt nicht. Das Baby-doll-Kleidchen ist verschwunden. An ihre Stelle sind ein T-Shirt mit aufgerollten Ärmeln und eine schlichte braune Hose getreten. An den Füßen trägt sie Cowboystiefel mit Flamenco-Absätzen. Ich kann gar nicht aufhören, sie anzustarren. Ich zwinge mich dazu wegzusehen.

In den nächsten paar Wochen macht die vormalige Elizabeth Taylor eine Metamorphose in Richtung Burt Reynolds durch. Burt Reynolds in seinen besten Zeiten. Burt Reynolds in *Ein ausgekochtes Schlitzohr*. »Ist sie jetzt lesbisch?« frage ich den Burschen, der bei Auggie's arbeitet.

»Ich glaub' schon«, sagt er.

»Was ist los mit der Welt?« sage ich zu meinem Mann, der diese Transformation auch miterlebt hat.

Plötzlich sind alle lesbisch. Eine Nachbarin zeigt mir ein Foto ihres neugeborenen Enkelkindes. Ich beglückwünsche sie. Ich frage sie, ob sie ihren Schwiegersohn mag, den ich nicht kenne. »Er tut mir leid«, sagt sie. »Meine Tochter hat ihn gerade wegen einer Frau verlassen.«

»Wegen einer Frau?« sage ich.

»Die Frau, mit der sie zusammen war, bevor sie ihren Mann kennenlernte«, sagt sie zu mir.

Es gibt ein halbes Dutzend weiterer Begebenheiten, bei denen von Lesbierinnen die Rede ist. Von lesbischen Schwestern, Müttern, Tanten. Jeder scheint eine Lesbe in der Familie zu haben. Gibt es heutzutage mehr lesbische Frauen als früher? Diese Frage geht mir wochenlang nicht aus dem Kopf. Hat der Feminismus mit all seiner Wut auf die Männer mehr Frauen hervorgebracht, die Frauen lieben?

»Du solltest lieber aufpassen«, sagt mein Mann zu mir, »du klingst langsam wie ein Redneck.«

»Wie bitte?« sage ich.

»Die Rednecks reden ständig davon, daß die Schwarzen und die Schwulen subversive Elemente sind, die ihre Schulen, ihre Kirchen und ihre Gemeinden infiltrieren«, sagt er.

»Aber ich bin nicht intolerant«, sage ich.
»Du sprichst von uns und von ihnen«, sagt er.
»Nein, das tue ich nicht«, sage ich. Ich bin wütend auf ihn.

Ich rufe eine lesbische Freundin an. Eigentlich ist sie die Freundin einer Freundin. »Nein«, sagt sie. »Ich glaube nicht, daß es heute mehr Lesben gibt als früher. Es gab sie immer schon. Aber heute ist uns das stärker bewußt. Schwule Männer waren immer auffälliger. Lesbische Frauen sind nicht so auffällig, worin sich auch die allgemeine Rolle der Frau in der Gesellschaft widerspiegelt.«

Ich versuche trotzdem, meine Theorie bei ihr anzubringen. »Mir scheint, daß es möglicherweise eine Reaktion auf den Feminismus war, eine Auswirkung des Wissens der Frauen um ihr jahrelanges Unterdrücktsein, ihre jahrelange Unterwürfigkeit, die dazu geführt hat, daß es jetzt mehr lesbische Frauen gibt«, sage ich.

»Das glaube ich nicht«, sagt sie. »Ich glaube nicht, daß es heute mehr lesbische Frauen gibt als vor zwanzig Jahren. Der Unterschied liegt vielleicht darin, daß mehr Frauen sich dazu bekennen.« Ich sage nichts mehr. Meine Karriere als Sozialwissenschaftlerin ist gerade abrupt zu Ende gegangen.

Als ich diese Freundin einer Freundin zum ersten Mal bat, ihr ein paar Fragen stellen zu dürfen, sagte ich ihr, daß ich keine lesbischen Frauen kenne. »Tatsächlich?« meinte sie darauf und klang ganz überrascht. Ich war verlegen. »Nun ja«, stotterte ich, »ich kenne ein paar, aber nicht sehr gut.« Ich hätte so gerne einen Rückzieher gemacht und gesagt, ja, ich habe viele lesbische Freundinnen.

Einige Zeit vergeht. Ich stelle fest, daß ich meine ältere Tochter in Gesprächen nicht erwähne. Wenn man mich nach ihr fragt, zähle ich ihre akademischen Erfolge auf. Wenn man mir sagt, ich müßte doch froh sein, daß sie nicht länger mit dem Trashsänger zusammen ist, versuche ich, begeistert auszusehen, und wechsle dann das Thema.

Mein Mann lernt J. kennen. Sie ist nett, sagt er, was bei einem Mann, der eher dazu neigt, zu großzügig zu sein, nicht gerade von rückhaltloser Akzeptanz zeugt. »Ich glaube nicht, daß die Beziehung zu J. eine sehr dauerhafte Beziehung sein wird«, sagt er einige Stunden später.

Einigen Leuten erzähle ich von meiner Tochter. Von meiner Tochter und von J. Ich ärgere mich über Freunde, die so tun, als ob diese Nachricht eine Katastrophe wäre. Ein paar von ihnen scheinen ganz begeistert zu sein. Sie versichern mir, daß alles gut werden wird. Aber ihre Begeisterung ist zu offenkundig. Sie haben den Splitter gefunden, den Riß, und nicht in der eigenen, sondern in einer anderen Familie.

Ich ärgere mich sehr über eine Freundin, die mir erklärt, sie habe längst vermutet, daß meine Tochter so sei. Wir hatten gar nichts vermutet. Diese Freundin lügt, sage ich mir.

Meine Tochter schreibt mir einen Brief. Es ist die Reaktion auf meinen Essay über das Altern in diesem Buch, den sie mit nach Hause genommen hat. »Ich habe dich einige dieser Geschichten immer und immer wieder erzählen hören«, schreibt sie, »aber wenn ich sie in den Gesamtkontext deines Lebens und deiner Lebenskämpfe stelle, erschüttern sie mich aufs neue. Beim Gedanken daran, wie du deine Abmagerungskuren ausgerechnet und dann wieder neu ausgerechnet hast, eine Geschichte, die du mir so oft erzählt hast und über die ich viel nachgedacht habe, hätte ich am liebsten geweint.«

Sie beendet ihren Brief mit dem Satz: »Du siehst so klar, und du bist so stark, und du denkst mit soviel Klarheit über dein Leben nach, wobei du noch einen Sinn in dem findest, was so hoffnungslos verworren hätte sein können.«

Ihre Reaktion berührt mich sehr. Wenn ich nur wirklich über die Klarheit verfügte, die die Verworrenheit aufzulösen vermag. Sie fährt fort und berichtet mir, daß sie im kommenden Jahr einen Lehrauftrag an der Rutgers University hat. Sie wird nicht nur ein Gehalt bekommen, sondern auch ihre Studiengebühren werden um die Hälfte reduziert.

Ich platze vor Stolz. Dieses Mädchen hätte vor zwei Jahren noch nicht einmal einen Gedanken daran verschwendet, auf die Universität zurückzukehren. Ich schreibe ihr einen Antwortbrief. Ich bringe all die Liebe zum Ausdruck, die ich für sie empfinde. Wenn ich nur im richtigen Leben so nett sein könnte, wie ich es bin, wenn ich schreibe. Ich wünschte, ich würde die Nachricht von der Homosexualität meiner Tochter nicht als Tragödie empfinden. Intellektuell weiß ich, daß es keine ist.

Vor ein paar Wochen waren mein Mann und ich auf Shelter Island, einer kleinen Insel, die von Long Island umschlossen wird. Mit der Fähre sind es fünf Minuten von den Hamptons, wo Steven Spielberg und Barbra Streisand und die Hälfte der Bevölkerung Manhattans, die auf der Karriereleiter nach oben strebt, ihre Sommer verbringen. Shelter Island ist das Gegenteil der hektischen Hamptons. Die Insel ist ruhig und still. Es gibt keine Kinos und keine Spielautomaten. Die Einheimischen nennen sie die Un-Hamptons.

Wir kamen kurz vor Sonnenuntergang an und gingen entlang des Wades Beach am südlichen Ende der Insel spazieren. Wir gingen, eingetaucht in das tiefrosa Licht der untergehenden Sonne. Wir gingen engumschlungen. Von irgendwoher schienen die Klänge einer Sonate von Schubert an unser Ohr zu dringen. Die klaren und ergreifenden Töne hatten etwas Unwirkliches. Dann kamen wir an ihre Quelle. Zwei Männer um die vierzig waren am Strand. Der Schubert ertönte aus einem CD-Spieler auf einem Tisch, der mit Damast und Silber gedeckt war. Die beiden Männer aßen Muscheln und prosteten sich mit Martinis zu.

Wir begrüßten einander. »Ich habe Sie schon öfter hier gesehen«, sagte einer der Männer. »Sie beide sehen immer so verliebt aus.« Mein Mann strahlte. »Wir sind verliebt.«

»Wir auch«, sagte der Mann. Wir alle strahlten um die Wette.

Wenn mich die beiden Männer am Strand aufbauen können, warum bin ich dann so unglücklich über meine Tochter? Schwule Menschen haben im großen und ganzen ein gutes Leben. Ihre Wahlfamilien – die Freunde, die Gruppe – scheinen mir oft besser zu funktionieren als normale Familien.

Im kanadischen Fernsehen sehe ich eine Dokumentation über schwule und lesbische Jugendliche. Sämtliche Mütter der schwulen und lesbischen Jugendlichen weinen, wenn sie berichten, wie sie herausfanden, daß ihr Kind homosexuell ist. Eine Mutter nach der anderen weint. Ich fasse wieder Mut. So schlimm war meine eigene Reaktion also gar nicht.

Ein Teil von mir hat mich verachtet, mich getadelt für meine Reaktion auf meine Tochter. Ein anderer Teil findet, ich hätte fähig sein müssen, in dieser Information keine große Sache zu sehen und sie als solche zu verarbeiten. So, wie ich es für keine große Sache halte, wenn jemand anders als meine Tochter homosexuell ist.

»Er hat mir jeden Traum genommen, einmal Großmutter zu werden«, sagt eine der Mütter in dem Dokumentarfilm. Damit kann ich mich identifizieren. Ich habe das Gefühl, meine Tochter hätte mir etwas genommen, aber ich bin mir nicht klar darüber, was das sein soll.

Ein junges chinesisches Mädchen, das im Film interviewt wird, erklärt, ihr Vater habe gemeint, wenn sie Hong Kong nicht verlassen hätten, wäre seine Tochter niemals lesbisch geworden. Das bringt mich zum Lachen. Ich habe etwas Ähnliches zu meiner Tochter gesagt. »Wenn wir nicht von Melbourne weggegangen wären, wäre es für dich vielleicht nicht so einfach gewesen, in diesen lesbischen Lebensstil hineinzugeraten«, hatte ich zu ihr gesagt. Sie hatte gelacht. »Melbourne ist eines der Epizentren des lesbischen Lebens«, hatte sie mir erklärt.

Kann es eines der Epizentren geben, oder ist ein Epizentrum von Natur aus das einzige, fragte ich mich. Ich beschloß, diese semantische Frage nicht mit meiner Tochter zu diskutieren. In Gedanken machte ich mir eine Notiz, sie ein anderes Mal anzusprechen. Mit Eltern aufgewachsen zu sein, die nur gebrochen englisch sprachen, scheint sich für mich in dem Bedürfnis niedergeschlagen zu haben, daß meine Kinder perfektes Englisch sprechen.

Die Mütter in dem Dokumentarfilm hörten zu weinen auf, als sie sich einer Selbsthilfegruppe aus betroffenen Eltern anschlossen. In der Gruppe wurde ihnen immer wieder erklärt, daß Homosexuelle geboren und nicht erzogen werden. Diese Überwindung der elterlichen Schuld schien von großer Bedeutung zu sein. Am Ende des Filmberichts hatten alle Eltern mit Ausnahme des chinesischen Vaters ihr Schicksal akzeptiert und gewannen Freude an der neuen Herausforderung, die als Katastrophe begonnen hatte.

Inzwischen sind sechs Monate vergangen. Ich glaube, daß ich mich auf die neue Situation eingestellt habe. Ich bin nicht mehr gelähmt vor Entsetzen, wenn ich an meine Tochter denke. Wir haben uns ziemlich häufig gesehen. Wir haben geredet, und oft war es so wie in unseren besten Zeiten. Die besten Zeiten, in denen wir unbefangen, vertraut und fröhlich miteinander umgingen. Manchmal hat sie J. erwähnt. Aber wir gehen auf das Thema J. oder Homosexualität nicht näher ein. Ich habe J. noch nicht kennengelernt. Ich habe keine Eile damit.

Eines Morgens erzählt mir mein Mann beiläufig, während sich unsere Unterhaltung um etwas ganz anderes dreht, daß meine Tochter und J. sich im nächsten Sommer für ein oder zwei Wochen gemeinsam ein Haus am Meer mieten wollen. Ich bin erschüttert. Als ob die Tatsache, J. nicht persönlich zu kennen, und die Tatsache, daß wir nicht viel über sie sprachen, bedeuteten, daß es sie und das Lesbisch-Sein nicht mehr gäbe.

Ich schäme mich, weil mich diese Nachricht krank macht. Wie lange soll dieser Schockzustand noch andauern? Was wünsche ich mir eigentlich für meine Tochter? Wollte ich nicht immer, daß sie glücklich ist? Und ist das Glück nicht so flüchtig, daß wir alle für jede Art und Weise dankbar sein sollten, auf die wir es erfahren? Meine Tochter macht einen sehr glücklichen Eindruck.

Ich sitze in meinem Arbeitszimmer und schreibe ein Gedicht für meine jüngere Tochter. Es ist ein Gedicht über meinen Tod. Ich sage ihr:

Wirf die Sachen weg
und rangiere alles aus
mit dem der Tod aufwartet

sortiere Kleider
und Schuhe
und Parfum

sie waren kein Teil
von mir.
Ich bestand aus vielen Teilen

und all diese Teile
hast du
in deinem Herzen.

Ich bin nicht krank. Nur melancholisch. Meine ältere Tochter kommt überraschend zu Besuch. In New York kommt niemand vorbei, ohne vorher anzurufen. Selbst die eigenen Kinder nicht. Also stimmt etwas nicht. Und so ist es. Sie hat mit J. Schluß gemacht. Ich bin so froh. Meine ganze Melancholie ist wie weggeblasen. Ich versuche, nicht vergnügt auszusehen. Ich zwinge mich, ernst zu blicken. Ich habe Angst, daß meine nüchterne Miene aufgesetzt und boshaft wirkt. »Ich habe sie nie wirklich geliebt«, sagt meine Tochter. Ich verkneife mir ein zustimmendes Kopfnicken. »Ich hatte sie sehr gern und war glücklich mit ihr, aber ich war nie in sie verliebt«, sagt sie.

Der angestrengte Versuch, sachlich und unbeteiligt zu erscheinen, verlangt seinen Tribut. Meine Gesichtsmuskeln sind wie gelähmt. »Alles in Ordnung?« sagt meine Tochter. »Mir geht's gut«, sage ich. Es geht mir besser als gut. Ich bin begeistert. Ich bin absolut beschwingt.

»Als ich ihr sagte, daß ich Schluß machen wollte, hat sie ziemlich übel reagiert«, sagt meine Tochter. »Sie ist zusammengebrochen. Sie hat fast gebettelt, daß ich bei ihr bleibe. Es war furchtbar. Das hat mich wirklich abgestoßen.« Ich kann kaum noch an mich halten.

»Das muß schwer für dich gewesen sein«, sage ich. Meine Tochter wirft mir einen eigenartigen Blick zu. »Nein, es war nicht schwer. Nachdem sie so reagierte, wollte ich bloß noch weg.«

Ich weiß nicht, was ich sagen soll. Dieser Akt der Beherrschung hat mich sprachlos gemacht. Ich sehe an dem Kleid hinunter, das ich trage. »Findest du, daß ich das Kleid waschen könnte, oder soll ich es besser in die Reinigung geben?« sage ich. Meine Tochter schaut mich erstaunt an. »Ist das alles, was du dazu zu sagen hast, Lil?« sagt sie.

Der Sommer kommt. Wir verbringen alle miteinander einen herrlichen Sommer. Wir mieten ein Haus auf Shelter Island, ein Ort, den ich sehr liebgewonnen habe und an dem ich hänge. Früher habe ich immer nur an Menschen gehangen. Ich habe mir noch nicht einmal etwas aus Hunden gemacht.

Das Haus ist ein bescheidenes Ferienhaus mit drei Schlafzimmern, auf einem Morgen Land gelegen, fünf Minuten vom Strand entfernt. Wenn ich mich am höchsten Punkt des Gartens auf die Zehenspitzen stelle, kann ich das Meer sehen.

Das Haus ist gerade groß genug, daß die Zimmer der Mädchen außer Hörweite von unserem Schlafzimmer liegen. Ich stehe sehr früh auf und brauche sie nicht zu bitten, abends leise zu sein, oder zu fragen, um welche Zeit sie zu Bett gehen.

Mein Mann malt viel. Jeremy Edmiston, ein junger australischer Architekt, hat für meinen Mann ein weißes Segeltuchzelt entworfen und im Garten aufgestellt, dort kann er malen. Das Zelt erinnert an den Mittleren Osten, als ob es an die Ufer des Nil oder in die Wüste Sinai gehörte.

Beide Töchter schwimmen leidenschaftlich gern. Während mein Mann malt, schwimmen wir. Und schwimmen. Wir schwimmen in einem Süßwassersee. Inseln aus gelben Seerosen umgeben uns. Das Wasser ist seidenweich. Besser für die Haut als Estée Lauder, Origins oder Lancôme.

In der Mitte ist der See über hundertachtzig Meter tief. Ich versuche, nicht daran zu denken. Ich wußte, daß wir nicht die einzigen Seebewohner waren, doch ich verbannte sämtliche Gedanken an die Schnappschildkröten, die seit Jahren dort leben, aus meinem Kopf. Die Einheimischen sagten, daß die Schildkröten niemandem etwas zuleide täten. Sie hätten Angst vor Menschen und kämen nicht in ihre Nähe.

Der See ist vierhundert Meter breit. Eines Tages, als wir schon Dreiviertel der Strecke hinter uns hatten, schrie meine jüngere Tochter, die vorne schwamm, plötzlich: »Hier ist etwas Glitschiges!« Wir gerieten alle drei in Panik. Wir machten sofort kehrt und schwammen hastig zurück.

Zwischendurch vergewisserte sich immer eines der Mädchen, daß ich noch oben schwamm und auf dem Weg zurück zum Ufer war. Wir hatten für Aufregung gesorgt. Am Seeufer standen etliche Leute und warteten auf uns.

»Was war los?« fragten einige.

»Etwas Glitschiges«, sagte meine jüngere Tochter immer wieder.

»Hätte eine Schlange sein können«, meinte ein Mann. Eine Schlange. Ich nahm mir vor, nie wieder in diesem See zu baden.

»Hätte eine Schnappschildkröte sein können«, sagte jemand anders. Meine ältere Tochter kreischte: »In dieses Wasser gehe ich nie mehr hinein!«

Eine ältere Frau kam und hielt ein Seerosenblatt in der Hand. Sie drückte die untere Seite des Blattes gegen den Arm meiner Tochter.

»Hat es sich so angefühlt?« sagte sie.

»Genauso«, erklärte meine jüngere Tochter.

»Es kommt jeden Sommer vor, daß jemand von einem Seerosenblatt zu Tode erschreckt wird«, sagte die ältere Frau. Wir waren alle drei ziemlich betreten.

»Glaubst du, daß da wirklich Schlangen drin sind?« sagte meine ältere Tochter zu mir.

»Ganz bestimmt nicht«, sagte ich. Wir breiteten unsere Handtücher nebeneinander auf dem Boden aus und ließen uns am Seeufer von der Sonne trocknen.

Wir spielten Basketball und Tischtennis. Wir fanden heraus, wie der Grill funktionierte, und grillten alles, was wir finden konnten. Schwertfisch, Muscheln, frischen Thunfisch, rote und grüne Paprika, Auberginen. Wir grillten mit Schokolade gefüllte Bananen und wurden süchtig danach. Abends spielten wir Scrabble und machten ausgedehnte Spaziergänge. Es war idyllisch. Als ob wir wieder die Familie von damals gewesen wären, als die Kinder noch klein waren. Keiner erwähnte Beziehungen. Keiner sprach über die Zukunft. Unsere wichtigsten Diskussionsthemen waren das Abendessen und an welchen Strand wir gehen wollten. Die einzigen Augenblicke, in denen es zu Spannungen kam, waren jene, wenn wir uns beim Scrabble über Wortschöpfungen stritten. Es war himmlisch. Wir erkundeten die ganze Insel mit dem Fahrrad. Wir retteten kleine Schildkröten von der Straße und gerieten in Verzückung über Reiher, Schwäne, Regenpfeifer und ihre neuen Familien. Wir erlebten, wie sechs unbeholfene, unsichere Kücken zu eleganten, jungen Schwänen heranwuchsen. Wir waren so glücklich.

Dieses Glück dauerte auch in Manhattan noch an. Meine jüngere Tochter ging zurück aufs College, um ihr neues Studienjahr zu beginnen. Die Schmerzen und Leiden vom letzten Jahr waren kaum noch sichtbar. Ich traf meine ältere Tochter, um mit ihr einen Kaffee zu trinken und ins Kino zu gehen. »Das waren die schönsten Sommerferien, die ich seit Jahren erlebt habe«, sagte sie. »Können wir das nächsten Sommer wieder machen?«

Als ich das nächste Mal mit ihr spreche, erklärt mir meine Tochter, daß sie und J. wieder zusammen sind. Ich versuche, erfreut zu klingen. Es fällt mir ein wenig schwer.

Mir fällt auf, daß mein Mann und ich, wenn es um diese Tochter geht, nicht mehr davon reden, daß sie Kinder haben wird und eine eigene Familie. Wir konzentrieren uns jetzt auf ihre berufliche Karriere. Aber daß sie lesbisch ist und eine Beziehung mit einer Frau hat, schockiert uns nicht länger.

Dennoch gibt es kleine Schockerlebnisse. Als ich J. zum ersten Mal begegne, schockiert mich ihr offenkundig lesbisches Aussehen. Sie ist so klar und deutlich eine Lesbe. Ich bin mir ganz und gar nicht sicher, warum mich das überrascht. Vielleicht hat das mit meiner Einbildung zu tun, daß es sich hier nicht um eine lesbische Liebesaffäre zwischen zwei erwachsenen Frauen handelt, sondern lediglich um zwei Mädchen, die Spaß miteinander haben.

Dann kommt der zweite Schock. In J.s Begleitung sieht meine Tochter eindeutig lesbisch aus. Ihr Haar, das mit der Zeit immer kürzer wurde, ist jetzt ganz kurz geschnitten. Sie trägt auf den Hüften aufsitzende Männerhosen und dicke braune Ledersandalen. Ich bin entsetzt darüber, wie lesbisch sie aussieht. Vorher hat man das nie gesehen. Vielleicht war es vorher nicht da. Wer weiß. Jetzt ist es da. Ich betrachte sie einige Male. Ihre Gesten sind männlicher. Ihr Auftreten ist maskuliner. Ihre Bewegungen sind energischer. Wenn sie aufsteht, um zur Toilette zu gehen, stolziert sie ein wenig.

Ich brauche ein Weile, um mich von diesem kleinen Schock zu erholen. Nachdem ich mich beruhigt habe, stelle ich fest, daß sie niemand anders geworden ist. Sie ist immer noch da. Sie ist immer noch meine Tochter.

Es ist ein Jahr später. Ein Jahr nach dem schicksalhaften Frühstück im Café Dante. Meine Tochter ist immer noch mit J. zusammen. Die Beziehung ist nicht perfekt. Manchmal beklagt sie sich über J.s dominierende Art. Dann wieder klagt sie über andere Dinge. Sie haben sich gestritten und wieder versöhnt. Sie haben sich getrennt und wieder vereint. So wie die meisten anderen Paare auch, schätze ich.

Ich halte mich heraus. Ich habe gelernt, wenn auch ziemlich spät, mich aus den Beziehungen meiner Kinder herauszuhalten. Sie haben alle drei davon profitiert.

Mein Transvestit steht wieder an der Ecke West Broadway und Spring Street. Sein Aufzug ist umwerfend. Er ist ganz in

Rot. Mehrere Schattierungen von Rot. Er trägt ein purpurnes Satinkleid. Der Rock ist tulpenförmig mit gezacktem Saum. Auch das Oberteil ist gezackt und tief ausgeschnitten. Er trägt einen karmesinroten Seidenhut mit einem dunkelroten Schleier, der ihm über die Augen reicht. Dieser kleine Schleier ist ganz entzückend. Er vermittelt einen Eindruck von Sittsamkeit, trotz der falschen Wimpern und des zinnoberroten Lippenstifts. Ich finde die Aufmachung hinreißend. Ich wünschte, ich könnte so etwas tragen.

»Sie sind sehr pünktlich«, sagt der Transvestit zu mir. »Drei Wochenenden hintereinander habe ich Sie jetzt immer um die gleiche Zeit gesehen.« Ich bin verblüfft. In Manhattan hält man sich für anonym. Für nur einen von so vielen Menschen. Aber das ist man nicht. In Manhattan bemerken die Leute alles.

Die jungen Engländer, die in der Nähe meiner Wohnung einen Flohmarkt betreiben, haben mir früher, wenn ich nachmittags weggewesen war, immer mitgeteilt, um welche Zeit meine Tochter aus der Schule kam. Ihr erzählten sie, wie oft ich an jenem Tag das Haus verlassen hatte. Gelegentlich erhielt sie noch ein paar Zusatzinformationen, wie zum Beispiel »deine Mutter scheint heute nicht gut gelaunt zu sein.«

Der Mann, der im Laden an der Ecke die Fenster putzt, fragte mich diese Woche, warum ich am Donnerstag meinen Morgenlauf versäumt habe. Und die Postbotin, die am West Broadway die Post austrägt, hielt mich auf der Straße an, um mir zu gratulieren, weil ich abgenommen habe. Zwei Tage später hielt sie mich wieder an und fragte nach meiner Diät. Ich habe aus dem Stegreif eine erfunden.

»Ich bin drei Samstage hintereinander zur gleichen Zeit hier vorbeigekommen?« sage ich zu dem Transvestiten.

»Ja«, sagt er. Ich bin überrascht. Überrascht, daß mir selbst das nicht aufgefallen ist.

Der Transvestit sieht mich an. »Sie waren immer genau zur gleichen Zeit hier«, sagt er. »Und heute haben Sie dasselbe an wie letzte Woche.« Ich bin verdattert. »Sie sollten in keinen Trott verfallen«, sagt er.

Er betrachtet mich von oben bis unten. »Sie sollten Ihren Horizont erweitern, Schätzchen. Glauben Sie mir.« Ich muß lachen. »Das ist ein sehr guter Rat«, sage ich zu ihm. Ich gehe weiter. Und ein paar Minuten später lache ich noch immer.

3 Sex

MEINE MUTTER SAH AUS WIE EINE MISCHUNG aus Sophia Loren und Gina Lollobrigida. Ihre Kleider waren tief ausgeschnitten, rückenfrei, schulterfrei. Im Sommer trug sie überall Bikini, am Strand, im Garten, im Haus.

Wenn sie abends ausging, glühten ihre Augen, selbst wenn sie die Lider niederschlug. Doch all diese Reize und die Leidenschaftlichkeit wurden durch eine eigenartig zurückhaltende Persönlichkeit gezähmt. Meine Mutter konnte ihren Körper zeigen, aber außer allgemeinen Bemerkungen darüber, ob jemand dick oder dünn war, konnte sie über den Körper oder seine Funktionen nicht sprechen.

Als ich siebzehn war und sie mir sagte, »wenn du dich selbst respektierst, werden andere es auch tun«, wußte ich, was sie mit dieser dahingeworfenen, kryptischen Bemerkung meinte.

Aber ich hatte schon aufgehört, mich zu respektieren. Ich schlief bereits mit meinem Freund. In seinem Bett, in meinem Bett, im Bett seiner Eltern. Die Ermahnung meiner Mutter kam zu spät. Ich war schon völlig respektlos.

Bei meinen eigenen Töchtern habe ich versucht, vorausblickender zu sein. Direkter, oder zumindest unverblümter. Wir haben schon sehr früh über den Körper, über menschliche Reproduktion und über die Liebe gesprochen.

Meine jüngere Tochter verblüffte mich mit ihrer Ankündigung, sie wolle Justin Derrys Samen benutzen, um ein Baby zu machen. Sie war damals vier Jahre alt, ebenso wie Justin Derry. Sie erklärte ihren Wunsch damit, daß er so schöne blaue Augen hätte. Ich nahm mir vor, sie im Auge zu behalten.

Über den Körper und seine Funktionen zu reden wurde mit dem Aufkommen von AIDS und einer ganzen Reihe sexuell übertragbarer Krankheiten noch wichtiger. Im Verlauf der Jahre haben wir viele Gespräche geführt.

Meine jüngere Tochter ging mit siebzehn von daheim fort, um in Philadelphia das Bryn Mawr College zu besuchen. Das ist der amerikanische Weg. Die Amerikaner nennen das nicht »von daheim weggehen«. Dort heißt es »aufs College gehen«. Ich konnte es kaum anders sehen, als daß sie von daheim fortgegangen war.

»Ihre Tochter geht auf eines der besten Colleges im ganzen Land. Hören Sie auf, so zu tun, als ob das eine Tragödie wäre«, fuhr mich ein verärgerter Nachbar an, als ich deswegen einmal besonders verdrießlich war.

An dem Tag, an dem ich meine Tochter in dieses College brachte, versuchte ich, nicht so auszusehen, als ob das alles eine Tragödie wäre. Ich half ihr dabei, die 156 Schachteln mit dem Notwendigsten, das sie nach Philadelphia mitgenommen hatte, auszupacken. Ich fand, ich selbst sollte auch für mich eine Liste der notwendigsten Dinge durchgehen.

»Du weißt, daß ich dich liebe«, sagte ich.

»Natürlich weiß ich das«, sagte sie.

»Du weißt, daß du mich jederzeit anrufen kannst«, sagte ich.

»Ja, auch das weiß ich«, sagte sie.

»Du kannst mir auch schreiben«, sagte ich. »Und ich schreibe dir.«

Sie nickte.

»Wenn du einen Brief von mir erhältst, markiere alle Fragen in dem Brief mit Leuchtstift«, sagte ich. »Wenn du dann zurückschreibst, kannst du alle Fragen beantworten.« Ich verstummte. Ich fühlte mich unbehaglich. Briefe schienen plötzlich eine so archaische und unzureichende Methode der Kommunikation zu sein.

»Vielleicht sollte ich dir ein Fax kaufen«, sagte ich.

»Damit du mir faxen und schreiben kannst?« sagte meine Tochter. »Ich wäre Tag und Nacht mit dem Leuchtstift beschäftigt.«

Ich atmete tief durch und dachte an meinen Nachbarn. Ich versuchte, aus der tragischen Stimmung herauszukommen, in die ich abzugleiten begann. Ich nahm eine Medikamententasche in die Hand, die ich für meine Tochter gepackt hatte. »Hier ist Cortisonsalbe drin, falls du wieder eine Augenentzündung bekommst«, sagte ich. Meine Tochter sah mich ungläubig an.

»Die Augenentzündung hatte ich, als ich neun war«, sagte sie.

»Sie könnte wiederkommen«, sagte ich. »Und ich habe dir Advil eingepackt, das scheint dir bei Kopfschmerzen am besten zu helfen, und Kieselzinklotion, eine Tube Antiseptikum, Lutschtabletten gegen Halsweh und Hustensaft.«

Meine Tochter hörte auf auszupacken. »Lil«, sagte sie, »das hier ist ein College und kein Sanatorium.«

»Vergiß bitte nicht, daß du gegen Penicillin allergisch bist«, sagte ich. Meine Tochter nahm die Medikamententasche und schob sie unter ihr Bett.

»Willst du mich noch etwas über Sex fragen?« sagte ich und versuchte ganz entspannt zu klingen.

»Nein«, sagte sie.

»Über Verhütung?« sagte ich.

»Nein«, sagte sie. »Ich bin Expertin. Nicht, daß ich das jemals in der Praxis anwenden könnte. Aber ich kann in zehn Sekunden ein Kondom über eine Gurke ziehen, mit Luft aus der Spitze herausdrücken. Letztes Jahr mußte die ganze Klasse üben, Kondome über Gurken zu ziehen. Sobald die Gurke eine Erektion hatte, mußten wir das Kondom drüberziehen, bevor wir mit dem Vorspiel weitermachen durften. Die Lehrerin hat gesagt, wir sollten nie bis zur letzten Minute warten, bevor wir ein Kondom über eine Gurke ziehen.

Wir haben geübt, das Kondom nach der Ejakulation, bevor die Gurke wieder schlaff wurde, herunterzuziehen. Wir mußten es vorsichtig am Rand festhalten und dann in ein Papiertaschentuch entsorgen.« Ich begann zu lachen. Offenbar hatte sich all die Sorge gelohnt, die wir darauf verwendet hatten, für sie die richtige High School in Manhattan zu finden.

Wir lachten beide. Ich hätte das Thema in dem Moment, als es gerade günstig war, fallenlassen sollen. Aber ich war nie gut darin zu wissen, wann ich aufhören muß. »Du weißt, daß es sich lohnt, auf jemanden zu warten, der dir wirklich etwas bedeutet, bevor du losrennst und Sex hast«, sagte ich zu meiner Tochter.

»Ich renne nicht«, sagte sie. »Da ist keiner in Sicht, zu dem ich rennen könnte.«

»Es ist mir Ernst«, sagte ich. »Wenn du Sex hast, bist du dem anderen so nah, daß es leicht ist zu glauben, man sei sich tatsächlich nahe. In Wirklichkeit könnte es aber sein, daß du nicht mehr von deinen Partnern weißt, als wie sie sich anfühlen.«

»Ist das nicht schon eine ganze Menge?« sagte meine Tochter vergnügt. Ich sah sie scharf an. »Bloß Spaß«, sagte sie. Ich war verärgert. Langsam bekam ich Kopfschmerzen. Ich wollte meiner Tochter nicht auf Wiedersehen sagen, ich habe Abschiede immer schwierig gefunden. Für mich sind sie so endgültig. Ich betrachte die kleinste Trennung als Bruch. Besonders die Trennung von dieser Tochter, meiner Jüngsten, meinem Baby, trotz ihres erwachsenen Aussehens.

»Ich habe keinen Spaß gemacht«, sagte ich. »Ich meinte, was ich sagte. Statt herumzuflippen und unbeholfenen Sex mit jemandem zu haben, den du nicht kennst, lohnt es sich, zu warten und die ganze Herrlichkeit der Liebe zu erfahren.«

Ich war sprachlos über meine eigenen Worte. Wo waren die denn hergekommen? Meine Angst davor, Abschied zu nehmen, ließ mich zu Barbara Cartland werden.

Meine Tochter sah mich an, als ob ich mich gerade in E.T. verwandelt hätte. »Lil«, sagte sie, »du klingst wie jemand aus *Melrose Place*.«

»Ich dachte, du schaust dir nie Seifenopern an«, sagte ich. Den Rest des Nachmittags verbrachten wir damit, Socken, Unterwäsche, Pullover und Wäsche in Schränke und Schubladen zu räumen.

Am Tag davor hatte mich Mimi Bochco, meine beste Freundin in Amerika, aus Los Angeles angerufen. Sie wußte, wie sehr ich diesen Tag gefürchtet hatte. »Liebling«, sagte Mimi, »ich weiß, daß du dich schlecht fühlst. Ich weiß noch, wie es war, als meine Kinder das Haus verließen, um aufs College zu gehen. Ein paar Tage lang fühlt man sich schrecklich. Und dann fühlt man sich wunderbar.«

Ich versuchte, Mimis Worte zu beherzigen. Sie ist schon viel länger auf der Welt als ich, und sie weiß, wovon sie spricht.

Nachdem wir ausgepackt hatten, gingen meine Tochter und ich in eines der großen Auditorien des College, wo die Präsidentin die neuen Studentinnen in einer Rede willkommen hieß. Sie hielt eine sehr berührende Rede, und ich war nicht die einzige unter den anwesenden Eltern, der die Tränen kamen. Danach spazierten wir durch die herrlichen Anlagen zu einem der Studentenheime und tranken dort Tee. Inzwischen hatte ich furchtbare Kopfschmerzen. »Ich muß gehen«, sagte ich zu meiner Tochter. »Ich muß diesen Abschied hinter mich bringen.« Sie sah ein wenig ängstlich aus.

»Vielleicht könntest du noch eine halbe Stunde bleiben?« sagte sie.

Ich sah meinen Mann an. Ihm war beides recht, zu bleiben oder zu gehen. »Okay«, sagte ich. »Ich schau' noch einmal in die Schränke und sage dir, was wo liegt.«

»Vielleicht sollten wir doch einfach auf Wiedersehen sagen«, sagte meine Tochter.

Als ich nach Hause kam, rief ich Mimi an. Ich sagte hallo und begann zu weinen. Mimi brachte mich zum Lachen. »Helen Bloomberg rief mich gestern an«, sagte sie. »Sie fragte nach dir. Dann meinte sie, ich wäre ein Mutterersatz für dich. Ich sagte zu ihr ›na und, einen besseren könnte sie nicht finden‹.«

»Du hast recht«, sagte ich.

Mimi ist wahrscheinlich älter, als es meine Mutter wäre, wenn sie noch lebte. Ich weiß nicht genau, wie alt Mimi ist. Ich kenne sie seit zehn Jahren. Wir sprechen mehrmals pro Woche miteinander. Sie sagt, daß sie mich sehr lieb hat. Sie erzählt mir alles. Aber sie sagt mir nicht, wie alt sie ist.

Ich glaube, Mimi ist um die achtzig. In manchen Jahren ist sie jünger – letztes Jahr war sie zweiundsiebzig. In anderen älter – vor vier Jahren war sie fünfundsiebzig. Mimis Sohn Steven, der Drehbuchautor und Produzent solcher Fernsehserien wie *Hill Street Blues*, *L.A. Law* und *NYPD Blue* ist, möchte zu ihrem achtzigsten Geburtstag ein Fest geben. »Wenn ich mich entscheide, achtzig zu werden, lasse ich es dich wissen«, hat sie ihm gesagt.

»Ich war nicht besonders gut«, sagte ich zu Mimi. »Ich habe geweint und über Sex gesprochen.«

»Das klingt nicht schlecht«, sagte Mimi.

»Ich war aber schlecht«, sagte ich. »Ich habe wie Danielle Steele geklungen. Ich sprach über die ganze Herrlichkeit der Liebe im Gegensatz zu einer beiläufigen Sexnummer.«

»Der ganzen Herrlichkeit stimme ich voll zu«, sagte Mimi. »Aber das hängt davon ab, mit wem du vögelst. Manche Leute haben eine kleine, dünne Herrlichkeit.«

Mimi ist unverbesserlich. Sie sagt genau das, was sie sagen will. Zu jedem. Sie beschließt, mich von meinem Kummer abzulenken, indem sie mir von einer gemeinsamen Freundin, einer Mittfünfzigerin, erzählt, die ihr ganzes Leben lang alleinstehend war. »Sie hat endlich einen wunderbaren Mann kennengelernt«, sagt Mimi. »Er ist intelligent, liebenswürdig, gutaussehend – ich sah ihn vor mir – und sehr erfolgreich. Und sie haben viele gemeinsame Interessen. Aber als es zur Sache ging, brachte er keinen hoch und kam nicht zur Sache.«

»O nein«, sage ich lachend.

»O doch«, sagt Mimi.

»Und was ist jetzt mit ihnen?« frage ich.

»Sie hat es beendet«, sagt Mimi.

Mir kommt das als sehr harte Lösung des Problems vor. »Sie hätten doch sicher einen Weg finden können?« sage ich.

»Wenn er intelligent ist und liebenswürdig und sie viele gemeinsame Interessen haben. Es gibt viele Leute, die kaum gemeinsame Interessen haben und auch nur selten zur Sache kommen. Der Mann scheint vieles zu haben, was für ihn spricht.«

»Außer dem einen, und das ist stumm«, sagt Mimi.

»Zählt das?« sage ich.

»Und ob das zählt«, sagt Mimi.

Mimi spricht mit schwerem litauischen Akzent. Damit fühle ich mich ganz zu Hause. Er erinnert mich an meine Kindheit in Carlton, wo Einwanderer und Flüchtlinge lebten. Alle Leute hatten Akzente und sprachen ein verstümmeltes und selbsterfundenes Englisch.

Zu den glücklichsten Momenten meiner Kindheit zählen die, die ich im Lebensmittelgeschäft von Mr. Kurop verbrachte. An der Ecke Amess und Pigdon Street bot Mr. Kurop Dinge an, die es in ganz Melbourne nirgendwo sonst zu kaufen gab. Auf dem Boden standen große Fässer mit Dillgurken und Oliven. Auf dem Tresen stapelten sich Roggenbrote, dunkle Bitterschokolade und Halwa. Im Regal lagen die Würste, und der Kühlschrank war gefüllt mit grünem Hering, Sauerkraut und Rollmöpsen.

Samstag morgens war der Laden voll. Alle Frauen, die ich unter der Woche sah, wenn sie ihre Kinder zu Fuß zur Schule brachten oder in ihren Häusern und Gärten hin- und hereilten, schienen Samstag morgens in Mr. Kurops Laden zu sein.

Alle kannten einander, zumindest vom Sehen her. Und alle redeten. Es wurde über alles und jedes gesprochen. Und man beklagte sich. Das Klagen ist eine jüdische Eigenschaft. Wenn ich morgens aufwache, zähle ich meinem Mann erst einmal meine Beschwerden auf. Vielleicht habe ich schlecht geträumt oder schlecht geschlafen. Vielleicht tut mir der Hals weh oder die Psyche. Aber nachdem ich meine Beschwerden aufgelistet habe, geht es mir gleich viel besser.

Die Frauen in Mr. Kurops Geschäft beklagten sich über alles. Sie klagten über ihre Männer. Jede wußte, wer ein guter Arbeiter war, wer nicht, und wer wieviel verdiente. Die Frauen wußten, wer zuviel und wer zuwenig Sex hatte. Sie sprachen locker über Sex, als ob es ein genauso alltägliches Thema wäre wie das Einkaufen. Sie sprachen darüber, was ihre Männer gestern abend im Bett gewollt hatten und was nicht. Was gut und was weniger gut gewesen war. Sie sprachen Jiddisch. Sie benutzten kräftige, starke Ausdrücke. Sie verzichteten auf höfliche Vokabeln wie Geschlechtsverkehr und Liebe. Sie nannten die Dinge unverblümt beim Namen.

Ich war fasziniert. Meine Freundinnen, die Frauen in meinem Alter, reden nie darüber, was gestern abend im Bett geschah. Vielleicht ist das gar nicht so gut. Wir reden nicht nur kaum über Sex, ich glaube, wir dürfen auch nicht darüber schreiben. In *Einfach so*, meinem letzten Roman, kommt viel Sex vor. Oder nicht? Ich bin mir nicht sicher, was viel Sex bedeutet. Sex auf wieviel Prozent der Buchseiten? Was ich jedoch weiß, ist, daß Männer sich dauernd räuspern, wenn sie diesen Aspekt des Buches ansprechen. »Da ist sehr viel ... äh ..., ehem ..., nun ja ..., also ...«, sagte ein männlicher Journalist nach dem anderen zu mir. »Es ist sehr ... äh ..., ja, sehr gewagt«, sagte der bullig aussehende Reporter einer Vorstadtzeitung.

»Sie haben ein sehr bescheidenes Auftreten für ein Mädel, das solche Sachen schreibt«, rief mir ein Radiosprecher durch die Eingangshalle des Senders zu. Ich beschloß, mich über das »Mädel« zu freuen, statt mich über »solche Sachen« aufzuregen. All die peinliche Berührtheit kam ausschließlich von Männern. Frauen sprachen über die Liebe in dem Buch und darüber, daß von der Lust zwischen einem verheirateten Paar die Rede ist.

Ich verstehe die peinliche Berührtheit. Wenn ich allein in meinem Arbeitszimmer saß und eine Liebesszene zwischen zwei Leuten ausführlich und intensiv schilderte, merkte ich, daß ich davon erregt wurde. Das machte mich verlegen, es war mir peinlich. Meine Reaktion überraschte mich. Die Verlegenheit, meine ich, nicht die Erregung. Warum war ich verlegen? Wem gegenüber war ich verlegen? Ein Teil von mir empfand diese sexuelle Erregung als etwas Verbotenes, als ob es unzulässig wäre, mich am hellichten Tag, ganz allein, so zu fühlen. Als ob sich meine Sexualität von mir abtrennen ließe und irgendwo verstaut werden könnte, um bei Bedarf hervorgeholt zu werden.

Diese Befangenheit empfinde ich nicht, wenn ich schreibe. Wenn ich schreibe, fühle ich eine große, greifbare Freiheit. Ich kann fliegen, ich kann springen, in kann Risiken eingehen.

Sobald ich mit dem Schreiben aufhöre, kehre ich zu meinem ängstlichen, vorsichtigen, besorgten Selbst zurück. Wenn ich aus meinen Werken lesen soll, habe ich ein Problem. Vieles von dem, was ich schreibe, kann ich nicht lesen. Jedenfalls nicht vorlesen. Ich kann nichts vorlesen, das zu traurig ist, dann fange ich an zu weinen. Ich kann nichts über meine Mutter vorlesen, weil dann das gleiche geschieht. Ich kann keine Stellen vorlesen, die von Sex oder Körperflüssigkeiten handeln. Also bleiben noch die lustigen Passagen, und die sind deshalb schwierig, weil ich lachen muß.

Im letzten Jahr war ich eingeladen, beim Harbourfront Festival in Toronto zu lesen. Mein New Yorker Agent schlug vor, ich sollte das erste Kapitel aus *Einfach so* lesen, weil es in sich geschlossen sei.

Ich stand stundenlang vor dem Badezimmerspiegel und übte, auf unbekümmerte Art zu sagen: »Wenn er mich gebumst hat, leckt er den ganzen Saft aus mir heraus.« Ich übte und übte. Ich versuchte, ohne Zucken »mich gebumst hat« zu sagen und »den ganzen Saft« nicht zu schnell zu sprechen. Ich versuchte zu lächeln, während ich las, aber das Lächeln geriet zu einem Grinsen. Ich versuchte, ausdruckslos zu erscheinen, aber mein Unbehagen ließ sich nicht verbergen.

Schließlich gab ich es auf. Ich suchte den Teil über die New Yorker und ihre Hunde heraus. Und den las ich vor

Publikum. Aber sogar dabei ließ ich die Sätze aus, in denen beschrieben wird, wie die verschiedenen Hunde scheißen.

Meine Kinder haben dieses Problem nicht. Sie diskutieren völlig unbefangen über ihre eigenen und die Öffnungen anderer Leute. Ich hörte zehn Minuten lang einem Gespräch zu, in dem sich meine beiden Töchter über Dentalschutz unterhielten, bevor ich fragte, was das sei.

»Das ist ein Mundschutz für den Oralverkehr«, sagte meine jüngere Tochter. Sie sah mich an, als ob ich vom Mars käme, weil ich nicht wußte, was ein Dentalschutz ist.

»Wo hast du dich denn herumgetrieben, Lil?« sagte sie.

»Offensichtlich nicht mit denselben Leuten wie du«, sagte ich ziemlich laut.

»Manche Leute nehmen Plastikfolie«, sagte sie. »Die normale oder die mikrowellengeeignete.«

»Hast du jemals jemanden über Dentalschutz reden hören?« fragte ich meinen Mann, als er aus seinem Atelier kam.

»Nie«, sagte er. Ich fühlte mich besser.

»Man kann Klarsichtfolie nehmen«, sagte ich. »Die einfache oder die mikrowellengeeignete.« Dann berichtete ich ihm von Latex-Handschuhen, Fingerlingen und ihren verschiedenen Verwendungsmöglichkeiten, über die mich aufzuklären meine Töchter sich verpflichtet gefühlt hatten. »Ich dachte, ich hätte sie zu mehr Zurückhaltung erzogen«, sagte ich zu meinem Mann.

Auch mein Sohn kennt keine Hemmungen. Ich unterhielt mich mit einer Freundin und erzählte ihr voller Stolz von meiner asymptomatischen Menopause. Mein Sohn, der am anderen Ende des Zimmers an einem Computer saß, rief: »Du hast überhaupt keine Symptome, Lil?«

»Nein, gar keine«, sagte ich.

»Auch keine trockene Scheide?« sagte er. Ich war sprachlos. Erstens hatte ich geglaubt, er sei viel zu weit weg, um unsere Unterhaltung zu hören, und zweitens schien er völlig mit seinem Computer beschäftigt zu sein. »Und die vaginale Gleitfähigkeit?« sagte er noch einmal. »Du hast keine trockene Scheide?«

Ich atmete tief durch. Es ist nicht leicht, mit erhobener Stimme über einen ganzen Raum hinweg seine vaginale Gleitfähigkeit zu diskutieren. Besonders nicht mit dem eigenen Sohn. Er *ist* Arzt. Aber trotzdem, welche Frau möchte ihren Vaginalzustand mit einem ihrer Kinder besprechen. »Nein, habe ich nicht«, sagte ich zu ihm.

»Wirklich nicht?« sagte er.

»Wirklich nicht«, sagte ich.

Dieses Kind fragte mich im Alter von vier Jahren, ob er sehen könnte, wohin der Tampon verschwand, den ich einführte. Die Frage überraschte mich. Ich wollte nicht prüde sein oder das Verschwinden des Tampons noch mysteriöser oder interessanter erscheinen lassen, als es ohnedies schon war. Ich wollte nicht den Eindruck erwecken, daß ich mich mit irgendeinem Teil meines Körpers unbehaglich fühlte, besonders nicht mit diesem Teil. Und ich wollte ihm nicht zeigen, wohin der Tampon verschwand. Ich wußte nicht, was ich machen sollte. Ich gab vor, es sehr eilig zu haben. »Wir müssen gehen«, sagte ich. »Aber du kannst es dir rasch ansehen.« Er sah hin und wirkte ganz unbeeindruckt.

Sex ist ein heikles Thema. Mein Mann mußte damit fertig werden, daß ich über Sex schreibe. Er mußte es tolerieren, viel Intimes aus seinem Leben in dem, was ich schrieb, wiederzufinden. Glücklicherweise liebt er mich immer noch.

Schriftsteller beobachten ständig sich selbst und andere. In gewisser Weise ist das furchtbar. Es kann einem passieren, daß man sich in den intimsten Momenten der Liebe ein bestimmtes Geräusch oder eine gewisse Geste in Gedanken notiert.

Auf dem Papier kann ich mich entblößen, aber das heißt nicht, daß ich im wirklichen Leben hemmungslos wäre. Filme, die erst ab 18 freigegeben sind, kann ich mir mit niemand anderem als meinem Mann ansehen. Es handelt sich hier um Filme mit großen Schauspielern, Oscar-Preisträgern. Filme, bei denen Scharen von Teenagern und Gruppen von Erwachsenen gemeinsam ins Kino gehen.

Wenn auf der Leinwand Liebesszenen gezeigt werden, in denen sich die Leute mit unterschiedlichen Graden an Leidenschaft, Lust, Liebe und sportlicher Gewandtheit lieben, fühle ich mich unbehaglich. Ich beobachte das Publikum. Die Leute sehen zu, wie Hüften stoßen, Schenkel beben, sie sehen auf feuchte, offene Münder, auf Beine, die klammern, und auf Haut, die immer wieder aufeinanderklatscht. Die wenigsten wirken in irgendeiner Weise verlegen. Die Leute sind mit ihren Familien da, mit Freunden. Ich muß das, was ich mir mit Familie und Freunden ansehe, einer Zensur unterziehen. Wenn es nach mir ginge, würde ich *Die Trapp Familie* wählen.

Als ich letztes Jahr in Australien war, beschlossen mein Vater und ich, gemeinsam ins Kino zu gehen. Mein Vater wollte unbedingt *Heat* sehen. Er ist ein großer Fan von Robert DeNiro. *Heat* ist erst ab 18 freigegeben. Ich überredete meinen Vater, *Babe* anzusehen. Der Film gefiel ihm nicht.

»Was für ein süßer Film«, sagte ich, als wir aus dem Kino kamen.

»Pah«, sagte er.

Nachdem die Erregung, die ich bei dem einzigen Pornofilm empfand, den ich jemals sah, mich verlegen machte, war ich überzeugt, daß ich prüde bin.

»Sie sind dazu gemacht, dich zu erregen«, sagte mein Mann.

»Aber es war so schlecht. Was für ein geschmackloser Film«, sagte ich.

»Ich glaube nicht, daß es die Intellektualität der Handlung ist, die auf deine Libido wirken soll«, sagte er. Ich war ernüchtert. Ich hatte meine Libido für scharfsinniger gehalten.

Dieser prüde Zug an mir war meinem Vater nicht bewußt, als ich noch ein Teenager war. Er nannte mich eine Hure, wenn ich abends spät nach Hause kam. Er stand im Schlafanzug an der Tür. Er sah auf die Uhr – wahrscheinlich war es 23 Uhr 15 – und sagte: »Was bist du? Eine Prostituierte?«

Ich habe mich oft gefragt, ob diese Worte, auf polnisch und in Polen gesprochen, nicht so hart geklungen hätten. Vielleicht gab es eine zärtliche Besorgtheit in diesem Satz, die mir entging. Auf englisch klangen Frage und Beschuldigung ganz schrecklich. Besonders weil ich so unschuldig war. Ich verbrachte meine Zeit damit, von der Liebe zu träumen. Und ich war so jungfräulich.

Diese Jungfräulichkeit ließ mich den ersten ernstzunehmenden Freund verlieren, den ich hatte. Ich war fünfzehn und traf ihn auf einer Tanzparty, im Sommer, in einem Seebad. Ich war überwältigt und überglücklich, als er mich bat, mit ihm zu tanzen. Er hatte schulterlanges Haar, in einer Zeit, als man die Haare im Nacken und an der Seite noch kurzgeschnitten trug, also bevor die Beatles berühmt wurden. Und er trug Jeans und keine Schuhe. Als wir uns danach zum ersten Mal trafen, erzählte er mir, daß er drei Jeans und fünf weiße Hemden besäße. Mehr nicht. Ich beschloß, ihm nichts von meinem überquellenden Kleiderschrank zu erzählen.

Ich informierte meine Eltern, daß er aus einer jüdischen Familie kam und seine Eltern beide Ärzte waren. Sie sahen über seinen Bart, die nackten Füße und die ständig gleiche Bekleidung hinweg und nahmen ihn mit offenen Armen auf.

Aber meine Arme waren wohl nicht offen genug. Eines Abends erklärte er mir, er könne sich nicht länger mit einer treffen, mit der er keinen Sex hätte. Er sei zu alt für eine platonische Beziehung. Er war achtzehn. Einen Moment lang überlegte ich, ob ich ihm meine Jungfernschaft opfern sollte, um ihn nicht zu verlieren, aber es kam mir nicht richtig vor. Es schien eine so kühle, nüchterne Überlegung für etwas zu sein, das ich mir immer noch als romantisches Erlebnis erhoffte. Er sah ein bißchen traurig aus, aber es schien ihn nicht weiter zu berühren. Er ging zu seiner früheren Freundin zurück.

Ich kam mir ein wenig wie eine Versagerin vor. Monatelang, nachdem er mich verlassen hatte, hofften meine Eltern immer noch, daß er wieder anrufen würde. »Vielleicht solltest du abnehmen«, sagte meine Mutter jedesmal, wenn das Telefon nicht läutete.

»Kennst du die Wollust nicht?« sagte eine Schulfreundin zu mir, als ich ihr davon erzählte, daß wir Schluß gemacht hatten. Dieses Mädchen war eines der blasiertesten auf der University High School. Während die anderen Mädchen sich darüber unterhielten, wie weit sie die Jungs gehen lassen sollten, sprach sie von der Liebe in freier Natur. In Einklang und Verbindung mit der Erde. Sie trug schwarze Unterwäsche und ein Parfum namens Bandit. Kannte ich die Wollust? Darüber hatte ich noch nie nachgedacht. Ich kam mir erneut unzulänglich vor.

Ich erlebte ein Übermaß an Wollust, als ich den Mann traf, mit dem ich heute verheiratet bin. Es gab da ein kleines Problem. Damals war ich mit jemand anderem verheiratet.

Ich verließ meinen ersten Mann nicht nur, weil ich völlig vernarrt in den Mann war, mit dem ich heute verheiratet bin, sondern weil ich erkannte, daß ich meinen ersten Mann nicht länger begehrte. Ich erkannte es, als mein heutiger Mann mich zum ersten Mal berührte und mir die Knie weich wurden. Weiche Knie sind ein verläßlicher Indikator für Begehren. Sie sind auch ein ganz guter Hinweis auf die Liebe.

Ich war zweiunddreißig, als meine Knie nachgaben. Ich liebte meinen Ehemann. Wir waren zusammen, seit ich neunzehn war. Wir schienen eine gute Ehe zu führen. Wir hatten gemeinsame Interessen, hinreißende Kinder und akzeptablen Sex. Und genau das schockierte mich. Der akzeptable Sex. Ich war schockiert, in so jungen Jahren kein wildes Begehren mehr zu empfinden. Mich mit einer Art Pflicht in der Liebe zu begnügen und die Kür aus den Augen verloren zu haben. Sex war nicht länger die mächtige, explosive Kraft, die er kurzfristig einmal gewesen war.

Wirklich bewußt wurde mir das erst, als ich die Anziehungskraft dieser Macht spürte. Diese Anziehungskraft ließ mich, eine glücklich verheiratete Frau, meine Ehe vergessen und in die Arme eines anderen fliegen. Glücklicherweise landete ich am richtigen Ort. Ich bin immer noch verrückt nach ihm.

Manchmal landet man am falschen Ort. Bis ich ungefähr vierzig war, weinte ich, wenn ich von sexuell mißbrauchten Kindern las. Manchmal ist das noch heute so. Ich hielt mich nicht für eines dieser Kinder. Ich wußte, daß ich sexuell mißbraucht worden war. Aber ich hielt mich nie für das Opfer. Ich dachte immer, es sei mein Fehler gewesen. Ich hielt mich für ein schlechtes Kind. Ich dachte, daß meine Mutter den schlechten Teil von mir gemeint haben mußte, wenn sie manchmal sagte: »Du bringst mich noch ins Grab.«

Ich war noch klein, als es anfing. Sechs oder sieben. Es geschah regelmäßig. Zwei oder drei Mal in der Woche. Er war ein Erwachsener, und ich war ein Kind. Ich wußte, daß etwas Verbotenes geschah, aber ich hielt mich selbst für den Verbrecher.

Er war der Mann, der in der Nicholson Street in Carlton im Haus neben uns wohnte. Er besaß Dinge, die ich noch nie zuvor gesehen hatte. Einen Briefbeschwerer aus Glas, in dem

Schneeflocken auf den Schiefen Turm von Pisa fielen, wenn man ihn auf den Kopf stellte.

Er besaß noch ein anderes kleines Gerät. Es macht mich fast krank, wieder daran zu denken.

Er hatte einen kleinen Spielzeuggucker für Dias. Der war blau und aus Plastik. Wenn man oben draufdrückte, konnte man Bilder aus Italien sehen.

Außerdem hatte er ein Kaleidoskop. Man drehte daran, und eine endlose Parade von Farben und Formen verwandelte sich in außerordentliche Muster und Figuren.

Ich saß auf seinem Schoß und betrachtete das farbenfrohe Spiel, während er mich befingerte. Und während er seine Hand in meiner Unterhose hatte, beschneite ich den Schiefen Turm von Pisa.

Ich lernte Italien kennen. Ich sah Dias vom Trevibrunnen, dem Vatikan, der Sixtinischen Kapelle, von Pompeji, Venedig, der Bucht von Neapel, während er seine Finger rhythmisch in meiner Vagina bewegte.

Außer uns war nie jemand im Haus. Er lebte in einem kleinen, spärlich eingerichteten Häuschen, das fast genauso aussah wie unseres. Während meine Mutter kochte oder putzte oder an ihrer Nähmaschine saß, war ich drei Meter von ihr entfernt und durch zwei Wände und ein ganzes Universum von ihr getrennt.

Wie alt war er? Dreißig, vierzig, fünfzig? Ich weiß es nicht. Er war kein junger Bursche, und er war kein alter Mann. Ich erinnere mich nicht daran, jemals mit ihm gesprochen zu haben. Er hat mir niemals etwas zu trinken, Süßigkeiten oder Kekse angeboten. Was er mir offerierte waren sein Schoß und seine Hände.

Ich habe ihn niemals außerhalb seiner vier Wände gesehen. Ich habe ihn niemals auf der Straße gesehen. Ich habe niemals gesehen, daß er in der Milchbar, ein paar Häuser weiter, geflippert hätte. Nach der Arbeit kamen die italienischen Männer oft dorthin, um zu flippern.

Ich sah ihn nie bei Metzger Keech oder beim Fischhändler Canal. Ich sah ihn nie in seinem Garten hinter dem Haus, der von unserem nur durch einen dünnen Lattenzaun getrennt war.

Dies alles geschah in Carlton in Australien. Einem freundlichen, sicheren, innerstädtischen Randbezirk von Melbourne. Einem Stadtteil, in dem hauptsächlich Einwanderer und Flüchtlinge lebten. Deutsche, Malteken, Italiener, Juden, Chinesen. Ein freundlicher, sicherer Stadtteil in einer freundlichen, sicheren Stadt. Aber wenn man allzu freundlich war, war man nicht mehr sicher. Selbst wenn man erst sechs Jahre alt war.

Warum bin ich Tag für Tag wieder zu ihm gegangen? Ich muß mir die Zuwendung so sehr gewünscht haben. Ich muß mir die Zärtlichkeit so sehr gewünscht haben. Ich muß vertrauensvoll gewesen sein, wie viele kleine Mädchen es sind. Ich muß es gewollt haben, und es muß sich gut angefühlt haben.

Ich empfinde immer noch mehr Abscheu vor mir selbst als vor ihm. Ich muß insgeheim einverstanden gewesen sein. Ich habe niemandem etwas davon erzählt, auch nicht, als ich lange schon das Gefühl hatte, daß ich das nicht tun dürfte. Ich habe nicht einmal meiner besten Freundin etwas gesagt, obwohl ich ihr sonst alles erzählte.

Ich habe jahrelang mit niemandem darüber gesprochen. Ich sagte nichts zu meinem ersten Analytiker und nichts zu meinem ersten Mann. Ich sagte meiner besten Freundin nichts. Ich sagte meinen Kindern nichts. Ich dachte nicht an die indirekten Folgen. Ich glaube, ich hielt es für einen wesentlichen Teil des Heranwachsens. Einen Teil des unangenehmen Teils des Heranwachsens.

Wie das Herumjonglieren (als ich etwas älter war und meine Brüste sich zu entwickeln begannen), um nicht mit einem entfernten Verwandten allein sein zu müssen, der mich bei jeder sich bietenden Gelegenheit begrapschte. Manchmal bot er mir einen Schokoladenriegel an. Aber ich war klüger geworden, ich lehnte immer ab.

Ich war außerdem klug genug, als Jugendliche nicht vergewaltigt zu werden. An manchen Abenden, wenn unsere Eltern ausgingen, überließen sie uns einem Geschwisterpaar als Babysitter, das in derselben Straße wohnte. Sie waren erst kürzlich eingewandert und müssen den Eindruck gemacht haben, verläßliche Babysitter zu sein. Während meine Schwester schlief, hatten sie auf einer Couch im Schlafzimmer meiner Eltern Sex.

Der Bruder sorgte dafür, daß ich zusah. Er küßte und streichelte sie. Er stieß in sie hinein. Er stöhnte und schwitzte und klatschte auf sie nieder.

Nachdem er seine Schwester gefickt hatte, sagte er zu mir, ich sollte es auch mal versuchen. Sein Englisch war begrenzt, aber er machte mir begreiflich, daß es mir Spaß machen würde. Ich weiß nicht mehr, was ich gesagt habe. Ich erinnere mich nur noch an mein Entsetzen.

Ich habe all das für mich behalten. Ich glaube, das Thema war zu anstößig, um es anzusprechen. Ich glaube, ich hatte Angst davor, besudelt zu werden, weil ich dabeigewesen war. Ich wollte nicht, daß meine Eltern wußten, was ich gesehen hatte. Ich dachte, es wäre besser, unschuldig zu erscheinen. Und ich glaube, ich sagte auch deshalb nichts, weil ich meiner Mutter nicht noch mehr Kummer machen wollte. Als dicke Tochter, die alle mütterlichen Ermahnungen, abzunehmen, in den Wind schlug, war ich schon Belastung genug.

An all das erinnere ich mich so genau. An meinen Vetter um drei Ecken, an die Babysitter, an den Mann, der nebenan wohnte. Ich will mich nicht daran erinnern. Ich habe versucht, es zu vergessen. Aber ich erinnere mich genau an jede Einzelheit.

Warum ist die Erinnerung an diese Ereignisse so klar, wenn die Erinnerung an so viele schöne Momente fast ausgelöscht ist? Und warum kehren diese Erinnerungen so unerwartet, so erbarmungslos und so unangenehm zurück? Ich kann abends zu Hause sitzen und ein Buch lesen, und plötzlich habe ich ein Bild aus der Sixtinischen Kapelle vor mir. Ich sehe Gott, ausgestreckt durch den Raum, mit seinem langen, grauen Bart, und seinen Finger, der Adams Finger berührt. Die Farben des Fleisches sind in der billigen Reproduktion nicht mehr zu erkennen. Statt siena-erdfarben und ocker leuchten Gott und Adam in elektrischem Orange und schrillem Gelb. Es sieht aus wie eine Szene aus dem Musical *South Pacific*. »Some Enchanted Evening« mit schwulen Schauspielern. Ich weiß, daß auf dem nächsten Dia der Trevibrunnen zu sehen sein wird. Und ich sehe den Nachbarn, den Mann von nebenan, und seine unablässig kreisenden Finger. Manchmal fürchte ich, daß mich das Gefühl, beschmutzt zu sein, nie verlassen wird.

Warum sind diese Erinnerungen so stark? Es ist, als ob diese Erfahrung immer aktiv und lebendig bliebe, während andere Teile meiner Vergangenheit längst verschwunden sind. Als ob dieser Schmutz, dieses Chaos aus meinen eigenen Bedürfnissen und meiner Kooperation, eine Einheit mit der Schmutzigkeit seiner Hände bildete.

Ich kann mir sagen, daß ich nicht mehr sechs und sieben Jahre alt bin, nicht mehr das kleine Mädchen, das den Schneeflocken zusah, die auf den Schiefen Turm von Pisa herabfielen. Ich kann mir sagen, daß es vergangen ist. Aber es ist der Teil meiner Vergangenheit, der, völlig intakt und wie neu, an mir haften blieb. Unbefleckt und makellos.

Was machte mein Vater, wenn ich den Mann von nebenan besuchte? Er arbeitete. In Fabriken. Er nähte Stoffe zusammen und verteilte Pakete. An den Wochenenden lieferte er die Arbeitspakete an die Heimarbeiter aus. Er hat immer gearbeitet.

Was machte meine Mutter? Sie arbeitete auch. Zu Hause, an der Nähmaschine. Aber in ihren Gedanken war sie noch mit anderen Dingen beschäftigt. Mit Hunderten von Toten. Ihrer toten Mutter und ihrem toten Vater, ihren toten Brüdern und Schwestern, ihren toten Nichten und Neffen, Onkeln und Tanten. Einmal, in Stutthof, hatte man sie für tot gehalten. Sie hatte Typhus und lag mitten im Winter draußen auf der Erde. Sie wurde auf einen Leichenhaufen geworfen. Eine Schulfreundin zog sie wieder heraus und brachte sie auf ihre Pritsche zurück.

Meine Mutter mußte vieles verdrängen. Und darüber verlor sie mich aus den Augen. Sie verdrängte meine häufige, lange Abwesenheit von zu Hause. Vielleicht wurde ihre Nachlässigkeit durch ihre Ambivalenz bestärkt: Sie liebte mich über alles. Sie erzählte mir Dinge, über die sie mit niemand anderem jemals sprach. Meine Mutter, die niemandem traute, die sehr reserviert war, machte mich zu ihrer Vertrauten. Von frühester Kindheit an sprach sie mit mir, unter dem Siegel der Verschwiegenheit, über so vieles. Die schrecklichsten Dinge, die ich über ihre Jahre im Ghetto, in Auschwitz und in Stutthof weiß, wußte ich bereits, als ich noch sehr klein war.

Damals waren sie alle Teil von etwas Unbegreiflichem und Schrecklichem, von dem ich mir wünschte, daß es verschwinden würde. Heute weiß ich, daß dieses Schreckliche ihr Leben ausmachte und daß all das Entsetzen und Grauen ein Teil von ihr waren. Sie konnten nicht verschwinden.

Einerseits wachte meine Mutter wie ein Habicht über mich. Meine Ernährung, mein Haar und meine Klavierstunden hatten ihre ungeteilte Aufmerksamkeit. Andererseits vernachlässigte sie mich. Sie wollte, selbstverständlich unbewußt, daß ich etwas von dem empfand, was sie empfunden hatte. Daß sie mich dieser Gefahr aussetzte, hat uns beide vielleicht noch enger verbunden.

Es war eine große Erleichterung für meine Mutter, ein Kind in einem friedlichen, sicheren, freien Land weit weg von Europa aufzuziehen. Und es quälte sie, daß dieses Kind von ihrer Vergangenheit so weit entfernt war. Ihr ständig wiederholter Satz, »du wirst niemals verstehen, was ich durchgemacht habe«, klingt mir immer noch in den Ohren.

Ich wußte, daß das, was meine Mutter durchgemacht hatte, nicht alltäglich war. Ich wußte, daß es unser Ziel war, in Australien ein ganz normales Leben zu führen. Der Mann von nebenan sah ganz normal aus. Ein neuer Einwanderer, der in einem ganz normalen Haus in einer ganz normalen Straße wohnte.

Meine Mutter sagte mir oft, sie wüßte, zu welchen Dingen ganz normale Menschen fähig seien. Meine Mutter wußte, daß es ganz normale Deutsche waren, die Millionen von Juden ermordeten und mißhandelten. Ihre Erfahrung war so außergewöhnlich gewesen, daß sie bis ans Ende ihrer Tage zu einem normalen Leben keinen Zugang mehr hatte. Sie überwachte sorgfältig die alltäglichen Details in meinem Leben. Meine Rocklänge, jede Knitterfalte in einer Bluse, jeden Fleck auf einem Kleid, ob ich dicker geworden war oder ob ich abgenommen hatte.

Aber wenn ich nicht zu Hause war, fragte niemand danach, wo ich war. Ich lief durch Carlton. Ich kannte jeden Weg und jede Gasse. Ich saß auf dem Gartenzaun vor einem Haus und sah zu, wenn die Betrunkenen abends um sechs aus dem Pub an der Ecke Nicholson und McPherson Street kamen. Manche von ihnen waren furchtbar betrunken. Ich war fasziniert davon, wie sie auf wackligen Beinen den Fußweg entlangstolperten. Manchmal sprachen sie mit sich selbst. Manchmal stöhnten sie und sahen aus, als ob sie gleich zu weinen anfangen würden.

Einer von ihnen kotzte mir einmal vor die Füße. Er kotzte Baked Beans. Diese braunen, in Tomatensoße gekochten Bohnen hatte ich noch nie gesehen. Bei uns gab es nie australisches Essen. Ich war fasziniert. Ich beugte mich nieder, um die Baked Beans näher zu betrachten. Mrs. Dent, die auf der anderen Seite neben uns wohnte, kam gerade aus der Methodistenkirche um die Ecke, wo sie als Laienhelferin tätig war.

Mrs. Dent war eine waschechte Australierin. Sie backte Apfelkuchen und brachte sie uns. Sie kochte Gelees und Marmelade ein. Und sie half immer irgend jemandem. Sie versuchte, meiner Mutter zu helfen, sich an das Leben in Australien anzupassen. Sie lehrte sie, Fleischtorte zu backen. Aber statt der Hackfleischfülle nahm meine Mutter kurzgebratenes Kalbfleisch und Rindstücke, und deshalb schmeckte es nie so, wie es sollte.

Meine Mutter war Mrs. Dent dankbar. Ich glaube, sie war erleichtert, einen so durch und durch guten Menschen zu kennen. Meine Mutter brachte Mrs. Dent bei, gefilte Fisch zuzubereiten, das sind Fischbällchen, die man in Fischbrühe kocht. Mrs. Dent war auf den Geschmack gekommen. Beim Passahfest ist es Tradition, gefilte Fisch zu essen. Die richtige Zubereitung ist nicht einfach. Doch Mrs. Dents gefilte Fisch, den sie in seinem eigenen Gelee servierte, war sehr gut. Einmal lud sie Freunde aus ihrer Kirchengemeinde dazu ein. Die fanden das Gericht ungenießbar.

Ich fühlte mich sehr wohl bei Mrs. Dent. Ich aß ihren Apfelkuchen und sah manchmal bei ihr im Haus fern. Mickey Mouse und Tom und Jerry.

Mrs. Dent blieb stehen. Sie sah mich an, wie ich da stand, über die erbrochenen Bohnen gebeugt. »Weg von dem

Dreck«, sagte sie und zerrte mich nach Hause. »Ich habe sie im Dreck erwischt«, sagte Mrs. Dent zu meiner Mutter. Meine Mutter schien nicht beunruhigt zu sein. Ich sollte mir vor dem Essen die Hände waschen, sagte sie zu mir. Meine Mutter wußte, was wirklicher Dreck war.

Einmal traute ich mich aus Carlton heraus. Ich fuhr mit meinem Fahrrad bis Northcote, das ungefähr fünf Kilometer weit weg lag. Ich war für einen halben Tag verschwunden. Niemand fragte, wo ich gewesen war. In meinem Gedicht *Aufwachsen* habe ich über meine Eltern geschrieben:

sie kannten
außergewöhnliche Gefahr
gewöhnliche Gefahren
entgingen ihnen

Die ganz gewöhnlichen Deutschen, die jeden auslöschten, den meine Mutter geliebt hatte, und die aus ihr die Fähigkeit herausätzten, mit der eigenen Gegenwart verbunden zu sein, waren genau das. Gewöhnliche, durchschnittliche Deutsche. Die Männer in den deutschen Polizeibataillonen wurden nicht aufgrund ihrer ideologischen Treue zur NSDAP ausgewählt. Es herrschte Personalknappheit. Die Deutschen nahmen jeden Mann, den sie kriegen konnten.

Diese ganz gewöhnlichen Männer hatten Kinder, Frauen, Geliebte. Sie hatten Liebesaffären, während sie Juden ermordeten. Sie verzehrten genußvoll und mit gutem Appetit ihre Mahlzeiten, während sie gleichzeitig jüdische Leichenberge verbrannten. Sie gingen in Konzerte und zum Gottesdienst.

Niemand mußte diese ganz gewöhnlichen Männer anspornen, sich bei der Abschlachtung jüdischer Männer, Frauen und Kinder ins Zeug zu legen. Keiner mußte sie ermutigen, die Juden mit mehr Begeisterung zusammenzutreiben. Sie gingen mit Tatkraft ans Werk. Sie taten mehr, als man von ihnen verlangt hatte. Sie waren erfinderisch. Sie steckten die Bärte jüdischer Männer in Brand. Sie knöpften ihre Hosen auf und urinierten auf jüdische Frauen. Sie erschossen Juden oft schon, bevor sie den Befehl dazu erhalten hatten, und falls sich das als zu langsam erwies, verbrannten sie sie bei lebendigem Leib.

Manche dieser ganz gewöhnlichen Männer waren sensibel. Sie schützten die Ehefrauen der Bataillonsmitglieder vor einigen der schlimmsten Anblicke. Sie zeigten damit keine Nazi-Sensibilität. Sie haßten Juden.

Meine Mutter, die siebzehn Jahre alt war, als sie ins Ghetto von Lodz getrieben wurde, und dreiundzwanzig, als sie aus Stutthof, dem Konzentrationslager, wohin man sie von Auschwitz aus gebracht hatte, befreit wurde, hatte Schwierigkeiten, zwischen gewöhnlich und außergewöhnlich zu unterscheiden. Sie hielt den Atem an, wenn das Telefon läutete. Sie versteifte sich, wenn es an der Tür klopfte. Wenn eins meiner Kinder erkältet war, benahm sich meine Mutter so, als ob es an Lungenentzündung erkrankt wäre.

Meine Mutter verbrachte ihr Leben chronisch unglücklich. Sie überspielte dieses Unglück mit eleganten Kleidern und herrlich brauner Haut. Aber ihr Unglück war immer gegenwärtig. Manchmal wurde es von der Sonne oder den Enkelkindern kurzfristig gemildert, aber es blieb nie lange fort.

Ich fühlte mich nicht berechtigt, unglücklich zu sein. Mir war nie etwas so Schreckliches zugestoßen. Ganz sicher nichts, das auch nur mit einem Teil dessen vergleichbar wäre, was meine Mutter und mein Vater erlebt hatten. Als Kind war ich ständig fröhlich. Selbst als Teenager lachte ich viel.

Ich verbarg mein Unglück vor mir selbst und vor anderen. Ich tat so, als ob meine Kindheit aus Schokoladenkeksen und Sonnenschein bestünde, was einem Hochseilakt gleichkam, wenn man die Lebensgeschichte meiner Eltern betrachtet.

Und wenn man zusätzlich berücksichtigt, daß jeder um mich herum verletzt, beraubt und gramgebeugt war.

Nach allem, was sie durchgemacht hatten, lebten meine Eltern nach dem Krieg immer noch in einer Baracke, als ich gezeugt wurde. Sie waren in einem Auffanglager in Feldafing, in Deutschland.

Jahrelang hatte ich nur glückliche Kindheitserinnerungen. Sonntags mit meinem Vater im Zoo oder im Luna Park. Eiswaffeln. Viele Schulfreunde. Nach der Schule zu ihnen eingeladen werden. Ich zerstreute und verjagte alles Unangenehme. Ich löschte alle bösen Erinnerungen aus. Ich vergaß, daß ich mich trotz meines australischen Englisch wie eine Fremde gefühlt hatte. Ich vergaß meine Verwunderung und meine Demütigung, als Caroline B.s gesamte Familie sich zu einer Mahlzeit mit Schweinekoteletts und Toast an den Eßtisch setzte und mich im Wohnzimmer allein zurückließ.

»Ich weiß nicht, ob man bei euch Toast ißt«, rief Carolines Mutter mir über einen Raumteiler hinweg zu. »Und ich bin sicher, daß ihr keine Koteletts eßt.« Ich aß Toast und Koteletts für mein Leben gern. Ich saß in dem Wohnzimmer und tat so, als würde mir das nichts ausmachen.

Ich war sehr gut im So-tun-als-Ob. Jahrzehntelang tat ich so, als ob mir nichts Schlimmes geschehen wäre. Zumindest nichts, das wirklich traumatisch gewesen wäre. Ich las Artikel über Kindesmißhandlung und war so dankbar, daß ich so etwas nicht erlebt hatte.

Als ich meiner Analytikerin das erste Mal davon erzählte, und sie war mein zweiter Seelenarzt, zitterte und weinte ich. Ich kam mir so beschmutzt und so gedemütigt vor. Jahre später lag ich bei meiner dritten Analytikerin auf der Couch und fürchtete mich. Ich fürchtete mich ebenso vor der Erinnerung an das, was ich von dem Mann von nebenan noch wußte, wie davor, an was ich mich vielleicht nicht mehr erinnerte. Hatte ich seinen Penis gesehen?, fragte ich mich selbst auf der Couch, und dann begann ich so stark zu zittern, daß ich Mühe hatte, aufzustehen, als die Sitzung vorbei war. Hatte ich einen Orgasmus? Ich weiß nicht, ob er kam oder nicht. Es macht mich krank, daran zu denken.

Ein Teil der Platzangst, die mich viele Jahre lang immer wieder überkam, war die Angst davor, mit einem Mann allein zu sein. Ich konnte in New York nicht alleine Taxi fahren. Ich dachte immer, daß ich Angst vor dem Fahrer hätte. Ich hatte Angst vor mir selbst. Was würde ich tun, wenn ich mit einem Mann allein wäre? Ich dachte, daß das, was ich mit dem Mann von nebenan getan hatte, auch das sein könnte, was ich mit jedem anderen Fremden tun würde, sobald man mich mit ihm allein ließe.

Es macht mir zu schaffen, über diese Dinge zu schreiben. Plötzlich scheint in meinem Arbeitszimmer Sauerstoffmangel zu herrschen. Ich muß an die Luft und spazierengehen. Ich gehe und gehe. Ich gehe mehr als acht Meilen. Das kostet mich knapp zwei Stunden.

Ich fühle mich besser. Ich bin am Hudson entlanggegangen. Ich habe frische Luft eingeatmet. Und ich habe einige Teile meiner Vergangenheit ausgeatmet, die sich sogar über meine Lungenflügel gelegt zu haben schienen.

Ich bin froh, allein draußen zu sein. Froh, allein das Haus verlassen zu können. Meine Platzangst scheint endlich überwunden zu sein. Ich kann allein einkaufen, allein in ein Taxi steigen und allein in ein Café gehen.

Manchmal hat es Nachteile, allein zu sein. In Cafés neigen die Leute eher dazu, mit einem reden zu wollen. Nach meinem Spaziergang gehe ich zu Auggie's, um einen Kaffee zu trinken. Ein Mann von Mitte Dreißig setzt sich an meinen Tisch. Ich habe ihn früher schon gesehen. Ich weiß, daß er hier in der Gegend wohnt. Ich bin nicht sehr freundlich. Ich nicke ihm zu und gebe vor, in die Lektüre der *New York Post* vertieft zu sein. Das ist eine ziemlich große Leistung, weil ich dieses rechte Blatt meistens in den nächsten Papierkorb schmeißen möchte.

Er stellt seinen Milchkaffee und einen Laptop auf den Tisch.

»Hi«, sagt er. »Ich bin Joe. Sie sehen wirklich gut aus. Trainieren Sie?« Ich bin verärgert darüber, daß er mich anspricht. Ich versuche, kurz angebunden zu sein.

»Ja, ich trainiere«, sage ich.

»Das dachte ich mir«, sagt er. »Ich kann es an Ihren Schultern sehen.«

Die Eitelkeit gewinnt Oberhand über mich, und ich lächle.

»Ich sehe Sie dauernd hier in der Gegend. Sie sind immer mit Ihrem Mann zusammen. Sie beide sehen so verliebt aus«, sagt er.

»Ich bin nicht immer mit ihm zusammen«, sage ich, bevor ich mich einbremsen kann.

»Ich wollte, ich wäre auch verliebt«, sagt er. »Ich wünsche mir eine Beziehung.«

Ich kann es nicht fassen. Ich möchte einfach nur in Ruhe einen Kaffee trinken.

»Nun, ich bin verheiratet«, sage ich und will einen Scherz machen. Er versteht ihn nicht.

»Natürlich sind Sie das. Ich sehe Sie dauernd mit Ihrem Mann. Das habe ich Ihnen doch gerade gesagt. Kennen Sie irgendwelche Frauen, die interessiert sein könnten, mich kennenzulernen?«

Ich lege die *New York Post* aus der Hand. In New York lernt man sehr schnell, Leute abblitzen zu lassen. »Nein, kenne ich nicht«, sage ich und nehme die Zeitung wieder zur Hand.

»Ich bin Professor«, sagt er. »Ich habe eine schöne Wohnung in der Sullivan Street und fahre ein Mercedes Cabrio, Baujahr 1969. Und es ist mir ernst. Ich wünsche mir eine

Beziehung, und Sie sehen aus wie jemand, der Leute kennt, die ich mögen würde.«

Ich lege die Zeitung weg. Ich war mein ganzes Leben lang eine unverbesserliche und erfolglose Kupplerin. Die Nachricht meiner Erfolglosigkeit auf diesem Gebiet hat sich offensichtlich noch nicht bis zur Sullivan Street herumgesprochen.

»Es ist mir wirklich Ernst damit, ich bin auf der Suche nach einer Beziehung«, sagt er noch einmal. Ich mustere ihn. Er sieht ganz passabel aus. Regelmäßige Züge, ein moderner Haarschnitt, Kleidungsstil »Banana Republic«. Er ist ungefähr 1,80 Meter groß und hat dunkelbraunes Haar. Und er ist Professor. Professor wofür? Ich will ihn gerade danach fragen, als er wieder zu reden anfängt.

»Es ist gar nicht billig, eine Beziehung zu suchen«, sagt er. »Ein paar Dinnereinladungen ins Restaurant, neue Kleidung, die Sachen öfter in die Reinigung geben, und wenn man das alles zusammenrechnet, kann so ein Abend schon $ 200 kosten. Und das bezieht sich nur auf Bekanntschaften, die nicht sehr lange dauern. Wenn sie länger dauern, kann es noch viel teurer werden. Das ist eine kostspielige Angelegenheit. Ich mache immer getrennte Kasse.«

Ich bin sprachlos. Joe hält mein Schweigen für Mitleid. »Ich bin Professor«, sagt er. »Ich habe Studentinnen, die sich dauernd in mich verlieben. Das ist ein bekanntes Professorenproblem. Aber ich interessiere mich nicht für junge Mädchen. Einige sind sehr hübsch, aber ich suche eine reifere Frau. Und sie sollte geographisch attraktiv sein. New York ist eine Stadt, in der man Monate verbringen kann, ohne eine Freundin zu Gesicht zu bekommen. Man fährt nicht aus einem Impuls heraus nach Queens, bloß weil man spätabends noch ein bißchen plaudern möchte.«

Ich schüttelte den Kopf. Über geographische Attraktivität hatte ich noch nicht viel nachgedacht. »In New York hat es jeder eilig«, sagt Joe, »also muß man Entscheidungen schon ziemlich früh in einer Beziehung treffen. Es ist schwierig, eine mögliche gemeinsame Zukunft bei ein oder zwei Verabredungen abzuschätzen.«

Joe hat es offensichtlich nicht nötig, daß ich etwas sage. Er hat sich nicht einmal Zeit genommen, Luft zu holen. Ich bin froh, nichts gesagt zu haben. Ich bin noch froher, daß ich keine meiner alleinstehenden Freundinnen als mögliches Rendezvous vorgeschlagen habe. Wenn ich ihn auf der Straße sah, machte er immer einen normalen Eindruck auf mich. Vielleicht ist er das auch. Vielleicht ist das, was in New York normal ist, anderswo nicht mehr normal. Ich komme mir plötzlich sehr normal vor.

Als ich wieder zu Hause bin, ruft meine Freundin Mimi an. Im Hintergrund höre ich Win, ihren Mann. Win ist neunzig. Er souffliert ihr Neuigkeiten, die sie mir mitteilen soll. Win und Mimi haben geheiratet, als er einundachtzig und sie um die sechzig oder siebzig war.

Als Mimis Sohn Steven Win danach fragte, warum denn geheiratet werden müßte, schließlich könnten sie auch so zusammenleben, sah Win Steven an und sagte: »Deine Mutter ist schwanger. Und ich bin ein Ehrenmann.« Diese Zeilen habe ich am Ende meines Romans *Einfach so* benutzt. Ich muß heute noch darüber lachen.

Ich erzähle Mimi von Joe und dem Café. Ich berichte ihr von den Kosten, die ihm davonlaufen, während er eine Beziehung sucht. Und ich erzähle ihr von der geographischen Attraktivität.

»Beziehung?« sagt Mimi. »Klingt nach Beziehungsscheiße für mich. Die Art von Beziehungsscheiße, die ziemlich schnell zu stinken anfängt.« In Mimis litauischem Akzent klingt das doppelt beeindruckend.

Mimi ist gerade von einer Fitneßstunde mit ihrem Trainer nach Hause gekommen. »Der bringt mich um«, sagt sie. »Ich muß eine Dehnungsübung nach der anderen machen. Ich kann meine Beine so weit strecken.«

In der Leitung rumpelt und klopft es. Ich weiß, daß Mimi ihre Beine streckt. Ich kann fast am Telefon hören, wie weit sie sie streckt.

Ich höre, wie sie ausatmet. »Ich habe zu meinem Trainer gesagt«, sagt sie, »was nützt mir das, wenn ich jetzt meine Beine so weit strecken kann? Vor zwanzig Jahren wäre das hilfreich gewesen. Aber jetzt?«

Mimi hört auf sich zu strecken und erzählt mir von einer Fernsehsendung über Fehler, die in der Schönheitschirurgie passieren können. Einige der Details sind schauerlich. »Trotzdem«, sagt Mimi, nachdem sie einen katastrophalen Fehler bei einer Gesichtskorrektur beschrieben hat, »ich persönlich hätte nichts gegen einen kleinen Schnitt.«

Ich sage ihr, sie soll den Schnitt vergessen. Besonders nach der Geschichte, die sie mir gerade erzählt hat. Sie dreht sich vom Telefon weg zu Win und fragt ihn, was er davon hält. »Liebling, wenn du das möchtest«, sagt er, »dann kriegst du deinen kleinen Schnitt. Ich persönlich wäre eigentlich eher für einen kleinen Ritt.«

4 New York

ALS WIR VOR ACHT JAHREN NACH NEW YORK übersiedelten, war meine jüngere Tochter dreizehn Jahre alt. Ich stoppte die Zeit, wie lange sie brauchen würde, um von unserer Wohnung in ihre Schule zu gehen. Ich stoppte sie zweimal, einmal schlendernd und einmal im Schnellschritt. Wenn sie schlenderte, brauchte sie zwei Minuten und fünfunddreißig Sekunden, wenn sie sehr schnell ging, dauerte es etwas über eine Minute.

Ich stellte mir New York als eine Stadt vor, wo man Pistolenkugeln ausweichen müsse und über gebrauchte Spritzen stolpere. Auf der Straße umklammerte ich meine Handtasche so fest, daß meine Knöchel weiß wurden. Ich vermied Blickkontakte und ignorierte jeden, der mich ansprach. Ich war ständig wachsam und auf der Hut. Ich funkelte den Portier des Hauses an, in dem wir wohnten, weil ich ihn für jemanden hielt, der in der Eingangshalle nur herumlungern würde. Daraufhin mißachtete er mich monatelang und gab sich die größte Mühe, mir nicht behilflich zu sein.

Ich übte mich in Cleverness auf der Straße. Als mir jemand auf der First Avenue »Hallo« zurief, sah ich in die andere Richtung und ging schneller. Als er mich schließlich einholte, war er außer Atem. Es war einer meiner Lektoren von früher, den ich kannte, seit ich achtzehn war.

Wir entschieden uns für die Wohnung, in der wir wohnten, weil sie sich in der Nähe des Friends Seminary befand, der Quäker High School, die wir für meine jüngere Tochter ausgewählt hatten. Die Schule war so nah bei der Wohnung, und trotzdem sah ich immer ängstlich auf die Uhr, wenn sie ein paar Minuten später nach Hause kam.

Bevor wir nach New York zogen, hatten einige wohlmeinende Freunde in Australien gesagt: »Ihr wollt doch nicht etwa die Kinder mit nach New York nehmen?« Ihr Ton ließ keinen Zweifel daran, daß sie das für eine erhebliche, wenn nicht gar kriminelle Verantwortungslosigkeit hielten. »Eigentlich sind sie keine Kinder mehr«, antwortete ich lahm auf jeden dieser Vorwürfe. Und das waren sie auch nicht. Sie waren dreizehn, achtzehn und neunzehn Jahre alt.

Den Kindern ging es prächtig. Meine jüngere Tochter traf ihre drei besten Freunde schon am ersten Schultag. Tina, ein zartes Mädchen aus Kambodscha, deren Eltern von den Roten Khmer umgebracht worden waren; Makeeba, ein großes, lebhaftes, afroamerikanisches Mädchen, dessen alleinerziehende Mutter hart arbeitete, um Makeeba alles zu geben; und Daryl, einen chinesischen Jungen, dessen Vater Zahnarzt in Chinatown war. Sie wurden ein unzertrennliches Quartett. Meine ältere Tochter besuchte die Studio School, eine Kunstakademie mit beeindruckender Geschichte, und mein Sohn ging auf die New York University. Ich war diejenige, die sich nicht wohlfühlte.

Unsere New Yorker Wohnung war unmöbliert. Ich hatte ein Haus verlassen, voll mit über die Jahre angesammelten

Küchenutensilien, Geräten und anderer Ausstattung. In Macy's Warenhaus brach ich in Tränen aus, weil ich keine Reibe finden konnte.

»Ich komme mir wie ein Flüchtling vor«, sagte ich.

»Flüchtlinge verfügen nicht über Kreditkarten«, sagte mein Mann.

Als ich meinen älteren Kindern verbot, abends wegzugehen, schritt mein Mann ein. »Wir sind hier nicht in Beirut«, sagte er.

Mit der Zeit ließ meine Angst nach. Ich antwortete den Dealern, die in großer Zahl die 11. Straße bevölkerten und mir »Koks, Koks und Crack, Crack« zuzischten. »Nein danke, nein danke, nein danke«, sagte ich zu jedem einzelnen. Das verblüffte sie. »Sie sind sehr gut erzogen«, sagte einer von ihnen eines Tages zu mir. »Vielen Dank«, sagte ich.

Das war vor acht Jahren. Heute ist meine gute Erziehung etwas verblaßt. New York hat sich verändert, und ich mich auch. Meine Veränderung fiel mir zum ersten Mal auf, als ich einen Mann auf der Straße ansprach. Er war ein schmächtiger Mann um die sechzig. Sein dreckiger Köter hatte sich gerade mitten auf dem Gehsteig der Prince Street verewigt. »Hey«, schrie ich ihn an, »machen Sie das sauber!« Ich war sprachlos über mich selbst. »Wow«, dachte ich einen Moment später, »du bist zu einer echten New Yorkerin geworden.«

»Meine Dame«, sagte der Mann mit laut erhobener Stimme. »Das habe ich bereits getan. Der Hund hat Durchfall. Ich habe vier Stücke Packpapier dabei.« Ich kam mir blöd vor und ging langsam weiter, aber er hörte nicht auf zu reden.

»Ich mache mir Sorgen um ihn«, sagte er. »Letzte Woche hatte er Verstopfung. Einer meiner Nachbarn hat das gleiche Problem. Der Doktor meint, es könnte ein Reizkolon sein. Dazu kommt es, wenn die normalen Kontraktionen, die den

Kot durch den Darm zum After transportieren, von unregelmäßigen Kontraktionen unterbrochen werden. Dann kriegt man Verstopfung oder Durchfall oder abwechselnd eins von beiden. Also denken Sie bitte nach, meine Dame, bevor Sie jemanden anschreien.«

»Es tut mir leid«, sagte ich.

Da wußte ich, daß ich keine echte New Yorkerin war. Echte New Yorker machen niemals einen Rückzieher. Ich bin seitdem härter geworden. Meine Veränderung war fast so dramatisch wie die der Stadt.

New York ist nicht mehr die Stadt, die sie war, als ich hierher kam. Man sieht kaum noch Dealer. Die Kriminalitätsrate ist drastisch zurückgegangen. Auf den Straßen sind mehr Polizisten zu sehen, die kleine Vergehen im Glauben, damit größere Verbrechen zu verhindern, streng ahnden. Vor über sechs Jahren wurde in unser Loft eingebrochen, gerade nachdem wir dort eingezogen waren. Eigentlich war es meine Schuld. Ich hatte versucht, meine Angst vor dem Leben in New York zu bekämpfen. Ich wurde nachlässig: Ich fuhr übers Wochenende fort und schaltete die Alarmanlage nicht ein und erzählte einer Putzfrau, die zum ersten Mal bei mir putzte, daß wir wegfahren würden.

Als wir zurückkamen, sah es aus wie auf einem Schlachtfeld. Mein gesamter Schmuck war weg. Armbänder, die die Kinder getragen hatten, als sie noch klein waren, Ringe meiner Mutter, Ringe, die mein Mann mir gekauft hatte.

Wir riefen bei der Polizei an. »Könnten Sie es später noch einmal probieren?« hieß es. »Wir sind überlastet.« Es war acht Uhr abends. Wir riefen um halb neun an, um neun, um zehn. Schließlich, um elf, kamen zwei Polizeibeamte vom ersten Revier. »Wir sind nur wegen der Versicherung hier«, sagte einer von ihnen. »Einbrüche untersuchen wir nicht mehr.« Er überreichte uns ein paar Formulare.

»Könnten Sie mir sagen, wie die hereingekommen sind?« fragte ich.

»Schwer zu sagen«, meinte der eine.

»In meinem Arbeitszimmer ist ein Fenster offen«, sagte ich. »Könnten Sie es sich ansehen und mir sagen, ob es mit Gewalt geöffnet wurde?« Wir gingen in mein Arbeitszimmer.

»Sind Sie Schriftstellerin?« fragte mich der ältere Polizist. Ich nickte. »Meine Frau möchte Schriftstellerin werden«, sagte er. Ich lächelte. »Ich finde sie ziemlich gut«, sagte er. »Sie macht gerade einen Kurs.« Ich lächelte wieder.

»Wie hätte jemand durch dieses Fenster einbrechen können?« sagte ich. »Das liegt zehn Meter hoch.« Niemand ging zum Fenster.

»Wieviele Bücher haben Sie geschrieben?« sagte der Polizist.

Schließlich erklärte ich mich bereit, das Manuskript seiner Frau zu lesen, sobald es fertig wäre. Das kam mir gut zustatten. Monatelang winkte mir der Polizist jedesmal, wenn er mich sah, aus seinem Dienstauto zu. Ich fühlte mich sehr sicher. Seine Frau hat ihr Manuskript nie beendet. Und wir haben keines der gestohlenen Stücke je wiedergesehen.

Als wir nach New York kamen, nahm die Stadt auf der Liste der gefährlichsten Städte in den Vereinigten Staaten den zwölften Platz ein. Heute rangiert sie laut *New York Times* an zwanzigster Stelle.

»Die Leute versuchen es einfach nicht mehr«, sagte mein Mann, nachdem er den Artikel gelesen hatte. »Die Mafia ist hinter Gittern, und die Banditen sind in die Mittelschicht aufgestiegen.« Darüber konnte ich nicht lachen. Ich fühle mich immer noch nicht wirklich entspannt, was die Sicherheit betrifft.

Diese allgemeine Angst rührt zum Teil aus einem Sprachproblem. Wir alle sprechen Englisch, aber es ist nicht das gleiche Englisch. Es gibt bestimmte Vokale, die wir Australier für einen New Yorker völlig unverständlich aussprechen. Am schlimmsten ist es bei ›a‹ und ›ei‹.

»Können Sie mir sagen, wo der Reis ist?« fragte ich im Supermarkt einen Mann, der die Regale auffüllte.

»Wo was ist?« sagte er.

»Reis«, sagte ich.

»Was?« sagte er.

»Reis«, sagte ich.

Er sah völlig verwirrt aus. Ich versuchte einige andere Formen der Aussprache. »Rais, Rees, Rois«. Es funktionierte nicht. Er rief einen Kollegen herbei.

»Was wollen Sie?« schrie mich der andere Mann an.

»Reis«, sagte ich.

»Öl?« sagte er. »Olivenöl?«

Ich versuchte, Reis zu beschreiben. Das ist gar nicht so einfach. Besonders, wenn man jedes ›ei‹ und ›a‹ vermeiden möchte. »Es sind kleine Körner«, brachte mich auch nicht weiter. Schließlich ließ ich die beiden Männer stehen, die nur die Köpfe schüttelten.

Es geht auch um die Art der Formulierungen. »Könnten Sie bitte an der nächsten Ampel nach links fahren?« sagte ich zu einem Taxifahrer. Zu spät. Für »könnten Sie bitte« ist in New York keine Zeit. Was »an der nächsten Ampel nach links« betrifft, hatte er die Kreuzung bereits verlassen und fuhr in die falsche Richtung, als ich bei »links« angekommen war. »Links abbiegen«, rufe ich inzwischen.

In New York verstehen sich Koreaner, Indianer, Jamaikaner, Amerikaner, Israelis, Europäer und Afrikaner allesamt untereinander. Nur uns verstehen sie nicht.

Mein Vater, der ein Jahr nach uns nach New York kam

und vier Jahre hier blieb, wurde von jedem verstanden. Sein schwerer polnischer Akzent, der ihm in Australien jahrelang eine Bürde gewesen war, funktionierte in New York hervorragend.

»Wo ist die Blinker Street?« fragte er einen Passanten auf der Straße. Ich wollte ihn korrigieren, aber der Mann wies ihm bereits die Richtung zur Bleeker Street.

Als er in der U-Bahn einmal Zeuge einer Auseinandersetzung wurde, sagte er: »Zieh' dein Hemd nicht aus«, und alles beruhigte sich wieder. Ich fragte ihn, wer sein Hemd nicht ausziehen sollte, als er mir die Geschichte erzählte, und er sah mich verächtlich an. »Es ist ein Sprichwort, was wir in Australien haben«, sagte er.

Drei Tage später kam ich darauf. »›Mach' dir nicht ins Hemd‹, hat mein Vater zu den Kerlen in der U-Bahn gesagt«, sagte ich zu meinem Mann. »Das müssen wir uns merken«, sagte mein Mann.

Es gab viele Gründe, warum mein Vater sich in New York zu Hause fühlte. Das Tempo, das Leben auf den Straßen, die Cops mit ihren Revolvern im Halfter, all das kannte er. Sein ganzes Leben lang hat er fast die ganze Zeit, in der er nicht arbeitete, über Cops und Verbrechen gelesen. Er hat *Tausende* von Kriminalromanen gelesen.

Die Bücher, die mein Vater las, hatten blutrünstige Titel und noch schlimmere Titelbilder. Er lieh sie sich im halben Dutzend von verschiedenen Leihbüchereien aus. Die Kriminalschriftstellerin Sue Grafton wußte, welchen Zweck diese Bücher für meinen Vater erfüllten. »In Kriminalromanen«, sagte sie mir, »ist die ganze Gefahr enthalten.«

Und da verstand ich es. Er konnte seine ganze Angst und all sein Entsetzen ziemlich gefahrlos empfinden, sie waren auf Buchseiten eingefangen, und die Bücher hatten Titel wie *Die letzte Kugel*, *Blutsauger*, *Nachtmörder* oder *Ein Fremder im Spiegel*.

»Die haben mir das Leben gerettet«, hat er oft zu mir gesagt. Und ich wußte, was er meinte. Die Bücher führten ihn weg aus seiner eigenen Welt, in der er ständig versuchte, irgend etwas zu vergessen. Die Dinge, die er vergessen mußte, waren entsetzlich. Wie meine Mutter hatte auch mein Vater seine Mutter und seinen Vater, seine Brüder und Schwestern und fast alle Verwandten verloren. Sie wurden von den Nazis ermordet. Und wie meine Mutter war mein Vater in Auschwitz, bevor er in ein Arbeitslager kam. Als er befreit wurde, wog er hundert Pfund und hatte Flüssigkeit im Gehirn. Es gab vieles, das er vergessen mußte.

»Wenn ich sie lese, empfinde ich alles hautnah mit. Dann lebe ich in dem Buch«, sagte er zu mir. In den Büchern konnte er seine Alpträume ausleben. Viel besser als in seinem Kopf.

Es half mir, gelassener zu werden, als ich sah, wie wohl sich mein Vater in New York fühlte. Nach und nach, in kleinen Dosen, und oft, ohne daß es mir auffiel, oder sogar gegen meinen Willen, ging New York mir unter die Haut. Meine Beziehung zu dieser Stadt wurde so intensiv und so flüchtig, wie es eine Liebesbeziehung nur sein kann.

New York strotzt vor Menschen. Die Stadt ist in Menschheit getaucht. Jede Geschäftstheke, jede Halteschlaufe in der U-Bahn, jeder Türgriff und jeder Fahrstuhlknopf wird tägliche hunderte, wenn nicht tausende Male berührt. Jeder Zentimeter Straße wird begangen oder befahren. Und in jedem Quadratzentimeter Raum ist Leben. In jeder Sekunde des Tages geschieht irgend etwas. Es wird geboren, gestorben und geheiratet. Es gibt riesige Fehlschläge und enorme Leistungen. Es gibt ungeheuren Reichtum und schreckliche Armut, und es gibt die Auswirkungen und Folgen von beiden. Es gibt Leidenschaften und Haß, Tragödien und Triumphe. Alles geschieht in voller Lautstärke und meistens direkt vor deinen Augen.

Die New Yorker sind unentrinnbar und auf intimste Weise mit ihrer Stadt verbunden. Sie schnauzen sie an, sie schreien, sie überhäufen sie mit Vorwürfen, mit Klagen und Schelte. Und dann schmelzen sie. Sie umarmen die Stadt, sie streicheln die Stadt, sie lieben die Stadt. Sie sprechen mit großem Stolz von ihr, als ob sie ihnen gehörte. Die Präsenz der Stadt ist allgegenwärtig und intensiv, und sie gehört uns allen, die wir hier leben.

Der Lärm verstärkt das Gefühl von Chaos. Das Geräusch der Autohupen und der Sirenen von Polizei und Krankenwagen ist omnipräsent. Und dann sind da noch die Straßenarbeiten. Die Straßen werden ständig repariert. Sie sollten eigentlich glatt wie Marmor sein. Frühmorgens und spätabends brechen Preßlufthämmer den Asphalt von Straßen und Gehsteigen auf. Nach wochenlangen Arbeiten kommen Lastwagen und gießen neuen Teer aus, der über die alten Oberflächen gezogen wird. Sekunden später sind neue Schlaglöcher da.

Es sind Arbeitsteams unterwegs, die Wasserohre, Kabel, Gas- und Ölleitungen verlegen oder instand setzen. Diese Stadt ist ständig damit beschäftigt, sich zu reparieren und zu wachsen. In ganz Manhattan wird neu gebaut und renoviert.

Außerdem wird geliefert: Backsteine und Bauholz und Zement und Maschinen; Klimaanlagen und Wassertürme und große Klaviere. Zur Hauptgeschäftszeit wie vor dem Morgengrauen werden Dinge in den sechsten Stock ohne Lift geliefert, und ganz hinauf in die Penthäuser der Wolkenkratzer. Die Stadt bekommt niemals einen Schönheitsschlaf, und die Müdigkeit sieht man ihren Bewohnern an.

Mutter Natur trägt zur Unlenkbarkeit New Yorks bei. Das Wetter ist unberechenbar und extrem. Der Frühling und der Herbst huschen vorüber. Manchmal sieht man sie, dann wieder nicht. Der Winter ist endlos und der Sommer unerträglich.

Der letzte Winter war der längste, seit es Wetteraufzeichnungen gibt. In den Psychiatrieabteilungen der Krankenhäuser warteten lange Schlangen depressiver Menschen. Ich sehnte den Sommer herbei. Ich betete um Sommer. Als er kam, war er schrecklich. Ich hatte die gewinnende Kombination aus hohen Temperaturen, hoher Luftfeuchtigkeit mit Auspuffgasen und Ausdünstungen von Klimaanlagen und Hochhäusern vergessen. Ich hatte vergessen, wie dick die Luft wird, daß man kaum atmen kann, selbst früh am Morgen nicht. Ich hatte vergessen, wie nervenaufreibend das ist. Jeder sieht feucht und schlaff aus. Wenn man jemanden küßt, klebt man an ihm. Wenn man verliebt ist, mag das in Ordnung sein, nicht aber, wenn man auf der Straße Bekannte begrüßt.

Bei all diesem Durcheinander und mit all diesen Widersprüchen möchte man meinen, daß die Stadt nicht funktionieren kann. Aber sie tut es. Alles funktioniert mit erstaunlicher und erfreulicher Effizienz.

In New York kann man alles unternehmen. Von allem ist das Beste verfügbar: Theater, Oper, Kunst, Museen, Tänzer, Sänger, Schauspieler. Es kann einem passieren, daß man zwei Meter entfernt von Schriftstellern wie Philip Roth oder Seamus Heaney sitzt, einem Musiker wie Wynton Marsalis, von Luciano Pavarotti oder fast jedem, den man jemals bewundert hat.

Letztes Jahr war ich im Y in der 92. Straße, wo die Schauspielerin Roseanne Barr einen Vortrag hielt. Das Y ist ein kommunales Zentrum für Kultur und Bildung. Es werden dort Vorträge, Konzerte, Filme, Diskussionsforen und Kurse geboten, und es gibt einen Fitneßclub. Zu Roseanne Barrs Vortrag war ein gemischtes Publikum sehr zahlreich erschienen. Sie kam auf die Bühne, langsam und allein. Ich war erstaunt, wie menschlich sie aussah. Sie war rot im Gesicht und hatte Flecken auf ihren nackten Beinen.

Sie sprach über zwei Stunden. Sie sprach über Frauen und Feminismus auf eine viel kraftvollere Weise als alle Feministinnen, die ich je gehört hatte. Sie sprach mit so brutaler Ehrlichkeit über ihre Vergangenheit, daß ich nervös zu werden begann. Ihre Verletzungen und ihr Kampf schienen in so vielem mein eigenes Leben widerzuspiegeln. Vielleicht traf das auf viele Leute im Publikum zu.

Während sie sprach, hätte man eine Stecknadel fallen hören können. Später beantwortete sie Fragen aus dem Publikum mit ihrem wunderbaren und außerordentlichen Humor, der offensichtlich nicht auf Drehbuchautoren angewiesen ist. Es war ein so intimer Abend.

Diese Art von Intimität gehört zu dem, was einzigartig ist an New York. In einer schnellen und frenetischen Stadt geht man nicht davon aus, daß es ruhige, unspektakuläre Momente gibt, die man miteinander erleben kann, oder daß man seine Reflexionen und Erfahrungen mit anderen Menschen teilen kann. Aber das New Yorker Publikum ist sehr aufmerksam, informiert und dankbar, und die Leute auf der Bühne wissen das.

Man kann alle Veranstaltungen pünktlich erreichen. Irgendwie löst sich der Stau auf, die U-Bahn kommt doch, und der Bus fährt auch. Verspätungen sind selten. Selbst bei schlimmstem Wetter. Die Stadt funktioniert, allen Erwartungen zum Trotz.

Diese Effizienz liegt zum Teil an einem außerordentlichen Kommunikationssystem. Es wird laufend über alles informiert: minütliche Berichte über Straßen, Busse, Bahnen, Brücken und Tunnels; kulturelle Informationen über Konzerte, Lesungen, Straßenausstellungen und Vernissagen. Der Wetterbericht sagt einem, wie das Wetter in den nächsten paar Stunden und wie den Rest der Woche sein wird. Man erhält Parkinformationen und Feiertagsinformationen. An jedem Feiertag werden die Dienste der Gesundheitseinrichtungen bekannt gegeben und welche Banken und Postämter geöffnet haben.

Im Winter erfährt man genau, wieviele Zentimeter Schnee fallen werden und bereits gefallen sind, und um welche Uhrzeit welche Straßen geräumt sein werden. Wenn es sehr heiß ist, bereitet die Stadt ihre Bewohner auf Hitze-Notmaßnahmen vor.

Auch unter den New Yorkern selbst gibt es ein funktionierendes Nachrichtensystem. Jeder auf der Straße kennt den Wetterbericht von heute und die Vorschau auf die kommenden fünf Tage. Die Leute tauschen Informationen darüber aus, wo es Wohnungen gibt und Arbeit, wo man was am besten einkauft, wo man joggt, schwimmen geht, einen Parkplatz findet. Es ist eine höchst effiziente Nachrichtenbörse. Die New Yorker setzen ihren Ehrgeiz daran, in ihrer Stadt Bescheid zu wissen.

Wenn man keine Zeit hat, zum Ausverkauf oder sonstwo hinzugehen, läßt man sich die Dinge liefern. Man bekommt alles geliefert. Die nächste Mahlzeit, Unterwäsche, Vitamine, die Sachen aus der Reinigung, Medikamente, Make-up, Büromaterial, Möbel. Man kann Lachs aus Alaska, Steak aus Ohio und Orangen aus Florida bestellen.

Alles wird sofort gebracht. In zwanzig Minuten, in einer Stunde, in einem Tag. Das meiste kann über Nacht geliefert werden, nichts braucht länger als eine Woche.

Man kann sich Haustiere, Kinder oder die alten Eltern abholen und liefern lassen. Eine der Schulfreundinnen meiner jüngeren Tochter wurde von ihrem alleinerziehenden Vater, einem Handy und einer Leihwagenfirma großgezogen. Ihr Vater buchte die Limousinen, die sie absetzten, abholten und herumfuhren. Und er rief sie fast stündlich auf ihrem Handy an.

Gleichzeitig findet sich in dieser vor Menschen berstenden Metropole eine erstaunlich leichte und fließende Art der Beweglichkeit. Es ist so einfach, Kontakte zu pflegen. Man trifft sich immer außer Haus. Das heißt, kein Mensch muß für Besucher die Wohnung aufräumen. Man braucht weder die alte Zahnbürste zu verstecken noch die Zahnpastatube aufzurollen.

Allerdings freuen sich die Leute sehr, wenn man sie zu sich nach Hause einlädt. New Yorker brennen darauf zu sehen, wie andere New Yorker leben. Diese Neugier kennt keine sozioökonomischen Grenzen. Die Wohnung eines anderen ist eine Quelle endloser Faszination für jeden New Yorker. Die Eingangshalle des Hauses, in dem jemand anders wohnt, seine Diele, der Fahrstuhl, den er benutzt, der Blick aus seinem Fenster und der Platz, der ihm zur Verfügung steht – all das sind Dinge, die New Yorker sehen möchten. Das Interesse beschränkt sich nicht darauf, einen Vergleich mit der eigenen Wohnung und ihrem Wert anzustellen. Es kommt auch aus dem unaufhörlichen Streben danach, die Stadt zu kennen, zu wissen, was es alles gibt, informiert zu sein.

Man muß am Ball bleiben. Die Stadt ist schwierig und schnell, und man muß flink sein. Sie zwingt einen dazu, sich manches über sich selbst einzugestehen, das man vielleicht lieber ignorieren würde. Angesichts der untereinander konkurrierenden New Yorker mußte ich erkennen, wie groß mein eigenes Konkurrenzdenken ist. Hier kann man schwerlich ein selbstgenügsames Leben führen. Es herrscht eine solche Aktivität, daß man gezwungen ist, das eigene Handeln und die eigenen Ziele in Frage zu stellen.

Ich bin viel härter, als ich es früher war. Die schrecklichen Dinge, die man von Leuten im Verlagswesen zu hören bekommen kann, schüchtern mich nicht mehr ein. Ich habe mit Literaturagenten und Lektoren gesprochen, die mir das

Gefühl gaben, eine Vertreterin für gebrauchte Teppiche zu sein. Und wir reden hier vom Verlagswesen. Einem Geschäftszweig, der angeblich mit den sensibleren Aspekten des Lebens befaßt ist.

Allerdings habe ich auch meine Vorbehalte gegenüber dem hymnischen Lob, das die New Yorker gern austeilen. Ein New Yorker äußert sich nur in Extremen. Nach und nach werde ich selbst so. Ich bin immer noch langsam und höflich für New Yorker Begriffe, aber ich spreche und gehe bereits schneller. Ich verziehe das Gesicht, wenn Touristen mitten auf dem Gehsteig stehenbleiben, und letzte Woche schnappte ich mir ein Taxi, das jemand anders herbeigewunken hatte. Allerdings nahm ich mir beim Einsteigen noch die Zeit, mich kurz dafür zu schämen.

In New York sind die Leute ebenso hemmungslos ehrgeizig wie menschlich. Sie sprechen ganz offen darüber, was sie sind und was sie sein möchten. Genauer gesagt, ist New York ein Ort, an den man aus dem Alten kommt und sich dann als das Neue definiert. Man findet hier außergewöhnliche soziale Akzeptanz, kulturelle Toleranz und politische Freiheit. Es ist diese Kombination aus Kultur, Geld und sozialer Mobilität, die es den Menschen ermöglicht, ihr Potential auszuschöpfen. Jedem wird Mut gemacht.

Ich bin nicht mutig genug, um Auto zu fahren. Das wilde Gestikulieren und Ausweichen, das den New Yorker Autofahrern im Blut liegt, macht mir angst. Ich brauche Ordnung im Verkehr. Trennlinien und Fahrspuren.

Früher bin ich sehr gern Auto gefahren. Ich fing damit an, als ich fünfzehn war. Mein Vater ließ mir manchmal die Schlüssel zu seinem pinkfarbenen Pontiac im Handschuhfach liegen. Nach der Schule ging ich zum Ende der Flinders Street, wo er das Auto geparkt hatte, und fuhr in meiner grün und beige karierten Uni-High-School-Uniform nach Hause.

Eines morgens fuhr ich in die Schule. Es war 7 Uhr 35. Wir waren gerade in die Storey Street in Parkville eingebogen. »Oij a broch«, sagte mein Vater. Sinngemäß übersetzt ist das der jiddische Ausdruck für »oh Scheiße«. Wörtlich heißt es »oh, ein Unglück«. Ein Polizist winkte uns an die Seite.

Ich hielt an. Mein Vater sprang aus dem Wagen. »Bleib da«, sagte er zu mir. Er lief auf den Polizisten zu. »Es tut mir leid, Officer«, sagte er. »Ich weiß, daß sie noch keine achtzehn ist. Sie ist fast achtzehn.«

Ich versuchte, meinem Alter mit Hilfe einiger Zentimeter ein paar Jahre hinzuzufügen. Obwohl ich bereits recht groß war, setzte ich mich kerzengerade hin.

»Es tut mir leid, Officer«, sagte mein Vater noch einmal. »Ich habe das Auto bis zu der Swanston Street gefahren, als mich plötzlich überkam ein furchtbarer Schmerz hier.« Er verzog das Gesicht und deutete auf seinen Bauch.

»Oij Cholera«, sagte er zu dem Polizisten (eine stärkere Version von »oh Scheiße«, wörtlich »oh Cholera«), »es war schockierend. Ich habe gestern abend eine Chulent gegessen. Vielleicht wissen Sie nicht, was das ist, eine Chulent? Das sind Bohnen und Fleisch und Kartoffeln und Fett und Fülle, und Kischke. Wissen Sie, was Kischke ist?« sagte er und zeigte in Richtung Darm.

Ich sah zu ihnen hin. Dem Polizisten stand der Mund offen. Er starrte meinen Vater an, der immer noch mit dem Finger auf seinen Bauch einstach.

»Es schmeckt sehr gut«, sagte mein Vater. »Und da ist das Problem. Ich esse immer zuviel davon. Meine Frau sagte: ›Moniek, iß nicht soviel Chulent‹; aber ich bin ein gefräßiges Schwein, Officer. Meine Frau sagte: ›Moniek, morgen früh wirst du dich nicht gut fühlen‹, und sie hatte recht, wie immer.

Ich fühle mich nicht gut. Was soll man machen, Officer, wenn man ein Auto fährt und sich schockierend fühlt? In der Swanston Street, am Morgen, kann man nicht parken. In der Elizabeth Street kann man nicht parken. Ich habe das Auto angehalten und zu meiner Tochter gesagt: ›Es tut mir leid, Liebling, aber du wirst zur Schule fahren müssen, und ich lasse das Auto in der Storey Street, wo ich den ganzen Tag parken kann.‹«

Der Polizist, ein junger, rothaariger Australier mit blasser Haut, sah verwirrt aus. Ganz offensichtlich hatte er Schwierigkeiten mit den kulinarischen Details. Die Zutaten für das Chulent waren zuviel für ihn gewesen. Besonders als mein Vater in seinem Eifer, ihm Kischke zu erklären, auf seinen Unterleib gezeigt hatte. Ich wußte, daß er ihm Innereien hatte erklären wollen.

Mein Vater erkannte die Verwirrtheit des Polizisten. Er packte die Gelegenheit am Schopf, um seinen Fall zu untermauern. »Officer«, sagte er, »wenn Sie mir von der Swanston Street gefolgt sind, müssen Sie zugeben, daß meine Tochter ohne Zweifel gut fährt. Ohne Zweifel.« Mein Vater betonte das Wort Zweifel immer auf der zweiten Silbe.

Der Polizist sah verdattert zu mir hinüber. »Ohne Zweifel«, sagte er und ahmte die Betonung auf der zweiten Silbe nach. Ich war der Ansicht, daß der Polizist sich im Schockzustand befand und mein Vater wußte, daß er den Ball ins Tor gelenkt hatte.

»Officer, wenn Sie jemals ein Chulent versuchen wollen«, sagte er, »gehen Sie zu Scheherezade, in die Acland Street. Da ist es sehr gut. Aber essen Sie nicht zuviel.«

»Lassen Sie Ihre Tochter nicht mehr Auto fahren, bevor sie achtzehn ist«, sagte der Polizist.

»Oij a broch«, sagte mein Vater, als er wieder ins Auto stieg. »Nächstes Mal nimmst du die blöde Schulkappe ab. Und wieso hast du ihn nicht gesehen? Wenn er von der

Swanston Street weg hinter mir hergefahren ist, hättest du ihn sehen müssen.«

Mein Vater war immer schon ein Autoliebhaber. Er hat mir oft von dem Skoda Sportwagen erzählt, den er in Polen vor dem Krieg besaß. Als ich klein war, war das der einzige Aspekt seines Lebens in Polen, über den er reden konnte. Er konnte weder über seine Eltern und den Tod seiner gesamten Familie sprechen, noch über das Ghetto oder die Lager; aber über seinen Skoda, über den konnte er reden.

Es gelang ihm, in Melbourne einen Skoda Sportwagen aufzutreiben, und er kaufte ihn mir, als ich achtzehn war. Es war ein furchtbares Auto. Unmöglich zu fahren, ständig kaputt, aber mein Vater liebte es.

Seine wahre Liebe galt allerdings amerikanischen Autos. Großen amerikanischen Autos. Als er nach New York zog, kaufte er sich einen großen Buick, Baujahr 1982. Mir kam das Auto ein bißchen breit und unhandlich vor, aber mein Vater hing an ihm. Er erwarb einen amerikanischen Führerschein und fuhr in seinem Buick überall hin. Er fuhr auf der Brooklyn-Queens Schnellstraße, durch den Holland Tunnel, über den F.D.R. Drive, die Fifth, Sixth und Seventh Avenue hinauf. Er war so glücklich in seinem Buick.

In dem Jahr, bevor er nach Melbourne zurückkehrte, verbrachte er den Winter in Florida. Ich hätte wissen müssen, daß irgend etwas im Busch war. Wir hatten regelmäßig miteinander telefoniert, aber plötzlich rief er mich täglich an, aus Florida. Und dann fiel mir auf, daß er über Autos sprach und wie billig sie dort wären.

Zunächst war es eine allgemeine Unterhaltung, und dann begann er, über spezielle Autos zu reden. Und ich begriff nichts, bis es zu spät war.

»Ich habe einen sehr schönen Cadillac gesehen«, sagte mein Vater zu mir. »Er ist in bestem Zustand. Weißt du, was solch ein Wagen in Melbourne kosten würde? Tausende von Dollars. Vielleicht zwanzigtausend. Rate mal, wieviel er kostet.«

»Ich weiß es nicht«, sagte ich. »Wie alt ist er denn?«

»Baujahr 1986«, sagte mein Vater.

Es gehört nicht zu meinen Stärken, Autopreise zu schätzen. Ich nannte eine Zahl. »Sechstausend Dollar«, sagte ich. Mein Vater war begeistert.

»Versuch es noch einmal«, sagte er.

»Siebentausend«, sagte ich.

Er war außer sich vor Freude. »Eintausendachthundert!« rief er. »Eintausendachthundert für so ein schönes Auto. In perfektem Zustand.« Und plötzlich verstand ich.

»Dad, wir brauchen kein Auto«, sagte ich. »In Manhattan braucht kein Mensch ein Auto. Und wir können uns hier gar keines leisten. Die Miete für einen Autostellplatz ist fast genauso hoch wie die für eine Wohnung.«

»Du kannst es auf der Straße parken«, sagte er.

»Da würde es gestohlen werden«, sagte ich.

»Ich habe mein Auto in Queens zwei Wochen lang stehen lassen, und nichts ist passiert«, sagte mein Vater.

»In Manhattan wird alles gestohlen«, sagte ich.

»Du siehst immer nur die Kehrseite von allem«, sagte mein Vater. Ich wollte mich nicht weiter auf dieses Thema einlassen, also sagte ich, daß ich auflegen müsse.

Am nächsten Morgen rief er mich um sieben Uhr früh an.

»Ich kaufe Euch das Auto«, sagte er. Ich bedankte mich überschwenglich und erklärte ihm noch einmal, daß wir kein Auto bräuchten und uns in Manhattan auch gar keines leisten könnten.

»Der Wagen ist in perfektem Zustand«, sagte er. »Wie neu.«

»Du weißt nicht, ob er technisch in Ordnung ist«, sagte ich.

»Ich hab' ihn gefahren«, sagte er. »Das ging wunderbar.«

»Es tut mir leid, Dad«, sagte ich. »Aber so was können wir einfach nicht gebrauchen.«

Am gleichen Abend rief er wieder an. »Ich habe mit dem Mechaniker gesprochen«, sagte er. »Er hat mir gesagt, daß er den Besitzer kennt. Ein alter Jude, der nicht mehr Auto fahren kann.« Ich fragte mich, wie alt dieser alte Jude wohl sein mochte. Damals war mein Vater neunundsiebzig.

»Wie dem auch sei«, sagte mein Vater. »Ich habe den Wagen bei mir zu Hause. Der Mechaniker sagte, ich könnte ihn einen Tag probefahren. Er vertraut mir.«

Ich sah ein Problem auf mich zukommen und versuchte eine Vollbremsung. »Dad«, sagte ich, »ich kann in Manhattan unmöglich fahren.«

»Was redest du denn da?« sagte er. »Du bist eine hervorragende Autofahrerin.«

»Ich war es«, sagte ich.

»Blödsinn«, sagte er. Ich wußte nicht, was ich tun sollte.

»Ich möchte, daß du dieses Auto hast, weil ich weiß, wie gut es dir gefallen würde«, sagte er, wobei ihm, was sehr ungewöhnlich ist, fast die Stimme versagte.

»Es geht nicht, Dad«, sagte ich. »Es tut mir leid.« Er war besorgniserregend ruhig.

»Okay«, sagte er. Er klang tieftraurig.

Ich versuchte, wieder zu arbeiten. Ich konnte mich nicht konzentrieren. Ich sprach mit meinem Mann. Ich rief meinen Vater an. »Wir nehmen das Auto«, sagte ich.

»Oij, das ist eine gute Nachricht«, sagte er. Sofort war er wieder bester Stimmung. »Ich bin sehr froh«, sagte er. »Und du wirst ganz glücklich sein.«

Am folgenden Tag rief er an. Er klang ganz aufgeregt. »Was glaubst du, was ich in meiner Tasche habe?« sagte er, ohne meine Antwort abzuwarten. »Autoschlüssel. Ich habe die Autoschlüssel.«

Mein Vater ließ den knallroten Cadillac, Baujahr 1986, mit kastanienbraunem Dach und kastanienbraunen Sitzen von Florida nach New York liefern. Wir suchten verzweifelt nach einem günstigen Abstellplatz. Der billigste, den wir finden konnten, befand sich auf einer Rampe am Hudson River. Das Auto würde zwar frieren, aber einen wunderbaren Blick auf den Fluß haben. Diesen Ausblick genoß es zwei Jahre lang.

Einmal, ganz zu Anfang, machte ich mit ihm einen Ausflug. Ich tat das, weil mein Vater mich zehnmal gefragt hatte, ob ich den Wagen schon gefahren hätte. Vielleicht fragte er mich auch zwanzig- oder dreißigmal.

Ich fuhr das Auto von der Rampe und war schon fast bei der Einfahrt zum Westside Highway, als eine Anzeige aufleuchtete. CHECK stand da in Großbuchstaben.

Oh Scheiße, dachte ich. Check was? Ich sah mich um. Sonst leuchtete nichts auf. Ich las die Anzeige noch einmal. Es stand immer noch CHECK da. Check was? Das Öl, die Reifen, mein Haar, mein Make-up? Ich war bereits fix und fertig, bevor ich noch richtig auf der Straße war.

Bei der Ausfahrt des Parkplatzes stand ein Parkwächter, ein junger Mann. Ich fragte ihn, was das CHECK zu bedeuten hätte.

»Ich checke das, wenn Sie das Auto zurückbringen«, sagte er.

Ich fuhr den Westside Highway hinunter. Ich bog links ab in die Canal Street und dann wieder links in die Lafayette Street. Ich versuchte, nur Einbahnstraßen zu benutzen. Ich wollte mich nicht dadurch verwirren lassen, daß ich für meine Begriffe auf der falschen Straßenseite fuhr.

Ich hatte kein besonderes Ziel. Ich fuhr nur mit dem Auto. Ich kam zum Union Square. Kleine Gitterzeichnungen mit Pfeilen wiesen die Richtung, in die man abbiegen durfte. Ich begriff nichts. Auf gut Glück fuhr ich langsam nach links.

Nach zwei Sekunden hörte ich eine Trillerpfeife, und ein Verkehrspolizist winkte mich zur Seite. Ich erklärte ihm zehn Minuten lang, daß ich das Verkehrszeichen nicht verstünde, und weitere zehn Minuten, daß ich glaubte, mit einem australischen Führerschein fahren zu dürfen, obwohl ich in Amerika lebte.

Ich begann zu schwitzen. Ich hätte am liebsten losgeheult. Der Polizist war halb so alt wie ich. Schließlich hatte er Mitleid mit mir. Er trug mir auf, die Verkehrszeichen zu lernen und einen amerikanischen Führerschein zu erwerben. Ich schlich die First Avenue hinauf und parkte den Wagen vor Essa Bagels auf der 21. Straße.

Ich rief meinen Mann an. Ich sagte, wenn er mich und das Auto nicht abholen könnte, käme ich ohne das Auto nach Hause. Er versprach, zu Essa Bagels zu kommen.

Bei Essa Bagels auf der 21. Straße gibt es die besten Bagels von ganz New York. Man kann im Geschäft bei ihrer Zubereitung zusehen, und sie machen jeden Tag Tausende. Mohnbagels, Sesambagels, einfache Bagels, Zwiebelbagels, Knoblauchbagels, Rosinen- und Zimtbagels, Vollkornbagels.

Ich sehe so gern dabei zu, wenn die Bagels in kochendes Wasser getaucht und dann in den verschiedenen Gewürzzutaten gewälzt werden, bevor sie in den Backofen kommen. Es ist ein faszinierender Anblick.

Ich war gerade zehn Minuten bei Essa Bagels, als mein Herzschlag aussetzte. Wie sollte ich meinem Vater erklären, wie kläglich ich mich dem Polizisten gegenüber verhalten hatte? Mein Vater kam mit den New Yorker Polizisten bestens aus. Er kannte ihre Sprache. Es war die Sprache aus seinen Kriminalromanen. Da war die Rede von Weibern, von Nutten und von Blut. Als er einmal einem von ihnen auf der Fifth Avenue zurief: »Habt ihr heute ein paar Verbrecher geschnappt?«, wäre ich am liebsten im Boden versunken.

»Worauf du dich verlassen kannst, mein Freund«, antwortete der mit einem breiten Grinsen.

»Sehr gut«, sagte mein Vater.

»Danke. Schönen Tag noch«, sagte der Polizist zu meinem Vater.

Der Mann vor mir in der Reihe bei Essa Bagels bestellte ein Glas Cola und ein Glas mit Eiswürfeln. Ich bestellte einen Mohnbagel und eine Tasse Kaffee.

Ich setzte mich. Der Mann, der Cola und Eiswürfel bestellt hatte, saß zusammen mit einem weiteren Mann am Nebentisch. Die beiden Männer waren Anfang Sechzig. Sie trugen Anzüge – nicht die maßgeschneiderten, dunklen Anzüge der Wallstreet, sondern eher die taubengrauen von Versicherungsvertretern und Buchhaltern. Der Mann, der Cola und Eiswürfel bestellt hatte, sagte zu seinem Freund: »Zwei Objekte können nicht gleichzeitig denselben Raum einnehmen. Das habe ich vor langer Zeit gelernt. Warum sollte ich doppelt bezahlen?«

»Das stimmt nicht«, sagte sein Freund. »Du kannst eine halbe Tasse Alkohol in eine volle Tasse Wasser kippen, ohne daß das Wasser überläuft. Die Moleküle des Alkohols finden genügend Platz neben den Wassermolekülen. Das haben wir in der Schule gemacht, im Physikunterricht.«

Wie kann man eine halbe Tasse Alkohol in eine volle Tasse Wasser schütten? Mir scheint das unmöglich zu sein. Aber Physik ist nicht meine Stärke. Und dieser Mann macht den Eindruck, als ob er wüßte, wovon er spricht. Aber diesen Eindruck machen alle New Yorker. Ich beschließe ein kleines Experiment zu machen, sobald ich nach Hause komme.

Essa Bagels ist voll. Es herrscht dort immer viel Betrieb. Ich hole mein Notizbuch hervor. Ich schreibe oft, wenn ich allein in einem öffentlichen Lokal bin. Ich schreibe Notizen für Gedichte und Romane, ich schreibe Einkaufslisten und

Erledigungslisten. Ich will gerade eine Liste mit Zutaten für eine Frittata schreiben, die ich zubereiten will, als mir ein Mann auffällt, der gegen die Wand gelehnt sitzt. Er ist sehr dünn. Er ist hohlwangig, hat schwarzes, glattes Haar und bläulich-weiße Haut. Er trägt eine dunkle Sonnenbrille und hat Kopfhörer auf. Er blickt nervös um sich. Auf seinem Gesicht sind fünf oder sechs große, blutige, wunde Stellen, jede hat knapp zwei Zentimeter Durchmesser.

Sie sehen gräßlich aus. Ich sehe weg. Ich versuche, so zu sitzen, daß mein Blick in die andere Richtung geht. Ich versuche, mich auf meine Zutatenliste zu konzentrieren, aber der Gedanke an die Frittata ist nicht mehr so appetitanregend wie vorher.

Ich sehe zu dem Mann hinüber. Er kratzt mit Daumen und Zeigefinger in den Wunden herum. In einer nach der anderen. Er kratzt und kratzt. Seine Finger scheinen überhaupt nicht mehr luftholen zu wollen. Sie sind implantiert, eingegraben in die blutigen Öffnungen in seinem Fleisch. Seine Augen richten sich auf den Tisch. Manchmal blickt er auf.

Niemand nimmt von ihm Notiz. Ein paar schwarze und hispanische Schulmädchen unterhalten sich lebhaft an einem der Tische. Eines von ihnen lacht und flirtet mit dem Mann hinter der Theke. Sie sehen den hageren, schwarzhaarigen Mann gar nicht an, der gleich links von ihnen sitzt. Zwei jüdische Frauen um die Sechzig nehmen ihren Lunch ein. Sie versichern sich mehrmals gegenseitig, wie gut ihr Sandwich mit Thunfisch beziehungsweise Weißfisch schmeckt. Der Mann in der Ecke lenkt sie nicht ab und stört sie nicht. Sie nehmen ihn nicht zur Kenntnis.

Aber ich kann nicht aufhören, ihn anzusehen. Ich rutsche herum und verdrehe den Kopf; ich sinke in meinem Stuhl zusammen. All das in dem Bemühen, ihn aus meinem Blickwinkel zu verlieren. Aber jedesmal, wenn ich aufschaue, sehe ich, wie er in seiner Haut herumpuhlt. Mein Essa Bagel, auf den ich mich so gefreut hatte, schmeckt mir nicht mehr.

Ich möchte gehen. Aber ich versuche, reifer zu agieren, weniger als eine perfekte Umgebung zu verlangen, bevor ich zufrieden sein kann. Also bleibe ich und fühle mich miserabel. Ich muß ohnehin auf meinen Mann warten. In Manhattan werde ich mich nicht mehr hinter das Steuer eines Autos setzen.

»Diese Stadt macht mich wahnsinnig«, sage ich zu meinem Mann, als er kommt, um mich abzuholen.

Die Ecke Seventh Avenue und 12. Straße ist eine der windigsten Ecken New Yorks. Ich stand da und versuchte, ein Taxi herbeizuwinken. An dieser Ecke ist ein kalter Tag noch kälter. Ich lächelte vor mich hin. »Wie geht es Ihnen, junge Dame?« hatte der Portier im Haus einer Freundin mich gerade gefragt. In New York wird man in jedem Alter junge Dame genannt. Und Miss. Jeder nennt einen Miss. Entschuldigen Sie bitte, Miss, sagen die Leute. Ich fühle mich dann immer so jugendlich. »Miss, ich vermisse Sie«, sagte ein Obdachloser, an dem ich täglich bei meinem Lauf, den Hudson River entlang, vorbeikomme, unlängst zu mir.

Am anderen Ende der Seventh Avenue erspähte ich ein Taxi. Der Fahrer sah mich und fuhr langsamer. Ich überquerte die Seventh Avenue. Ich öffnete die Wagentür und wollte gerade in das Taxi einsteigen, als eine junge Frau, wutentbrannt und mit bebenden Nasenflügeln, um die andere Seite des Taxis herumschoß.

»Ich war zuerst hier!« schrie sie. »Sie wissen, daß ich zuerst hier war!« Ich war völlig sprachlos.

»Sie wissen es!« schrie sie. »Sie weiß, daß ich zuerst hier war!« brüllte sie den Taxifahrer an.

»Ich habe Sie überhaupt nicht gesehen«, sagte ich zu der jungen Frau.

»Sie haben mich gesehen!« schrie sie. »Und das wissen Sie. Sie haben mich gesehen.«

Sie versperrte mir den Weg, so daß ich nicht in das Taxi einsteigen konnte. Ich war immer noch völlig verblüfft. Die Frau sah aus wie eine ganz normale junge Frau Anfang Dreißig. Sie trug ein Kostüm und einen Aktenkoffer.

Sie zog am Türgriff des Taxis. »Das ist mein Taxi, und Sie wissen das!« schrie sie.

»Ich habe Sie nicht gesehen«, sagte ich.

»Sie lügen!« schrie sie.

»Sie lügt«, sagte sie zu dem Taxifahrer. Ich trat zurück, und sie sprang in das Taxi.

Ich stand wie betäubt an der Ecke. Was hatte sie bloß? Warum mußte sie so schreien? Mein Herz klopfte heftig. Mir war ein bißchen wacklig zumute. Es ist schon dumm, daß man so verunsichert wird, wenn einen ein völlig fremder Mensch anschreit. Ich fragte mich, warum ich so zittrig war. Wahrscheinlich fürchtete ich mich vor meiner eigenen Wut.

Im allgemeinen bekommt man schnell ein Taxi. Aus irgendeinem Grund waren heute morgen alle Taxis besetzt. Ich sah den Bus auf der Seventh Avenue kommen, also ging ich zur Bushaltestelle. Der Bus war sehr voll. Ich mußte stehen. Ich wollte, ich hätte auf das nächste Taxi gewartet. Ich mag volle Busse nicht. Ich werde klaustrophobisch. Ich sage mir, daß es nur eine kurze Fahrt bis zur Spring Street ist und daß ich nach so vielen Tausend Stunden in Analyse fähig sein sollte, einen vollen Bus zu ertragen.

Die Leute im Bus reden sehr laut. Ich begreife nicht, warum die New Yorker so laut sind. Zwei unterhalten sich über eine Theaterprobe. »Du warst sehr gut«, sagt die erste Frau.

»War ich das?« sagt ihre Freundin.

»Du hättest Schauspielerin werden können«, sagt Frau Nummer Eins.

»Ich habe versucht, mein Bestes zu geben«, sagt ihre Freundin.

»Du hast dein Bestes gegeben«, sagt die erste Frau.

Irgendwo in der Mitte des Busses beginnt ein Mann zu singen. Er hat eine laute, klare Stimme. Sie ist im ganzen Bus zu hören. »Jack and Jill went up the hill to fetch a pail of water, Jack fell down and broke his crown and Jill came tumbling after.«* Mir bleibt der Mund offen. Warum ist jeder in dieser Stadt verrückt? Ich bin schweißgebadet. Ich habe meinen Mantel nicht aufgeknöpft und auch mein Tuch nicht abgenommen. Und die Heizung in diesem Bus funktioniert besser als gut.

»Singen Sie das nochmal«, sagt eine Frau. »Das war schön.«

Der Mann fängt von neuem zu singen an. »Jack and Jill went up the hill ...«.

Ich habe es satt. Ich habe genug von dem Lärm und den Menschenmengen, ich habe die Verrückten satt, ich habe New York satt. In einigen Tagen werde ich für die Promotion eines meiner Bücher für zwei Wochen nach London fliegen. Ich bin so froh, wegzukommen. An der nächsten Haltestelle werde ich aussteigen und den Rest zu Fuß nach Hause gehen. In dem Moment ruft der Busfahrer die Houston Street aus. Er betont jede Silbe sorgfältig und wiederholt seine Ansage. Das muß ein besonders gewissenhafter Busfahrer sein, denke ich mir. Üblicherweise werden in den Bussen keine Haltestellen ausgerufen.

Dreiviertel der Fahrgäste stehen auf. Die Leute heben ihre Taschen und Rucksäcke auf, knöpfen ihre Mäntel zu und zie-

---

* *Kinderlied, vergleichbar mit »Hänschen klein, ging allein ...«*

hen Handschuhe an. Die meisten von ihnen bewegen sich langsam und vorsichtig. Ich sehe mich in dem Bus um. Es ist eine Gruppe geistig behinderter Menschen.

Ich schäme mich. Wie hatte ich nur so ungeduldig und intolerant sein können. »Ich hielt sie für eine übliche Busladung New Yorker«, sagte ich zu meinem Mann, als ich nach Hause kam. »Mir ist der Unterschied nicht aufgefallen.«

Als ich noch in Melbourne lebte, war ich überzeugt, daß London sehr schnellebig und raffiniert sei. Diesmal, von New York nach London kommend, stelle ich fest, wie entspannt und zivilisiert diese Stadt ist.

London ist so zivilisiert. So höflich. Und das gilt gleichermaßen für die Bevölkerung wie für öffentliche Hinweisschilder. Im Bus Nummer 94 findet sich ein Schild mit der Überschrift »Achtung Taschendiebe« und folgendem Text: *In letzter Zeit ist es in unseren Bussen wiederholt zu Taschendiebstählen gekommen. Mit Ihrer Hilfe können wir es Dieben so schwer wie möglich machen zu reüssieren und dafür sorgen, daß sich diese unerfreulichen Vorkommnisse nicht wiederholen.*

Auf einem anderen Schild steht: *Wir würden es vorziehen, daß Sie in diesem Bus weder essen noch trinken. Falls Sie es jedoch tun, nehmen Sie bitte Ihren Abfall mit nach Hause.*

Man kann das Tempo und die Seele einer Stadt an ihren öffentlichen Schildern messen. In London entschuldigt sich die Verwaltung auf ihren Schildern. Hinweise in den Parks lauten: *Wir bedauern. Skaten ist nicht gestattet.* Vergleichen Sie das mit New Yorker Anweisungen: *Parken verboten. Anhalten verboten. Spielen verboten.*

Ich begreife nicht, warum die Londoner Autofahrer ihre Hupe nicht benutzen. Die Abwesenheit dieses in New York omnipräsenten Geräuschs fiel mir sofort auf. In London scheinen ebenso viele Autos herumzufahren wie in New York. Und der Verkehr staut sich genauso. Aber es ist so still. Ich bin diese Stille nicht gewohnt. Wenn es still ist, frage ich mich, ob irgend etwas nicht stimmt.

Außerdem begreife ich nicht, warum alle Leute so ordentlich sind. Es erstaunt mich sehr. Über hundert Menschen befinden sich auf der Rolltreppe, die von der Camden Town U-Bahn-Station nach oben fährt. Ich bin auch dabei. Alle stehen rechts. Das erlaubt jenen, die die zweistöckige Rolltreppe zu Fuß hinaufgehen wollen, schneller voranzukommen. Niemand blockiert die linke Seite.

Ich berichte meinem Mann von den Schildern, den Warteschlangen und der Ordnung. Ich sprudele alles nur so heraus. Ich höre mir selbst beim Reden zu. Seit wann bin ich jemand, den Ordnung und Sauberkeit zu einer solchen Begeisterung hinreißen?

»Mir geht es um mehr als um höfliche Umgangsformen und polierte Ausdrucksweise«, sagt mein Mann kurz angebunden. Ich weiß, daß ihn meine unerwartete Liebesaffäre mit London stört. Ich versuche, meine Begeisterung zu zügeln.

Die Tauben in London kommen mir schöner vor. Weniger zerrupft und mit glänzenderen Federn als ihre New Yorker Gegenstücke. Diese Beobachtung behalte ich für mich.

Die Leute in London haben ganz gewöhnliche Hunde. Cockerspaniels, Terrier, Pudel. Schwarze Hunde, braune Hunde. Hunde, die wie Hunde aussehen. In New York sind Hunde ein Ausrüstungsgegenstand. Es gibt Hunde, die wie Wölfe aussehen, und Hunde, die wie Pferde aussehen. Es gibt Hunde, die wie Spinnen aussehen, und solche, die zu den Mänteln und Taschen ihrer Besitzer passen. Im Hyde Park beobachte ich zwei Cockerspaniels ihre Runden drehen. Londoner Hunde sehen weniger gestreßt aus als New Yorker Hunde, dessen bin ich mir ganz sicher.

An meinem letzten Tag in London will ich noch jede Minute genießen und gehe zum Lunch in ein portugiesisches Café in der Nähe von Camden Lock. Ich gehe auf die Toilette. Dort ist ein Fenster offen, und die kalte Luft schlägt mir entgegen. Es ist die kalte Luft Londons. Es ist nicht die Kälte von New York oder Melbourne. Es ist Londoner Kälte. Sie erinnert mich an andere kalte Tage in London.

Kalte Tage vor vielen Jahren, als ich zweiundzwanzig und mit meinem Sohn schwanger war. Er kam in London zur Welt. Ich war von seiner Ankunft überwältigt. Ich wußte nichts über Babys. Ich hatte ihn Tag und Nacht an meiner Seite. Wenn ich Zeit hatte, las ich in Dr. Spocks Standardwerken über Kindererziehung.

Als ich zum ersten Mal mit ihm die Wohnung verließ, war er sechs Wochen alt. Wir hatten einen Termin im Gesundheitszentrum. Ich machte ihn reisefertig. Ich zog ihn an und wickelte ihn in eine neue Decke, die seine Großmutter geschickt hatte. Ich trug ihn drei Stockwerke hinunter bis zum Erdgeschoß, wo der Kinderwagen stand. Als ich unten war, öffnete ich die Haustür. Es schien kalt zu sein. Ich machte mir Sorgen, ihn vielleicht nicht warm genug angezogen zu haben. Ich ging nochmal nach oben, setzte ihm eine weitere Mütze auf und wickelte ihn in eine zusätzliche Decke. Ich ging noch zweimal nach oben, einmal für Stiefel und einmal für Handschuhe, bevor ich mich sicher genug fühlte, mit ihm auf die Straße zu gehen. Zum Gesundheitszentrum war es ungefähr eine halbe Stunde zu Fuß.

Als die Schwester meinen Sohn aus allen Schichten herausgewickelt hatte, hielt sie ihn hoch. »Schau dir das an«, rief sie einer anderen Schwester zu. »Das ist der erste Fall von Hitzeausschlag in diesem Winter.« Manchmal glaube ich, daß mein Sohn hierin eine Metapher für vieles sieht, was danach kam.

Ich atme die kühle Luft ein, die durch das Fenster hereinströmt. Wie kann kalte Luft an unterschiedlichen Plätzen so verschieden riechen? Liegt es an den unterschiedlichen Komponenten der Landschaft? Oder an der Zusammensetzung der Erde, der Position der Planeten? Es gibt so vieles, was ich nicht weiß.

London fehlt mir, sobald ich abreise. Tagelang nach meiner Ankunft in New York rede ich mit jedem, der es hören will, über London. Mein Mann ist nicht erfreut darüber.

Es gibt einen Bettler, der seit sechs Jahren auf einer Straße in unserer Nähe steht. Jeden Tag hält er einem seinen Styroporbecher hin und wiederholt denselben Satz. »Das Schlüsselwort heißt bitte«, sagt er immer wieder. Er stürzt auf die Leute zu, wenn sie vorbeigehen oder aus einem Geschäft kommen. »Das Schlüsselwort heißt verpiß dich«, sagte ich zu ihm, als er mich eines Tages, kurz nachdem ich aus London zurück war, sehr erschreckte. Da wußte ich, daß ich mich wieder in New York akklimatisiert hatte.

Australier lieben New York oder hassen es. Mein Mann ist ein Australier, der ganz verrückt ist nach dieser Stadt. Er wuchs in Gymea Bay auf, damals eine arme Arbeitergegend südlich von Sydney. Seine Mutter war sechzehn, als sie ihn auf die Welt brachte, sein Vater war neunzehn und Analphabet. Die Familie lebte in einer kleinen Garage. Bis er zwölf war, ging mein Mann die vier Meilen zur Schule barfuß, hin und zurück. Sein Vater wollte, daß er Boxer werde, und seine Großmutter sah ihn, weil er geschickte Hände hatte, als Friseur.

In dieser trostlosen Stadt, inmitten dieser Gemeinde aus armen englischen Einwanderern, schlief mein Mann in einer Ecke der Garage und träumte von den Salons in New York. Er träumte von Dichterlesungen und Gesprächen über Kunst und Literatur. Ich weiß nicht, woher er überhaupt wußte, wo New York lag, geschweige denn, was in einem Salon vor sich ging. Er las chinesische und japanische Gedichte in Gymea Bay. Er las Christmas Humphreys *The History of Bhuddism*. Mit zehn las er eine Biographie über Leonardo da Vinci. Und er interessierte sich besonders für Bertrand Russell. Ich war im Melbourner Vorort Carlton und versuchte, mein Haar so hoch wie möglich zu toupieren.

Mein Mann hatte oft zu mir gesagt, daß er gern in New York leben würde. Ich hatte ihm nie richtig zugehört. Ich glaube, ich nickte und sagte oh ja, aber die Information ging beim einen Ohr hinein und zum anderen wieder heraus.

Das erste Mal sagte er es ein paar Tage, nachdem wir uns kennengelernt hatten, und dann, jahrelang, immer wieder. Aber ich hörte es nicht. Eines Tages hörte ich, was er sagte. Er sagte: »Ich würde so gern in New York leben.« Ich hörte es klar und deutlich. Und dann fielen mir all die Jahre ein, in denen er ganz ruhig gesagt hatte, »ich würde so gern in New York leben.« Ich konnte nicht glauben, wie lange es mir gelungen war, das auszublenden. Ich holte tief Luft. »Gibst du mir neun Monate, um meine Analyse abzubrechen und alles für die Kinder zu organisieren?« sagte ich. »Und dann gehen wir.« Und das taten wir auch.

Australier, die hier leben, sind oft gespalten und quälen sich mit Fragen. War es die richtige Entscheidung, Australien zu verlassen? Wie lange werden sie hierbleiben? Werden sie jemals zurückgehen? Was fehlt ihnen?

Vielleicht empfinden Australier, die in England leben, die Spaltung und den Schmerz weniger akut. England ist vertrauter. Außerdem versteht man sie dort. Sie brauchen ihren Wortschatz nicht zu ändern. Sie müssen nicht daran denken, Treppe statt Stiege zu sagen, Badezimmer statt Toilette, Jackett statt Sakko und Urlaub statt Ferien. Und sie müssen sich keine Formulierungen wie »Tornadoaktivität«, »Arbeitsfokussierung« oder »verlassen Sie die Maschine« anhören.

Wir Australier amüsieren uns, wenn wir Amerikanismen austauschen. Die Olympischen Spiele in Atlanta brachten die amerikanische Sprachkreativität an die Grenzen ihrer Möglichkeiten. Wir hörten Reportern zu, die aufgeregt von »medaillisieren«, »gewinnlos« und »am gewinnendsten« sprachen.

Wenn einer von uns in Australien war und nach New York zurückkommt, fragen die anderen Australier als erstes: Wie war es? War es wirklich schön? Sind wir verrückt, daß wir überhaupt hier leben?

Als ich von meiner letzten Reise nach Australien zurückkam, berichtete ich, daß ich ein Ehepaar getroffen hätte, das die meisten von uns kennen. Es waren Australier, die jahrelang in New York gelebt hatten und letztes Jahr wieder zurück nach Australien gegangen waren. Sie sahen beide sehr gut aus. Der Mann, ein Journalist von Mitte Vierzig, hatte sich in New York nicht wohlgefühlt. Man wußte nie, ob er verletzend oder freundlich sein würde. In Australien war er glücklich. Er trug einen sehr schönen Anzug, sein Gang war federnd und sein Auftreten ebenso.

Ich erzählte mehreren Leuten in New York davon. Sie nahmen diese Information schweigend auf. Sie freuten sich für ihn und seine Partnerin, aber was hatte es für sie selbst zu bedeuten? »Er hat mir erzählt, seine Spermienzahl sei gestiegen, seit er wieder in Australien ist«, sagte ich noch zu einigen Leuten, die ihn sehr gut kannten. Niemand lachte. Das war nur noch ein weiterer Grund, nachdenklich zu werden.

Die Australier hier können nicht genug über Australien hören. »Wen hast du noch gesehen?« fragte meine Freundin Rachel. »Wie war das Wetter?«

Der Hunger nach Neuigkeiten aus unserem Heimatland

erscheint seltsam deplaziert zu sein in unserem elektronisch ausstaffierten und vernetzten Zeitalter.

Außerdem gibt es natürlich noch die schnell und effizient arbeitende Nachrichtenbörse für alle Neuigkeiten aus Australien. Zwei Stunden, nachdem mein Flugzeug aus Melbourne gelandet war, kaufte ich in SoHo Lebensmittel ein. Ich traf zufällig eine australische Freundin. »Hast du Caroline gesehen?« fragte sie.

»Ja«, sagte ich. »Sie sieht sehr gut aus.«

»Hast du ihren neuen Freund kennengelernt?« sagte sie.

»Ja«, sagte ich, »er ist wirklich sehr nett.«

Dann hielt ich inne. Ich konnte nicht fassen, daß ich Carolines Freund mitten im Gemüse der Gourmet Garage diskutierte und noch nicht einmal vierundzwanzig Stunden vergangen waren, seit ich mit Caroline zu Abend gegessen hatte. Zwei Tage später erzählte mir eine andere Freundin, daß sie meinen Bericht über Carolines Freund bereits gehört hatte.

Zur Zeit verbringt meine ältere Tochter vier Wochen in Australien. Sie ruft an und sagt, wie wunderbar es ist. Ihre Freunde leben so gesund, erzählt sie. Jede Woche bekommen sie ihr biologisch angebautes Obst und Gemüse ins Haus geliefert. Eine Riesenkiste voll, sagt sie, für zwanzig Dollar. Sie erzählt, daß sie mit einer Freundin in Fitzroy über die Brunswick Street fuhr, als das Auto eine Panne hatte. Es war Hauptverkehrszeit. Hinter ihnen bildete sich ein kilometerlanger Stau. Kein Mensch hupte. Einige Leute fragten, ob sie ihnen helfen könnten, die Panne zu beheben. Das Leben ist so einfach hier, meinte sie.

»Und wie hast du dich dabei gefühlt?« fragte meine jüngere Tochter, als ich ihr von dem Gespräch mit ihrer Schwester berichtete.

»Ich wollte nach Hause«, sagte ich.

Und wo ist zu Hause? In den ersten zwei Jahren in New York weinte ich, wenn man mich fragte, ob ich hier lebe. Ich weinte vor völlig fremden Leuten, auf Dinnerpartys und wenn ich auf der Straße stand. Ich ertrug das Gefühl von Abschied und Trennung nicht. Wenn ich Tom Waits *Waltzing Matilda* singen hörte, brach ich in Tränen aus.

Ein Patriotismus, von dem ich nichts gewußt hatte, trat hervor und blieb. Alles, was australisch war, fehlte mir. Mir fehlte das Wetter, über das ich mich beschwert hatte, Torten, die ich nie gegessen hatte, fehlten mir und Leute, mit denen ich nie ein Wort gesprochen hatte. Ich war hoffnungslos.

»Ich will nach Hause«, sagte ich, immer wenn ich mich elend fühlte. Ich weiß nicht, wie mein Mann diese ersten beiden Jahre überstanden hat. Ich hatte nicht erwartet, daß es so schmerzhaft sein würde. Ich liebte Australien, aber ich hätte nie gedacht, daß es mir so schwerfallen würde, woanders zu leben. Aber es war so. Australien ist meine Heimat. Und es ist immer schwer, die Heimat zu verlassen.

Selbst mein Vater fühlte sich gezwungen, mit mir zu reden. Und er ist jemand, der kein Wort der Kritik an Australien duldet. Ein Mann, der immer dankbar dafür sein wird, daß er ein Haus und ein Leben in Freiheit bekam, als er davon ausging, daß er weder das eine noch das andere je haben würde.

Ein Mann, der nach seiner Doppelschicht in der Fabrik nach Hause kam und sagte: »Dieses Land ist das Paradies.« Bis ich sechs Jahre alt war, glaubte ich, daß wir im Paradies lebten.

Aber mein ständiges Jammern, daß ich nach Hause wollte, zwang meinen Vater dazu, beinah grob zu werden. »Hör' auf, so zu tun, als ob Australien perfekt wäre«, sagte er mehrmals zu mir. »In Australien gibt es keine so guten Hot Dogs«, sagte er. Er hatte recht.

Ich gab mir die größte Mühe, mich zusammenzureißen. Ich begann damit, indem ich Australien nicht mehr als Zuhause bezeichnete. »Ich fahre nach Australien«, sagte ich statt »Ich fahre nach Hause«. Allerdings versprach ich mich immer wieder. Ich versuchte, New York mein Zuhause zu nennen. Als ich es das erste Mal tat, jubelte ich. »ich fahre nach Hause«, sagte ich, und ich meinte nach Hause, nach New York.

Es ist nicht leicht, die Vorstellung von Zuhause zu ändern. Für mich ist Australien mein Zuhause. Und ganz gleich wie gern ich New York habe, ich bin mir nicht sicher, ob ich mich dort jemals wirklich *Zu Hause* fühlen werde.

Die meisten Australier verlieren dieses Gefühl der Zugehörigkeit zu Australien nie, ganz gleich, wie lange sie schon in New York leben. »Fährst du nach Hause?« fragen wir uns gegenseitig. Und wir wissen alle, von welchem Zuhause die Rede ist.

Ich habe aufgehört mit dem Versuch, von Australien nicht mehr als Zuhause zu sprechen. Es war ohnedies ein hoffnungsloses Unterfangen. Statt dessen habe ich sämtliche Strophen von *Waltzing Matilda* auswendig gelernt. Und das singe ich jetzt manchmal vor mich hin, wenn ich am Hudson River entlanglaufe.

5 Mein Körper

»DEIN KÖRPER MUSS DIR FREMD VORKOMMEN«, sagte mein Mann, der neben mir im Bett lag. Wir waren in einem Motel in Wainscott auf den Hamptons, wo die New Yorker den Sommer verbringen. Ich liebe Motels. Selbst jene, in denen man immer fremde Schamhaare auf der Bettdecke findet.

Es war ein Motel, wie es sich gehört. Man parkte sein Auto direkt vor der Zimmertür, drei Meter vom Bett entfernt. Es gab sogar eine Frühstücksdurchreiche. Zwischen sieben und elf Uhr morgens konnte man Orangensaft und Muffins bekommen.

Vom Bett aus konnte ich nach draußen sehen. Der Himmel war blau. Ein leichte Brise wehte. Es schien einer dieser Tage zu sein, an dem die ganze Welt in Ordnung ist.

Ich wußte, was mein Mann meinte. Er berührte meine Muskeln, meinen Quadrizeps. Vor zwei Jahren wußte ich nicht einmal, daß ich einen Quadrizeps habe. Heute kenne ich mich aus mit Deltamuskel, Gesäßmuskel und Muskelübersäuerung.

»Ich gewöhne mich daran«, sagte ich zu ihm. Aber manchmal bin ich immer noch erstaunt, wenn ich mitten in der Nacht meine Hüften, Arme oder Beine fühle. Ich komme mir wie jemand anders vor.

Ich habe Bizeps, Trizeps, Gesäßmuskeln, Sehnen und Bänder. Ich hatte sie auch vorher schon, aber ich habe sie nie bemerkt. Jetzt bemerkt man sie. Sie sind kräftiger geworden.

Das liegt daran, daß ich damit anfing, Gewichte zu heben. Daß ich Gewichte heben würde, war so unerwartet, unvorhersehbar und unwahrscheinlich, wie ein Ereignis nur sein kann. Es hätte mich weniger überrascht, wenn ich mich für ein Raketenforschungsprogramm gemeldet hätte.

Langsam gewöhne ich mich an meinen veränderten Körper. Er hat diese Veränderung gebraucht. Ich habe Jahre in Analyse verbracht, um andere Veränderungen herbeizuführen. Um meinen Kopf klarer zu bekommen und meine Gedanken neu zu ordnen. Die Analyse befreite mich, und ich konnte anfangen, mich um meinen Körper zu kümmern. Ich begann ordentlich zu essen. Ich begann zu joggen. Und ich begann Gewichte zu heben.

Das geschah nicht über Nacht. Es kostete mich Jahre, Jahrzehnte, mein halbes Leben. Viel laufen, ordentlich essen, sich um seinen Körper zu kümmern. Das klingt so einfach. Wenn es das nur wäre.

Ich war nie sportlich. Selbst als Kind tollte ich nicht herum, ich spielte weder Basketball noch Baseball. Niemand in unserer Familie tat das. Für uns war Sport etwas Seltsames, das die Australier tun. Ich rannte nicht, ich sprang nicht, ich spielte nicht Himmel und Hölle. Ich redete viel. Ich erfand Geschichten. Geschichten darüber, so arm zu sein, daß wir uns nicht mehr als eine Decke für die gesamte Familie leisten können. Die anderen Kinder in der Schule, die genauso arm waren wie wir, hörten immer mit großen Augen zu. Die meisten von ihnen hatten ihr eigenes Bettzeug.

Ich erfand Freunde und Verwandte. Das mußte ich auch: Mir mangelte es an beiden. Ich erfand Gespräche, Tragödien und Alltagsgeschichten. Ich erfand Krankheiten und Gebrechen. Wahrscheinlich hätten klügere Kinder meine Geschichten zerpflücken können, aber in der Volksschule Lee Street in Carlton waren sie eine sehr zugkräftige Nummer.

Ich war so sehr damit beschäftigt, Geschichten zu erfinden, daß ich anfing, die Wahrheit zu vergessen. Ich meldete mich zur Teilnahme am jährlichen Schulwettbewerb im Freestyle-Schwimmen für die Gruppe unter elf Jahren.

Am Tag des großen Ereignisses ging ich zum Beckenrand im Carltoner Schwimmbad. Der Startschuß ertönte. Alle Teilnehmer hechteten mit Kopfsprung ins Wasser. Ich nicht. Ich hielt mir die Nase zu und hüpfte hinein. Unter Wasser geriet ich in Panik. Wasser drang mir in die Nase, in die Ohren, in den Hals. Heather Rice, die beste Schwimmerin der Schule, mußte ins Wasser springen und mich herausholen. Ich hatte vergessen, daß ich nicht schwimmen konnte.

Einen Kopfsprung kann ich bis heute noch nicht, aber ich kann schwimmen. Und jetzt, wo ich körperlich in besserer Verfassung bin, fühle ich mich wohler dabei. Früher behielt ich bis zur letzten Minute mein Handtuch um und tauchte sofort unter, wenn ich ins Wasser kam. Ich versuchte, lässig zu blicken. Ich hielt mein Handtuch locker drapiert, als ob es eigentlich nicht notwendig wäre, als ob es mich nicht versteckte. Sobald ich aus dem Wasser kam, griff ich danach. Es ist schrecklich, wenn einen der eigene Körper so sehr in Verlegenheit bringt.

Ich habe mein Gewicht drastisch reduziert und meine Kräfte verdoppelt. Ich kann mich gar nicht an mein verändertes Aussehen gewöhnen. Ich denke immer, irgend etwas stimmt mit dem Spiegel nicht. »Das ist einer dieser Spiegel, die einen schlank erscheinen lassen«, sagte ich zu meinem Mann, als wir bei einem Freund übernachteten. Ich bat ihn, mein Spiegelbild und dann mich anzusehen. »Sehe ich so aus?« sagte ich. »Genau so siehst du aus«, sagte er. Ich glaubte ihm nicht.

Ich wußte, daß ich abgenommen hatte, aber dieser Gewichtsverlust schien so abstrakt. Striche und Zahlen auf einer Waage. Pfunde und halbe Pfunde. Ich betrachtete mich so selten, daß ich zwischen den schwindenden Pfunden und meiner Kleidergröße keine Verbindung herstellte. Nach und nach paßten mir meine Kleider nicht mehr. Ich trug sie weiter. Ich trug Kleider, die mir so viel zu groß waren, daß sie mir von den Schultern rutschten. Ich sah immer noch keinen Zusammenhang. »Ich weiß nicht, was die Reinigung mit diesem Kleid angestellt hat«, sagte ich zu meinem Mann.

Es war ein großer Tag, als ich die Wahrheit erkannte. So viel von mir war verschwunden. Ich verabschiedete mich von meiner Garderobe wie von einem toten Verwandten. Ich faltete alles liebevoll und sorgfältig zusammen. Ich verabschiedete mich von jedem Stück. Dann rief ich die Heilsarmee an.

Als das Auto der Heilsarmee kam, um die Sachen abzuholen, fühlte ich mich schrecklich. Als ob sie mich geholt hätten und nicht meine Kleider. Der Gedanke an die vielen großen, dicken Frauen, die jetzt irgendwo in New York sehr individuelle Kleider tragen konnten, stimmte mich wieder froh. Ich kaufte Leggings, Sportbüstenhalter, Trikots, Gymnastikanzüge.

Manchmal möchte ich weinen, wenn ich mich selbst im Spiegel betrachte. Ich kann gar nicht glauben, daß ich das sein soll. Nicht, daß ich so schön wäre. Viele Frauen würden weinen, wenn sie mein Gewicht hätten, und wenn ich mein Idealgewicht auf den Gewicht/Größe-Tabellen erreichen möchte, muß ich mich um einige Zentimeter größer machen. Aber ich fühle mich so viel wohler, glücklicher und freier.

Es ist wunderbar, körperlich stark zu sein. Ich kann meinen Mann, der nicht gerade klein ist, hochheben. Ich habe zwar nicht oft das drängende Bedürfnis, es zu tun, aber es beeindruckt mich, daß ich es tun kann. Und andere beeindruckt das auch. Einmal habe ich ihn auf einer Party hochgehoben, als ein junger befreundeter Filmproduzent nicht glaubte, daß ich es könnte. Mein Mann meinte, er würde es vorziehen, nicht als Partygag zu dienen, also habe ich es seither gelassen.

Wenn man stark ist, kann man besser einkaufen. Ich kann so viele Lebensmittel tragen. Ich kann Obst und Gemüse für eine Woche einkaufen und damit nach Hause gehen. Ich könnte sicher auch mehr Tüten und Päckchen von Bloomingdales und Bergdorf Goodman nach Hause tragen.

Muskeln zu haben ist herrlich. Ich kann die Kraft meines Körpers spüren. Ich spüre sie beim Gehen, beim Treppensteigen, bei der Liebe. Ich spüre sie, wenn ich einfach nur dasitze.

Unser Muskelabbau beginnt schon recht früh im Leben. Die Muskelmasse eines Dreißigjährigen ist geringer als die eines Zwanzigjährigen. Je mehr Muskeln man hat, desto mehr Energie wird verbrannt. Diese Energie ist der Grundumsatz. Ich scheine gar nichts umgesetzt zu haben.

Ein niedriger Grundumsatz führt zu einem höheren Fettanteil im Körper. Ein höherer Grundumsatz bedeutet, daß man mehr essen kann, ohne den Fettanteil zu erhöhen. Die einzige Möglichkeit, Muskelabbau zu verhindern, ist das Krafttraining. Also Gewichtheben. Krafttraining erhöht auch die Knochendichte, was besonders für Frauen nach der Menopause wichtig ist. Es gibt Studien, die besagen, daß es gut für Arthritis ist und dem Versteifen der Glieder und Sehnen entgegenwirkt, wenn wir älter werden.

Wenn man beim Krafttraining zusätzlich auf seine Diät achtet, baut man Fett ab und keine Muskeln. Man kann in jedem Alter mit dem Training beginnen. Mit dreißig, vierzig, fünfzig, sechzig, siebzig, achtzig oder sogar neunzig. Der Erfolg ist fast sofort sichtbar. Dieser Muskelaufbau nimmt nicht viel Zeit in Anspruch. Zweimal pro Woche fünfundvierzig Minuten genügen. Es gibt Untersuchungen, die davon ausgehen, daß auch einmal pro Woche schon hilft.

Ich trainiere dreimal in der Woche. Nicht, weil ich wie Arnold Schwarzenegger aussehen möchte (obwohl ich das mittlerweile für gar nicht so schlecht halte), sondern weil es mir Spaß macht. Die Konzentration und die Zielstrebigkeit machen mir Spaß. Und die Herausforderung. Ich stöhne gern. Die Töne, die aus mir herauskommen, klingen so primitiv. Ich war immer so höflich und wohlerzogen. Ich gehöre zu denen, die niemals in Gegenwart eines anderen rülpsen oder furzen würden. Wenn man zweihundert Pfund stemmt, denkt man nicht an Körperfunktionen, sondern nur daran, wie man das Gewicht vom Boden hochbringt. Man kann sich keine Gedanken darüber machen, daß einem der Schweiß übers Gesicht rinnt oder daß man Schweißflecken unter den Armen oder Brüsten hat. Ich mag es gern, unbekümmert zu schwitzen und ein rotes Gesicht zu haben.

Nach dem Gewichtheben fühle ich mich so wohl. Ich glaube, es hat eine antidepressive Wirkung, so wie Aerobic. Wenn ich aus meiner Trainingsstunde komme, bin ich voller Schwung.

Und wenn das Training vorbei ist, ist es vobei. Bis zur nächsten Stunde braucht man nichts zu tun. Anfangs hat mich das verunsichert. Als ob ich etwas versäumte, das ich eigentlich tun müßte. Vielleicht hatte das mit all den Jahren in Analyse zu tun, wo es ratsam ist, zwischen den Sitzungen wachsam zu bleiben und an sich zu arbeiten.

Ich begann auf fast schnoddrige Art, meine Analysesitzungen mit meinen Trainingsstunden zu vergleichen. Besonders an solchen Tagen, an denen ich völlig elend aus der Analyse kam. Das Gewichtheben war so unkompliziert. So geradeheraus. Und so viel leichter. Ich hatte den Eindruck, in der Stimme meiner Analytikerin eine leichte Verärgerung herauszuhören, als ich diesen Vergleich anstellte.

Ich weiß, daß ich ohne Analyse weder das Gewichtheben noch das Joggen angefangen hätte, aber eine Zeitlang war mir danach, alle Interpretationen und Introspektionen abzuschütteln. Ich wollte Boxen lernen, Klettern und Taekwondo.

Ich muß laufen, und ich muß Gewichte heben. Dieses Bedürfnis ist heute ebenso stark wie mein früheres Bedürfnis zu essen. Als ich begann, mich ständig hungrig zu fühlen, war ich noch sehr klein. Ich erinnere mich ganz genau daran: Ich wollte den Schokoladepudding eines anderen kleinen Mädchens haben, als ich im Kindergarten war. Wir bekamen diesen Pudding jeden Nachmittag. Ich aß meinen schnell. Sie aß ihren langsam. Sehr langsam. Wenn in meiner Schüssel absolut nichts mehr übrig war, war ihre noch fast voll.

Ich habe ein Foto von damals mit den Kindern aus dem Kindergarten. Ich starre das Mädchen an, das so langsam aß. Vielleicht wurde das Foto unmittelbar vor oder nach dem Schokoladepudding aufgenommen.

Das Essen hat in meinem Leben eine sehr komplizierte Rolle gespielt. Was soll ich essen. Was soll ich nicht essen. Wovon soll ich mehr essen. Wovon weniger. Wie bekomme ich mehr. Was mache ich, wenn ich weniger bekomme. Was werde ich gleich essen. Was habe ich gerade gegessen.

Was ich aß, war ein Thema, das auch meine Mutter sehr beschäftigte. Dauernd stopfte sie Essen in mich hinein. Gegrilltes Kotelett mit Salat, gegrilltes Huhn mit Salat, gegrillten

Fisch mit Salat. Sie achtete genau darauf, daß ich niemals Lattkes, Kartoffelkloiskes, Tscholent oder ein anderes kalorienreicheres jüdisches Gericht aß, das sie kochte.* Die Schokolade bewahrte sie in einem verschlossenen Safe und die Kekse in einem verschlossenen Schrank auf.

Meine Mutter wollte, daß ich schlank wäre. Das war das einzige, was sie wollte. Andere Mütter hatten andere Pläne für ihre Töchter. Meine Mutter träumte nicht davon, daß ich Ärztin oder Anwältin würde. Ihr Traum war eine schlanke Tochter. »Sie ist so schlank«, war das größte Lob, das meine Mutter über eine andere Frau aussprechen konnte. Groß und schlank war vielleicht noch ein bißchen besser. Schlankheit war das Hauptthema meiner Mutter. Ihre Schlankheit und meine fehlende Schlankheit.

Alle komplexen Probleme sind zweischneidig. Dieses war es auch. Denn einerseits wünschte sich meine schöne Mutter eine schlanke Tochter, andererseits wollte sie keine Konkurrenz.

Ich war hin- und hergerissen. Hin- und hergerissen zwischen dem Teil in mir, der ihr Freude bereiten wollte und begriff, daß ihre Schönheit zu den wenigen Dingen gehörte, die ihr nach dem Krieg noch geblieben waren, und jenem Teil, der wütend war und die Macht ausüben wollte, die ich bei dieser Schlacht um Bauch oder Nicht-Bauch über meine Mutter hatte. Ich habe nie darüber nachgedacht, was der Preis dafür sein würde.

»Du wirst nie einen Freund finden«, sagte meine Mutter zu mir, als ich dreizehn oder vierzehn war. »Jungs mögen keine dicken Mädchen.« Da hatte sie recht. Damals war ich

---

* *Lattkes: Kartoffelpuffer; Kartoffelkloiskes: kleine Mehlklößchen / Knödel;*
Tscholent: Sabbatspeisen, die schon am Freitag vorbereitet und auf 24 Stunden in den Ofen gesetzt werden, der dann mit Hilfe des tscholentbretl (Brettchen) hermetisch geschlossen wird

noch nicht dick, eher pummelig. Aber pummelig war dick genug, um als Freundin nicht in Frage zu kommen.

»Das ist jetzt deine letzte Chance abzunehmen, bevor du gar keinen mehr kriegst«, sagte meine Mutter. Es berührte mich nicht. Ich hatte keine Eile, einen Freund zu finden. Ich hatte viele Freunde erfunden, Jungs und Mädchen. Ich saß stundenlang in meinem Zimmer und dachte mir Dialoge mit den verschiedenen erfundenen Freunden und Freundinnen aus. Alle beteten mich an. Ich fand, daß ich sehr beliebt war. Ich verstand nicht, warum meine Mutter sich so aufregte.

Schließlich hatte ich einen richtigen Freund, und dann noch einen. Keinen von beiden schien meine Pummeligkeit zu stören. »Okay, nun hast du also einen Freund«, sagte meine Mutter, als ich siebzehn war, »aber er wird dich nicht heiraten. Jungs heiraten keine dicken Mädchen.« Gott sei Dank tat er das nicht. Er war bisexuell und untreu. Eine schlechte Kombination.

Meinen ersten Mann heiratete ich mit einundzwanzig. Da war ich schon viel dicker, und vermutlich störte ihn das. Aber in der allgemeinen Verwirrung, warum man so jung heiratet und was man denn mit seinem Leben überhaupt anfangen will, ging das Problem des Übergewichts unter. Nicht jedoch für meine Mutter.

»Nun bist du also verheiratet«, sagte sie, »aber du wirst nicht schwanger werden. Dicke Frauen haben große Probleme, schwanger zu werden. Liebala, nimm jetzt ab.«

Acht Monate nach der Hochzeit war ich schwanger. »Liebala«, sagte meine Mutter – sie nannte mich immer Liebala, wenn sie mir etwas Wichtiges mitzuteilen hatte, das sehr intim war –, »du bist schwanger, aber du könntest eine sehr schwere Geburt haben. Liebala, es ist nicht leicht für eine dicke Frau, ein Kind zu gebären. Bitte, jetzt ist die Zeit, abzunehmen.«

Jede Frau, die schwanger war, weiß, daß es sehr schwer ist, in dieser Zeit abzunehmen. Der Hunger wird größer, nicht kleiner. Man hat Heißhunger auf die seltsamsten Dinge.

Nachdem ich meinen Sohn auf die Welt gebracht hatte, sah ich versehentlich in den Spiegel, als ich nichts anhatte. Mein Bauch war kaum kleiner geworden, und meine Hüften waren gewaltig. Ich war wie erschlagen. Ich wußte nicht, wie das passiert sein könnte. Ich wußte, daß ich ein paar Lakritzenstangen zuviel gegessen hatte, aber ich hatte immer geglaubt, es wäre im Rahmen geblieben. Offensichtlich war es noch sehr weit, bis ich wieder im Rahmen sein würde.

Als meine Mutter mich nach achtzehn Monaten wiedersah (ich hatte seit Beginn der Schwangerschaft in London gelebt), nahm sie mich zur Seite. »Liebala, du hast einen wunderschönen Sohn«, sagte sie. »Er braucht seine Mutter. Du mußt für ihn leben. Dicke Menschen sterben jung.«

Die Nazis karikierten die Juden als klein und dick. Das alte Sprichwort, daß Scheiße kleben bleibt, wenn man zu lange mit ihr beworfen wird, bewahrheitete sich hier. Meine Mutter wollte keine kleine dicke Jüdin sein. Sie wollte nicht einmal jüdisch aussehen. Sie fand, daß es auch nicht so war. Sie fand, ihre dunklen Augen seien zu hell, um jüdisch auszusehen. Und sie färbte ihr Haar schon so lange, daß sie sich selbst für blond hielt.

Im Ghetto und in den Lagern hatte jeder Jude, der dick war, das Essen eines anderen gegessen, der dabei war zu verhungern. Meine Mutter konnte Gefräßigkeit nicht ausstehen. Wenn mein Vater zu schnell aß, nannte sie ihn ein gefräßiges Schwein. Wenn ich mit gutem Appetit aß, war ich ein Schweinchen. Wenn der Hund sein Fressen verschlang, war *er* ein gefräßiges Schwein.

Sie wußte, wie es war, wenn Menschen sich wie Schweine verhielten. Die Juden in den Ghettos und in den Lagern hungerten, waren krank und starben. Das brachte in manchen Menschen das Schlimmste hervor. Es gab Leute, die die Lebensmittelzuteilungen ihrer Kinder, ihrer Eltern stahlen. Manche hielten die Leichen von Verwandten versteckt, um mit deren Lebensmittelkarten ein wenig mehr zu essen zu haben.

Mein Vater sagte oft aus heiterem Himmel: »Freunde sind gut für gute Zeiten. Wenn die Zeiten schlecht werden, heißt's goodbye Charlie.« Goodbye Charlie war ein Ausspruch, den er liebte. Ich weiß nicht, woher er ihn hatte. Der Schock meines Vaters über die großen Probleme und kleinlichen Streitereien, über den Verrat, die Gier und die Mißstände, die es vom ersten Tag an im Ghetto gegeben hatte, hielt jahrzehntelang an.

Das ist natürlich einleuchtend. Die Juden im Ghetto befanden sich in einem Zustand des Entsetzens. Sie hatten ihre Häuser und ihre Besitztümer verlassen müssen. Viele kannten schon jetzt extreme Brutalität und Verlust. Warum hätte das bei irgend jemandem das Beste hervorkehren sollen?

Meine Eltern kannten die extremen Seiten menschlichen Verhaltens und wußten beide, wie verwirrend und unberechenbar dieses Verhalten sein konnte. In Stutthof, dem Konzentrationslager an der Ostsee in der Nähe von Danzig, gab es eine Lagerkommandantin, die an meiner Mutter Gefallen fand. Sie erinnere sie an eine Freundin, sagte sie.

Diese Frau wurde von allen gefürchtet. Sie hatte einen Schäferhund, den sie von der Leine ließ, wenn sie die Häftlingsreihen abschritt. »Zeig' uns, was du kannst«, sagte sie zu dem Hund. Der Hund sprang hoch und grub seine Zähne in den dünnen, welken Hals einer jüdischen Frau. Die Kommandantin lachte und tätschelte den Hund.

Diese Frau rettete das Leben meiner Mutter. Sie gab ihr einen dicken Wollmantel. Der Mantel bewahrte meine Mutter vor dem sicheren Tod, als sie, sterbend und an Typhus erkrankt, auf dem steinhart gefrorenen Boden von Stutthof lag. Eine Freundin, die gemeinsam mit meiner Mutter Auschwitz und Stutthof überlebte, hackte gefrorene Pfützen auf und fütterte meine fieberheiße Mutter mit dem Eis. Einige Wochen vorher hatte meine Mutter dieser Freundin Eisstücke gebracht, als sie an Typhus erkrankt war. Zwei Jahre später erwies sich das Entsetzliche, das sie durchgemacht hatte, als zuviel für die Freundin meiner Mutter. Sie sprang vom Dach eines Hauses und war auf der Stelle tot.

Gelegentlich gab die Kommandantin meiner Mutter ein paar Kartoffeln. Diese Kartoffeln teilte meine Mutter mit zwei anderen Frauen in ihrem Häftlingsblock, mit einer Mutter und deren Tochter. Sie hat mir oft erzählt, wie glücklich sie darüber war, daß es Mutter und Tochter waren. »Du kannst dir nicht vorstellen, wie ich mich über die beiden gefreut habe«, sagte sie. »Es war etwas ganz Besonderes. Damals gab es keine Mütter mit Töchtern und keine Töchter mit Müttern.«

Nach dem Krieg erzählten diese Mutter und ihre Tochter einem Freund meines Vaters die Geschichte von den Kartoffeln, die meine Mutter mit ihnen geteilt hatte. Für meine Mutter war es sehr wichtig, daß andere erfuhren, daß sie unter unmenschlichen Bedingungen menschlich geblieben war. Menschlich zu sein bedeutete, die Kontrolle über sich selbst zu behalten. In den Augen meiner Mutter hatten dicke Menschen die Kontrolle über sich selbst verloren.

Immer wenn meine Mutter mir einen ihrer Vorträge über das Abnehmen hielt, nahm sie mich zur Seite. Manchmal holte sie mich in ihr Schlafzimmer, manchmal kam sie in mein Zimmer, auf jeden Fall befanden wir uns an einem Ort, wo sie eine Tür hinter uns schließen konnte. Ich kam mir vor wie eingekesselt von all den Vorwürfen, die um mich herum einschlugen. Manchmal wurde ich von einem getroffen, und das tat dann noch stundenlang weh. Mein Kopf hämmerte. Manchmal bekam ich Magenkrämpfe. Gelegentlich gelang es mir, die Hiebe und Spitzen abzuwehren, und ich war nach der ganzen Lektion einfach nur erschöpft und entnervt.

Danach mußte ich immer etwas essen. Ich ging in den nächsten Laden und kaufte mir Schokoriegel, mit Kirsch- oder Pfefferminzcreme gefüllt, oder eine Schokowaffel. Das beruhigte mich jedesmal. Nach einer Weile, wenn ich keine so große Angst mehr hatte, traute ich mich wieder nach Hause.

Wovor hatte ich Angst? Ich wußte es nicht genau. Aber ich hatte eine allabendliche Routine, um alles Böse abzuwehren. Ich mußte die vier Ecken aller Türen der Einbauschränke in meinem Zimmer zweimal berühren, bevor ich einschlafen konnte.

Es gab drei große und zwei kleine Doppeltüren. Achtundvierzig Ecken, die ich zweimal berühren mußte. Manchmal war ich kurz vor dem Einschlafen und schreckte wieder hoch, weil ich mir nicht sicher war, ob ich jede Ecke auch wirklich berührt hatte. Ich mußte aufstehen und noch einmal von vorn anfangen.

Als ich dreizehn war, brachte meine Mutter mich zu einer Frauenärztin. Nachdem sie mich untersucht hatte, bat die Ärztin meine Mutter, das Zimmer zu verlassen. Sie stand auf. Sie war eine große Frau, und ich saß auf einem besonders niedrigen Stuhl. Sie sah streng auf mich herab und sagte mir, daß meine Periode aufhören würde, wenn ich nicht abnähme.

Die Bedeutung dessen, was sie sagte, war zu hoch für mich. Ich war ohnedies nicht darauf erpicht, eine Periode zu haben. So schlecht wäre es gar nicht, fand ich, wenn ich nie mehr in meinem Leben eine in eine Papiertüte eingewickelte Binde auf die Toilette mitzunehmen brauchte.

Meine Gefühle müssen sich in meinem Gesicht widergespiegelt haben, denn die Ärztin wurde ärgerlich. »Hör' zu, mein Fräulein«, sagte sie, »ist dir klar, was das heißt? Es heißt, daß du vielleicht keine Kinder haben kannst!«

Ich begann zu weinen. Aber mehr über den Tonfall ihrer Stimme als bei dem Gedanken, keine Kinder bekommen zu können. Sie rief meine Mutter wieder ins Sprechzimmer. »Die Frau Doktor will doch nur dein Bestes«, sagte meine Mutter zu mir.

Ich habe mich oft gefragt, wie viele andere falsche Ratschläge diese Ärztin anderen jungen Mädchen noch gegeben haben mag. Seitdem habe ich Angst, mit Ärzten, die ich nicht kenne, allein im Sprechzimmer zu sein.

Nach diesem Arztbesuch aß ich noch mehr. Zunächst begann ich mit einem zweiten Frühstück. Ich traf meine beste Freundin an der Straßenbahnhaltestelle Elizabeth Street und Flinders Street Richtung Innenstadt. Die Straßenbahn fuhr direkt zur University High School. Wir trafen uns morgens um halb acht. Das ließ uns eine Dreiviertelstunde Zeit, um zu essen. Manchmal aßen wir ein Brötchen mit Käse, Salami, manchmal aßen wir ein bunt belegtes Sandwich und tranken einen Milchshake. Das war der perfekte Ausgleich für mein erstes Frühstück, das aus einem gekochten Ei und einer Scheibe ungebuttertem Toast bestand.

Meine beste Freundin und ich aßen leidenschaftlich gern in der Stadt. Mit fünfzehn hatten wir uns vom zweiten Frühstück bis zum Dinner vorgearbeitet. In kleinen Cafés und Restaurants, die über die ganze Stadt verstreut waren, aßen wir ein frühes Abendessen. Spaghetti Bolognese gehörte zu unseren Lieblingsspeisen. Wenn ich nach Hause kam, war ich auf das gegrillte Kotelett mit Salat, das es bei meiner Mutter gab, bestens vorbereitet.

Diese zusätzlichen Mahlzeiten machten meiner Freundin nichts aus. Sie war schlank. Einmal, als wir mittags am Elwood Beach grillten, kamen ein paar Jungs vorbei, die anscheinend auch die Schule schwänzten, und grölten die Ballade von den zwei Soldaten, der eine dick, der andre dünn, der Dicke sich 'ne Kugel fing, der Dünne legt' sich nieder. Wir hatten so viel Spaß, am Strand zu grillen, und wir hatten uns so gern, daß wir beide lachten.

Ich war die bessere Lügnerin von uns beiden. Also erfand ich all die Bücher, die ich zu kaufen hatte, und die Schulveranstaltungen, für die ich einen Beitrag zahlen mußte, um unsere täglichen Schlemmereien zu finanzieren.

Bevor ich das Geld hatte, mir selbst etwas zu essen zu kaufen, stahl ich es. Bei der Kostümprobe für die Galavorstellung unserer Ballettklasse klaute ich einem anderen Mädchen den Pausensnack. Sie war die Ballerina in einem rosa Tutu und ich, in blauer Baumwollhose und kariertem Hemd, spielte einen jungen Mann. Ich mußte tanzen und »Ich bin nur ein Genosse mit einer Sommersprosse« singen. Ich konnte weder tanzen noch singen. Ich hatte diese Hosenrolle wegen meiner Größe bekommen – mit zwölf Jahren war ich bereits 1,72 Meter groß – und wegen meines kurzen Haars.

Meine Mutter hatte mich zu Mr. Brown geschleppt, dem Friseur bei uns gegenüber in der Nicholson Street, und mir das meiste von meinem Haar abschneiden lassen. In wenigen Augenblicken war es in Berge von dunklen Locken geschnipselt. Er mußte kürzer schneiden, und noch kürzer. Es war immer noch nicht kurz genug. Er mußte mir den Nacken ausrasieren. Als er fertig war, sah ich völlig geschoren aus.

Ich erinnere mich nicht einmal daran, unglücklich gewesen zu sein. Ich wußte, daß meine Mutter einst schlimmer ausgesehen hatte als ich. Nachdem die in Auschwitz ihr den Kopf geschoren hatten, hatte sie gar keine Haare mehr.

Ich wußte, daß meine Mutter mir dies nicht aus Bösartigkeit angetan hatte. Ich wußte, daß es eine unbewußte Geste war, aus dem unbewußten Bedürfnis heraus, mich etwas von dem erleben zu lassen, das sie erlebt hatte. Ich weiß nicht, wieso ich das wußte, aber ich wußte es.

Die Ballerina, die ich beklaut hatte, fing an zu weinen, als sie feststellte, daß ihre Cremetörtchen weg waren. Die Ballettlehrerin ließ die ganze Klasse antreten und fragte, wer der Dieb sei. Ich blieb stumm. Ich bin sicher, daß ich knallrot wurde. Ich hoffte, daß ich keine Krümel im Gesicht hatte.

Ich kratzte immer die Sahne und die Eiercreme aus der Schichttorte, die meine Mutter kaufte, wenn sie Besuch erwartete. Ich begann mit einer Schicht Sahne, dann kam eine Schicht Eiercreme. Wenn ich fertig war, sah die vorher luftige, hoch aufgeschichtete Torte wie ein Pfannkuchen aus. Meine Mutter hat nie etwas gesagt. Wenn von der Sahne und der Eiercreme überhaupt nichts mehr übrig war, schloß sie den Schrank mit den Keksen auf und servierte Schokoladekekse zum Kaffee.

Essen zu stehlen war nur ein Teil meines Lebens als Kriminelle. Ich hatte schon sehr früh eine verbrecherische Ader gezeigt. Als ich sieben Jahre alt war, manipulierte ich mein Sparbuch. Ich nahm das Geld, das ich jede Woche hätte sparen sollen, und kaufte davon Schokoladebruch und Kugelschreiber. Ich fälschte die Initialen des Bankbeamten, der die wöchentlichen Einzahlungen bestätigte.

Ich wurde erwischt, weil ich eines Tages den Fehler machte, meine zwei Shilling sparen zu wollen, und sie einzahlte. Der Mann von der Bank warf einen Blick auf die langen Reihen seiner Initialen in meinem Sparbuch und wurde mißtrauisch. Er betrachtete mein Sparbuch eine ganze Weile und sagte mir dann, ich solle nach der Schule noch dableiben.

Sie riefen meine Eltern an und baten sie, in die Schule zu kommen. Ich weiß noch, daß ich vor dem Büro der Direktorin saß und einen Keks mit Zuckerguß aß, den mir jemand geschenkt hatte. Meine Eltern sahen ernst und besorgt aus.

Man entschied, mir noch eine Chance zu geben. Ich wurde nicht von der Schule verwiesen. Meine Eltern waren so dankbar.

Doch dieses knappe Entkommen hielt mich nicht auf. Ich stahl weiter. Ich stahl Kugelschreiber, Füller und Schreibfedern beim Zeitschriftenhändler an der Ecke. Ich hatte die schönste Kugelschreibersammlung in der Volksschule Lee Street, und kein Mensch fragte je danach, woher ich die hatte.

Meine kriminelle Karriere fand ein jähes Ende, als ich beim Klauen erwischt und festgenommen wurde. Ich war zehn Jahre alt und hatte zum ersten Mal die Erlaubnis erhalten, allein in die Stadt zu fahren. Ich fuhr mit der Straßenbahn Nummer 69 direkt von der Nicholson Street zu Coles Warenhaus.

Ich stahl ein paar Dinge und ging dann über die Straße zu Myers, wo ich mich weiter kostenlos bediente. Ich fuhr mit der Straßenbahn nach Hause und packte meine gesamte Beute in eine Schublade. Weil der Trip ein solcher Erfolg gewesen war, fuhr ich noch einmal zurück. Als der Kaufhausdetektiv mich am Arm packte und mir befahl, ihm zu folgen, wußte ich, daß diese Rückkehr ein Fehler gewesen war.

Was stahl ich? Dinge, die ich nicht wollte, Dinge, die ich nicht brauchte, Dinge, die ich nicht mochte. Falsche Perlenohrringe, protzige Goldketten; rosa Lippenstifte, Haarbänder und Lockenwickler. Ich habe nicht gestohlen, glaube ich. Ich habe geschrien. Nach Aufmerksamkeit geschrien. Und die bekam ich. Meine Eltern waren außer sich vor Zorn.

Die Chefdetektivin des Kaufhauses, eine große, harte Frau, erzählte mir, sie habe ihre eigene Tochter wegen Ladendiebstahls in ein Erziehungsheim gesteckt. Ich bekam es mit der Angst zu tun. Sie nahmen mir meine Uhr weg – sie dachten, die hätte ich auch geklaut –, und ich fing zu weinen an. »Heulen bringt dich auch nicht weiter«, sagte die Chefdetektivin. »Im Erziehungsheim interessiert sich kein Mensch für deine Tränen.«

Ich weiß nicht, warum ich schließlich doch nicht ins Heim kam. Es kam zu einer Gerichtsverhandlung. Ein Freund meines Vaters, ein Jude, der vor dem Krieg nach Australien eingewandert war und gut Englisch sprach, setzte sich für mich ein, und ich durfte in der Volksschule Lee Street bleiben.

Zu Hause wurde wochenlang nicht mit mir gesprochen. Man unterhielt sich in gedämpftem Ton miteinander. Es war, als ob jemand gestorben wäre. Noch Jahre später las ich jedesmal das Wort Diebstahl, wenn in einer Kaufhauswerbung von Auswahl die Rede war, und an Coles Warenhaus konnte ich erst wieder vorbeigehen, als ich schon über dreißig war.

Meine Eltern haben den Vorfall nie wieder erwähnt. Als ich vor einigen Jahren das Thema scherzhaft anschneiden wollte, sagte mein Vater barsch, daß es dabei nichts zu lachen gäbe. Ich verstand plötzlich, daß weder der Ladendiebstahl noch das Abnehmen ein Thema war, über das man je würde lachen können.

Was das Abnehmen betraf, so war meine Mutter immer auf dem neuesten Stand der Entwicklung. Eines Tages, als ich von der Uni High School nach Hause kam, sagte sie mir, sie habe mich zur Teilnahme an einem Kurs bei Slendertone, oder Slenderama, oder Slenderella angemeldet.

Slender-wie-auch-immer lag am oberen Ende der Collins Street. Dort gab es kleine Kabinen, in denen Vibrationsbänke standen. Alles, was man zu tun hatte, war, die Schuhe auszuziehen, sich niederzulegen und zu vibrieren. Zwanzig Sitzungen, so hieß es, würden die Probleme der meisten Leute lösen. Das bezog sich, glaube ich, nur auf Gewichtsprobleme.

Einige Monate lang lag ich jeden Montag und Donnerstag auf deren Bänken und vibrierte. Meine beste Freundin saß auf einem Stuhl neben mir in der Kabine. Wir teilten uns eine

Familientafel Cadbury's Frucht- und Nußschokolade, während ich darauf wartete, daß die Vibrationen meine Hüften wegrüttelten.

Meine Mutter verfiel auf eine härtere Methode, als ich sechzehn war. Es war mein Abschlußjahr auf der High School, das Jahr, in dem sich entschied, auf welche Universität man aufgenommen werden würde, und in dem meine Mutter mir mitteilte, daß ich für zwei Wochen ins Krankenhaus käme.

Während ich dies niederschreibe, läuft es mir kalt den Rücken herunter. All die Scham und die Hilflosigkeit sind wieder da. Ich kann das Krankenhaus riechen, und meine Einsamkeit.

Die Methode meiner Mutter war die, mich einer Hungerkur zu unterziehen. Ich sollte eine Diät aus fünfhundert Kalorien täglich einhalten. Ich erinnere mich nicht daran, im Krankenhaus überhaupt irgend etwas gegessen zu haben. Auf den Speiseplänen, die mit dem Frühstück, dem Mittagessen und dem Abendessen serviert wurden, stand vor jeder Speise das Wörtchen ›kein‹. Keine Cornflakes, keine Milch, kein Toast, keine Butter, kein Brot, kein Käse, kein Huhn, kein Gelee, kein Zucker. Kein Fleisch, keine Kartoffeln.

Es muß das Royal Melbourne Hospital gewesen sein, weil es so nah bei meiner Schule lag. Ich weiß es nicht mehr. Ich weiß noch, wie sehr ich mich geschämt habe, und ich erinnere mich an die Lügen, die ich erfinden mußte, um meine Abwesenheit und meinen Krankenhausaufenthalt zu erklären. Das war das einzige Mal in meinem Leben, daß ich mit dem Lügen Schwierigkeiten hatte. Ich wußte nicht, wie ich erklären sollte, daß ich im Krankenhaus war. Und zum ersten und letzten Mal in meinem Leben belog ich meine beste Freundin. Ich erzählte allen Leuten, ich würde am Rachen operiert, weshalb ich danach auch nicht sprechen könne.

Das war ein kluger Schachzug, weil ich dann nichts über die Operation zu erzählen brauchte. Außerdem würde ich keine Erklärungen über fehlende Narben abgeben müssen.

Nach meiner Entlassung ließ ich es zu, daß man mir in den Hals schaute. Einige der Mädchen aus meiner Klasse behaupteten, die Narben deutlich sehen zu können. Die wahren Ergebnisse zeigten sich an meinen Hüften. Ich war um einige Pfunde leichter geworden. Ich brauchte mehrere Wochen, um sie mir wieder anzufuttern.

Als ich zwanzig war, nahm ich meine Abmagerungskuren selbst in die Hand. Es begann mit irgendwelchen Schlankheitsspritzen, als ich in London lebte. Ich habe den Spezialisten aus der Harley Street nie gefragt, was er mir eigentlich spritzte.

Zwischen Interviews mit Stevie Winwood, Mick Jagger und Manfred Mann hetzte ich zum Arzt für meine Spritzen. Der Doktor gab mir ein Merkblatt über eine Diät. Er sagte mir, wenn die Spritzen wirken sollten, müßte ich diese Diät einhalten. Das Frühstück bestand aus einem weichgekochten Ei und schwarzem Tee; das Mittagessen aus zwei Scheiben Brot ohne Butter sowie einem Apfel, und das Abendessen aus gedünsteter Hühnerbrust. Gedünstete Hühnerbrust? Damals teilte ich mir mit Normie Rowe and the Playboys ein Haus. Das Dinner bestand oft aus *Fish and Chips*. Wie hätte ich jeden Abend vor ihren Augen in der Küche eine Hühnerbrust dünsten können?

Ich tat mein Bestes. Ich kratzte die Panier vom Fisch und ließ die Brötchen meiner Hamburger liegen. Aber es war mühsam. Der Doktor fand, daß ich nicht genug abnähme. Er fing an, mir die Spritzen ein wenig zu grob zu verpassen, und ich verließ ihn.

Als nächstes versuchte ich es mit Hypnose. Ich war wieder in Melbourne. Ich ging zu einem Hypnotiseur, der mir ständig erzählte, wie entspannt ich sei. Das war mir neu. Ich war so verkrampft, daß mein Kiefer schmerzte. Schließlich erklärte er mir, es sei nicht leicht, mich zu hypnotisieren, und empfahl mir, es einmal mit Lee Saxon zu versuchen. Lee Saxon war ziemlich berühmt und hatte eine Praxis in der St. Kilda Road. Ich versuchte, so gut ich konnte, mich zu entspannen. »Sie entspannen sich nicht«, sagte er immer wieder zu mir. »Ich versuche es ja«, entgegnete ich immer wieder.

Wenn Marihuana bei mir die gleiche entspannende Wirkung gehabt hätte, die es auf andere Leute zu haben schien, hätte ich vor meinen Hypnosesitzungen einen Joint geraucht. Aber wenn ich Pot rauchte, wurde mir schlecht, und ich verlor die Orientierung.

Lee Saxon gab schließlich auf. Er schickte mich zu einem Freund für eine UV-Licht-Behandlung. Monatelang saß ich da und starrte zweimal pro Woche in die Lampe. Eines Nachmittags setzte sich der UV-Hypnotiseur auf einen Stuhl und erklärte mir, daß er mir nicht helfen könne. Ich fühlte mich elend und empfand mich als Versagerin.

Meine Stimmung besserte sich, als ich auf eine Werbung für eine Muskeltrainingmaschine stieß. Ich war wieder in London und arbeitete wieder in der Rockwelt. Ich machte gerade ein Interview mit Cliff Richard, als mir die Anzeige in einer Zeitschrift auf dem Beistelltischchen ins Auge stach. Ich fragte Cliff, ob ich die Zeitschrift für einen Tag ausborgen könnte. Er sagte mir, ich solle sie behalten.

Noch am selben Nachmittag bestellte ich die Muskeltrainingmaschine. Sie würde erst in drei Wochen geliefert, sagte der Mann, aber wenn ich sie erst einmal hätte, würden die Pfunde nur so dahinschmilzen. Es gab so viele Saugnäpfe, die ich auf meiner Haut anbringen und so viele Kabel, die ich wieder in die Maschine einstecken mußte, daß ich noch einmal drei Wochen brauchte, um herauszufinden, wie das Ding funktionierte.

Schließlich hatte ich es begriffen. Als erstes waren meine Oberschenkel an der Reihe. Vorne und hinten stach und prickelte es. Es war unangenehm. Aber das mußte ich in Kauf nehmen. Abzunehmen, das wußte ich, würde nie eine leichte Sache sein.

Ich brauchte eine Stunde für beide Oberschenkel, weil das Aufbringen, Lösen und Entwirren all dieser Saugnäpfe und Kabel soviel Zeit in Anspruch nahm. Bei diesem Tempo würde ich einen Monat brauchen, um einmal um meinen Körper herumzukommen.

Ich versuchte es weiter. Ich gab nicht auf. Ich ließ ein Interview mit Lulu platzen, weil ich es nicht ertrug, mich loszumachen, nachdem ich mich gerade erst angeschlossen hatte. Ich lag in meiner Londoner Wohnung stundenlang auf dem Bett, während verschiedene Teile meines Körpers bebten. Es war nicht so lustig, wie es klingt. Ich verbrachte die meisten Abende damit und meine gesamte Freizeit.

Nach drei Monaten wog ich noch genauso viel wie vorher. Aber meine Karriere geriet in Gefahr, und ich hatte fast alle Freunde verloren. Ich drehte aus allen Kabeln ein großes Knäuel und warf die Maschine auf den Müll.

Es würde also nur mit einer Diät gehen. Aber sobald ich mich zu einer Diät entschlossen hatte, aß ich mehr. Ich war schon hungrig, wenn ich nur an eine Diät dachte. Also aß ich tagelang, bevor ich mit der Diät begann, zum letzten Mal all die Dinge, die ich dann nicht mehr würde essen dürfen. Ich brauchte unbedingt viel Brot, dick mit Butter bestrichen, denn ab sofort würde es zu jeder Mahlzeit nur noch ungebutterten Toast geben. Ich mußte Schokolade essen und Eis. Es gab so vieles, das ich einfach noch einmal essen mußte, daß ich den Beginn der Diät oft verschob. Ich weiß, daß ich am Beginn jeder Diät um einiges mehr wog als in den Wochen, bevor ich mich zu der Diät entschlossen hatte.

Ich habe jede Diät gemacht, von der die Menschheit je gehört hat. Die Grapefruit-Diät. Ich aß Grapefruit zu jeder Mahlzeit. Grapefruit mit gebratenem Speck, Grapefruit mit Spiegeleiern, Grapefruit mit Bratwurst. Ich mag keinen Speck, keine Spiegeleier und keine Bratwurst, aber die gehörten zur Grapefruit-Diät. Ich hatte Heißhunger auf eine Karotte oder einen Apfel. Mein Atem roch schlecht. Als die Leute begannen, sich von mir abzuwenden, brach ich die Diät ab.

Ich versuchte es mit hartgekochten Eiern, was zu einem solchen Grad an Verstopfung führte, daß ich zwei Säckchen Dörrpflaumen essen mußte, um die Dinge wieder ins Lot zu bringen. Ich versuchte die Armee-Diät der Israelis, die Bananendiät, die Scarsdale-Diät. Ich probierte die verschiedenen Varianten der Kohlenhydrate-Diät: wenige, gar keine und viele Kohlenhydrate. Dann die Nur-Kartoffeln-Diät, die Fruchtsäftediät und die Selleriediät.

Im großen und ganzen blieb ich das, was ich vorher auch gewesen war: viel zu dick. Die Leute gingen davon aus, daß ich an einer Schilddrüsenfunktionsstörung litt, weil kein Mensch mich jemals viel essen sah. Ich aß meistens zu Hause, wenn ich allein war, oder im Auto.

Ab und zu war ich unglücklich, und zwar besonders dann, wenn mir meine Kleider nicht mehr paßten. Im allgemeinen jedoch störte mein Umfang mich nicht. Vieles, was mich hätte stören *sollen*, störte mich ganz einfach nicht. Das fand ich heraus, als ich zu meinem ersten Analytiker kam und eine Psychotherapie begann, die fünf Jahre dauern sollte.

Meine Mutter hatte aufgegeben. Sie zog mich nicht mehr zur Seite, um mir einen ihrer Das-ist-die-letzte-Chance-abzunehmen-Vorträge zu halten. Selbst ihr Ehrgeiz reichte nicht aus für die Menge, die ich hätte abnehmen müssen, um schlank zu sein.

Sie versuchte, an den großen, bodenlangen Zeltkleidern vorbeizusehen, in denen ich lebte. Ab und zu konnte sie nicht an sich halten und schlug vor, wir sollten Kleider kaufen gehen. Aber sie bestand niemals darauf. Ich glaube, es wäre ziemlich schwierig gewesen, meine Größe bei Myers oder Buckley's zu finden.

Wie dem auch sei, zu diesem Zeitpunkt hatte meine Mutter bereits meine Kinder, die glücklicherweise nicht dick waren. Ihre Enkel machten sie so glücklich, daß sie sich vermutlich dafür entschied, mit den Unvollkommenheiten ihrer Kinder leben zu können.

Nachdem ich einige Jahre in Psychotherapie gewesen war und mich mit den Themen Essen und Gewicht auseinandergesetzt hatte, glaubte ich, auf weitere Einsichten in die Ursachen verzichten und mich den Symptomen zuwenden zu können. Ich ging zu den Weight Watchers.

Ich hörte bei allen Vorträgen genau zu. Ich las die Hefte und Bücher. Ich kaufte verschiedene Waagen. Ich kochte Hundertvierzig-Gramm-Portionen Huhn und Fisch und Leber und fror sie ein. Ich kaufte körbeweise Radieschen, Zucchini, Sellerie und Tomaten.

Ich wurde in Gegenwart aller anderen Teilnehmer gewogen. Alle wußten, wieviel jeder auf die Waage brachte. Es gab eine Zielvorgabe. Ich weiß nicht mehr, wieviel Pfund ich abnehmen mußte. Ich weiß nur noch, daß es viele waren.

Ich hielt die Diät durch. Ich aß mein Weight-Watchers-Frühstück, meine zwei Scheiben Brot mit Hüttenkäse zu Mittag und meine Hundertvierzig-Gramm-Portion Fisch am Abend.

Die Zeit zwischen den Mahlzeiten kam mir sehr lang vor. Ich kochte die Frei-Suppe. Sie hieß so, weil jedem freigestellt war, wieviel er davon aß. Sie bestand hauptsächlich aus Zucchini und Radieschen. Ich aß jeden Tag vier Liter

Suppe. Das bedeutete, daß ich von morgens bis abends pissen mußte.

Als ich zum zweiten Mal zur Zusammenkunft der Weight Watchers ging, hatte ich zwei Pfund abgenommen. Die Kursleiterin war begeistert. Sie erzählte es der Versammlung. Alle klatschten. Ich selbst war weniger begeistert. Bei zwei Pfund pro Woche hatte ich noch einen langen Weg vor mir.

Ich beschloß, die Dinge selbst in die Hand zu nehmen und zu fasten. In der folgenden Woche nahm ich außer Wasser nichts zu mir. Die ersten zwei Tage waren die schlimmsten, danach wurde das Abnehmen zu einer wahren Herausforderung.

Als ich das nächste Mal gewogen wurde, hatte ich weitere sechs Pfund abgenommen. Alle waren stolz auf mich. Ich erhielt einen Sonderapplaus für die Gewichtsabnahme der Woche. Ich fastete noch weitere zwei Tage. Als ich den zehnten Tag gefastet hatte, war ich halb verhungert und fühlte mich schlecht. Ich beendete die Fastenkur mit einem Dutzend Cremschnitten aus der Hot and Crusty Bäckerei an der Ecke Glenferrie Road und Barkley Street in Armadale.

Ich ging die Barkly Street hinunter und aß meine Cremeschnitten. Jeder Bissen schmeckte köstlich. Der Zuckerguß verteilte sich über mein ganzes Gesicht, während ich heimging. Als ich das Gartentor öffnete, hatte ich gerade die letzte Cremeschnitte verspeist. Ich war glücklich.

Ich hatte seit dem Schokoladepudding einen langen Weg zurückgelegt. Vor zwei Jahren, beim Adelaide Festival, kam meine frühere Kindergärtnerin, die damals den Pudding ausgeteilt hatte, zu einer meiner Lesungen. Sie wollte mich beruhigen, daß ich nicht so dick gewesen sei, wie ich mich beschrieben habe. »So dick waren Sie nicht«, flüsterte sie mir ins Ohr. Vielleicht nicht mit vier, aber später habe ich das alles aufgeholt.

Es macht mich nervös, mich an all das zu erinnern. Die Vergangenheit überflutet mich. Ich muß mir vor Augen halten, daß die Dinge sich geändert haben, daß ich nicht mehr die arme Lily bin, die sich kaum bewegte, niemals in einen Spiegel sah und so tat, als ob ihr Körper nicht zu ihr gehören würde. Ich komme mir ein bißchen ausgeliefert vor in den Bildern von mir selbst in riesigen Kleidern und mit häßlicher Unterwäsche.

Ich ziehe meine Laufschuhe an und gehe los. Ich bin auf Shelter Island. Ich gehe die Peconic Avenue hinunter. Ich sehe Schildkröten, kleine Kaninchen und Rehe. Überall auf dieser Insel sind Rehe.

Jetzt kann ich das Meer sehen. Ich fühle mich besser. Ich laufe über West Neck auf die Halbinsel hinaus. Große und kleine Boote sind auf dem Wasser. Ich komme am Silver Beach und am Crescent Beach vorbei. Ich atme die klare Luft auf der Insel tief ein. Mein Mann, auf dem Heimweg vom Studio, das er am Hafen über einer ehemaligen Tankstelle gemietet hat, fährt im Auto an mir vorbei und hält an. Ich bitte ihn, meine Laufgeschwindigkeit mit dem Tachometer zu messen. Ich laufe acht Kilometer pro Stunde. Damit bin ich sehr zufrieden. Das ist schnell. Langsam beruhige ich mich wieder.

Zwei Stunden später bin ich wieder zu Hause. Ich bin schweißüberströmt. Meine Oberschenkel, Beine und Arme, meine Lunge, alles ist lebendig. Ich bin glücklich. Beim Laufen habe ich an all die seltsamen Dinge gedacht, die ich aß, um abzunehmen. Allen gemeinsam war die Menge, die ich zu mir nahm. Es waren Riesenportionen. Ich aß mehr und mehr, und alles in der Hoffnung, dadurch weniger zu werden.

Als ich um die dreißig war, lebte ich ungefähr ein halbes Jahr lang von Thunfischsalat, den ich jeden Morgen frisch zubereitete. Ich nahm eine große Dose Thunfisch natur und versuchte, sie so weit wie möglich zu strecken.

Ich packte soviel an Radieschen, grünem Salat, Schlangengurke, Sellerie und Petersilie hinein, daß von dem Thunfisch kaum noch etwas zu finden war. Auf diese Weise reichte mir eine Dose Thunfisch für einen ganzen Tag. Das Gemüse, das ich außerdem hineintat, hatte nur wenige Kalorien, und ich hoffte, daß mein langsames und sorgfältiges Kauen ein paar Kalorien extra verbrennen würde, die ich als Bonus verbuchen könnte.

Es gab einen weiteren Nachteil bei dieser Diät aus einer Dose Thunfisch. Ich war ständig hungrig. Also verdoppelte ich die Menge. Zwei Dosen Thunfisch, vier Bund Radieschen, zwei Sellerieknollen, zwei Salatköpfe, zwei Gurken und ein Bund Petersilie.

Mittlerweile nahm die Diät sehr viel Zeit in Anspruch. Der Tag hatte kaum noch genügend Stunden, um all die Zutaten zu zerkleinern und das Ganze dann auch noch zu essen. Als ich die Thunfischdiät aufgab, gierte ich nur noch nach richtigem Essen. Im nächsten halben Jahr aß ich all das, was mir gefehlt hatte.

»Ich glaube, meinem Körper fehlen Eisen und Vitamin B und Kohlenhydrate«, erklärte ich meinen Freunden, während ich Kalbsleber grillte und Roggenbrot toastete.

Ich verfügte über ein enzyklopädisches Wissen über die Kalorien und Nährwerte der meisten Nahrungsmittel, also glaubten die Leute, daß ich wußte, wovon ich redete. Wenn ich nur gewußt hätte, was ich tat. Ich kann eine idiotische Liste von Speisen erstellen, von denen ich glaubte, daß sie mich schlank machen würden. Die Liste kann nichts dafür, der Idiot war ich.

Einmal schleppte ich einen elektrischen Speisewärmer von Melbourne nach Sydney, damit ich meine damalige Diät, einen Kohleintopf, beibehalten konnte. Der Eintopf bestand aus einem halben Kopf Weißkraut, zwei Pfund Zucchini, einer Zwiebel und einer Tasse Reis, die in reichlich Tomatensaft gekocht wurden. Er schmeckte recht gut.

Wir wohnten im Sebel Town House in Sydney. Das Sebel Town House in Elizabeth Bay ist ein unauffälliges Hotel, aber hip. Als ich meinen Eintopf aufwärmte, stank der ganze dritte Stock im Sebel Town House nach Kohl. Kein Mensch sagte etwas.

Am nächsten Abend wärmte ich den Kohl im Badezimmer auf. Der elektrische Speisewärmer löste einen Feueralarm aus. Das Chaos, das folgte, verleidete mir den Kohl für eine ganze Weile.

Meine Eßgewohnheiten waren so willkürlich. Es kam nur selten vor, daß ich das gleiche aß wie meine Kinder. Sie erhielten ihr normales Essen, und dann brachte ich das auf den Tisch, von dem ich gerade überzeugt war, daß es meine Probleme lösen würde. Meine Kinder können sich stundenlang damit amüsieren, meine Diätpläne und Diätzwänge aufzuzählen. Ich finde es nicht so lustig.

Manchmal wundern sich meine Kinder heute noch, wenn sie sehen, daß ich drei ganz normale Mahlzeiten am Tag zu mir nehme. Die Familie ißt gemeinsam, die Kinder teilen die Teller aus und fragen mich, wo mein Essen ist.

Ich wundere mich manchmal auch heute noch über mich selbst. Ich wundere mich, daß ich das gleiche essen kann wie andere Leute. Daß ich alles essen kann, was ich möchte. Und es auch esse. Meine Vorlieben haben sich geändert. Aber manchmal habe ich Appetit auf das, worauf ich früher Appetit hatte. Auf Schokolade, Käsekuchen, gehackte Leber. Und dann esse ich das.

Mein eigenes Essen von dem meiner Familie zu trennen gehörte zu den Dingen, in denen ich meine Mutter imitierte. Und auch das geschah unbewußt. Meine Mutter aß nie mit uns. Sie aß nicht das gleiche wie wir. Sie aß das, was übriggeblieben war. Die Reste vom Sellerie, von den Zwiebeln und den Karotten aus der Hühnersuppe, das altbackene Roggenbrot mit Kümmel.

Sie nahm ihr Essen zu sich, wenn sie allein war. Ich glaube, meine Mutter hat nie aufgehört, sich schuldig zu fühlen, weil sie am Leben war. Schuldig zu leben, während ihre Mutter und ihr Vater, vier Brüder und drei Schwestern alle gestorben waren. Essen erfordert Leben. Ich glaube, meine Mutter versuchte, die Lebendigkeit, die die Voraussetzung des Essens ist, zu unterdrücken. Wenn sie Geschirr spülte und gleichzeitig ihre Reste aß, dann konnte sie fast vergessen, daß sie überhaupt aß. Manchmal sah ich sie, wenn sie am Tisch saß und ihr altbackenes Brot oder die zu weich gekochten Kartoffeln aß. Sie sah immer traurig aus.

Meine Eßneurose blieb meinen Kindern nicht verborgen. Mein hochintelligenter Sohn erkannte meine Angst und zog seinen Nutzen daraus, als er erst wenige Monate alt war. Er entwickelte sich zu einem äußerst heiklen Esser. Ich brauchte Stunden, um ihn zu füttern. Als er begann, feste Nahrung zu sich zu nehmen, schob ich ihm einen Löffel voll in den Mund, und er spuckte ihn sofort wieder aus. Diese Routine konnte fast den ganzen Tag in Anspruch nehmen. Ich glaubte, er müsse sterben, wenn er nicht alles aufäße, und ich muß ausgesehen haben, als ob ich sterben würde, wenn er es nicht täte.

Ich machte Faxen oder erzählte ihm Geschichten, um ihn abzulenken und zum Essen zu bringen. Er lachte über meine Faxen, hörte meinen Geschichten zu und spuckte alles sofort wieder aus. Er wurde so heikel, daß er fast sein ganzes drittes Lebensjahr hindurch nur Joghurt und Erdbeeren aß.

Ich ging mit ihm zum Kinderarzt. Einem schrecklichen Mann mit einer großen Fliege. Er nannte mich Mutter. »Was ist denn das Problem, Mutter?« sagte er zu mir. Ich berichtete ihm von dem Joghurt und den Erdbeeren. »Mutter, Sie sind das Problem«, sagte er. Ich empfand seine Kommunikationsfähigkeit als zu begrenzt, ging nach Hause und weinte.

Mein Sohn überlebte. Er wuchs zu einem jungen Mann heran, der eine Vorliebe für Austern, Schnecken, Hummer und Filetsteak hat. Ich bin sicher, daß das eine Reaktion auf einen Teil seiner Kindheit ist. Und da gab es schwierige Momente.

Bis er ungefähr zwei Jahre alt war, sterilisierte ich alles, mit dem mein armer Sohn in Berührung kam. Ich hatte aufgesprungene Hände, weil ich sie dauernd in Miltonlösung tauchte. Wir sterilisierten unsere Windeln in Miltonlösung. Ich sterilisierte auch alles andere.

Ich dachte, Angst vor Krankheitserregern und Bakterien zu haben. Doch eigentlich fürchtete ich mich davor, ein Kind zu haben und Mutter zu sein, obwohl ich das erst Jahre später erkannte. Ich war auf der Hut vor Krankheitserregern.

Als meine Tochter auf die Welt kam, war ich schon etwas flexibler. Ich hatte gezögert, ein zweites Kind zu bekommen. Ich hatte geglaubt, ein weiteres Kind unmöglich so sehr lieben zu können, wie ich meinen Sohn liebte. Und dann bekam ich meine Tochter. Ich vergötterte sie. Ich wollte ihr all die Freiheit geben, die ich mir selbst versagt hatte. Ich gab ihr einen Namen, der für mich Freiheit symbolisierte. Als sie zwei Jahre alt war, fand ich sie eines Tages, wie sie auf dem Fußboden saß und aß. Sie hatte ihr Mittagessen auf den Boden gekippt, hob es Bissen für Bissen auf und aß es.

Von diesem Moment an wollte sie jede Mahlzeit vom Fußboden essen. Sie wollte Brot oder Kartoffeln oder ein Stück Käse haben und schmierte alles auf die Korkkacheln. Sie drückte das Essen sorgfältig in die Kacheln hinein, dann kratzte sie es wieder heraus und aß es. Sie tat das monatelang, bei jeder Mahlzeit. Ich war bemüht, den Küchenboden so sauber wie möglich zu halten.

Ich weiß nicht, warum ich ihr erlaubte, vom Fußboden zu essen. Früher war ich der Meinung, ich habe gut zu ihr sein wollen. Heute glaube ich, daß ich von meinem Muttersein überwältigt war, ohne mir dessen bewußt zu sein.

Andere beklagten sich über die Langeweile und Einsamkeit der Mutterschaft. Ich nicht. Andere beschwerten sich über ihre Kinder. Das tat ich nie. Nicht ein einziges Mal. Kinder zu haben war kein Problem, meine Kinder waren kein Problem, Mutter zu sein war kein Problem. Was war es dann? Darauf hatte ich eine ganze Reihe von Antworten. Zu dick zu sein war eine davon.

Mein Vater hatte auch ein Gewichtsproblem. Meine Mutter hielt ihn für zu dick. Es war kein so großes Problem für sie wie mein Übergewicht, aber es war eines.

Mein Vater war nie zu dick. Er ist es heute noch nicht. Er hat eigentlich immer mehr oder weniger das gegessen, was ihm schmeckte. Und dazu gehörte viel Schokolade, eine Menge Spaghetti Bolognese und viel Eis. Er war nur selten krank. Er ist achtzig Jahre alt und sieht aus wie siebzig.

Aber er kommt sich dick vor. Außer meiner Mutter hielt ihn kein Mensch für dick. Jahre nach ihrem Tod empfindet er sich immer noch als dick. Mein Vater kann auch nicht zugeben, daß er hungrig ist. Ich habe ihn niemals sagen hören, daß er Hunger habe. Tatsächlich sagt er stets, er habe keinen Hunger, selbst wenn er sich in der Küche herumtreibt.

Mein Vater hat mir oft von dem Tag in Auschwitz erzählt, an dem er als erster in der Reihe stand, als die Suppe ausgeteilt wurde. Das war keine Muschelsuppe und auch keine Lauchcremesuppe. Das war eine mit Sägemehl angereicherte Wasserbrühe. Wenn man Glück hatte, fand man ein paar Kartoffel- oder Rübenschalen in seiner Suppe. Wenn man Pech hatte, waren es Blechspäne und die eine oder andere Küchenschabe. Er war so hungrig und so aufgeregt, der erste in der Reihe zu sein, daß er seinen Napf ansetzte und die Suppe in einem Zug hinunterschüttete. Sie war siedend heiß, und die Verbrennungen in Mund und Rachen meines Vaters brauchten lange, um zu heilen.

Ich habe die Unfähigkeit, Hunger auszudrücken, von meinem Vater geerbt. Wenn man darüber hinwegsah, wie dick ich war, schien ich ein Mensch ohne Appetit zu sein. Heute lacht mein Vater, wenn ich sage, daß ich einen Bärenhunger habe. Er ist immer noch nicht hungrig. Für zwei Leute, die selten Hunger haben, haben wir uns ganz gut geschlagen.

Vor neun Jahren waren wir mit den Kindern und meinem Vater auf Reisen. Meine Mutter war noch nicht lange tot. Mein Vater war sehr depressiv. Fast ein Jahr lang hatte er sich geweigert, irgendwo hinzugehen. Abends saß er allein zu Hause in seinem Sessel.

Er hätte mit meiner Mutter sterben wollen. »Ich hätte sterben sollen«, sagte er immer wieder. »Deine Mutter hat auf sich geachtet«, sagte er. »Sie hat so gesund gelebt, und was ist passiert, sie hat Krebs bekommen. Und ich habe immer gefressen wie ein Schwein, und ich bin immer noch da.« Und dann weinte er.

Er wollte nicht nur das Haus nicht verlassen, er wollte uns auch nicht lästig sein. Jedesmal, wenn ich ihn fragte, ob er mit uns nach Amerika und Europa fahren würde, sagte er, daß er nicht das fünfte Rad am Wagen sein wolle. Das muß ein polnischer Ausdruck sein.

Schließlich überzeugte ihn meine jüngere Tochter mit dem Argument, daß auch sie nicht fahren würde, wenn er nicht mitkäme. Sie würde in Melbourne bleiben, und sie könnten gemeinsam in den Luna Park und zu McDonalds gehen.

In New York wurde mein Vater langsam wieder er selbst. Die Stadt gefiel ihm ausnehmend gut. Er fühlte sich zu

Hause. Wir aßen Unmengen gehackte Leber, Kalbsbrust und Essiggurken. Vor jeder Mahlzeit erklärte er, er sei nicht besonders hungrig.

In London wohnten wir im Hilton. Das Frühstücksbuffet war im Zimmerpreis inbegriffen. Mein Vater warf einen Blick auf das Buffet und sagte: »Sind die verrückt? Wer ißt denn sowas zum Frühstück?«

Es standen Köche bereit, die Omelettes machten, Steaks und Würstchen grillten. Andere backten Waffeln und Pfannkuchen. »Ich habe keinen Hunger«, sagte er. »Ich nehme bloß einen Orangensaft.«

»Wir haben für dieses Frühstück bezahlt«, sagte ich. »Iß wenigstens ein paar Cornflakes.«

»Sei kein Noodnik«, sagte er. Noodnik bedeutet im Jiddischen Nervensäge.

»Ich bin kein Noodnik«, sagte ich. Zögernd stand er auf und begab sich zu dem Teil des Buffets, wo die Körner standen.

Er kam mit einer Schüssel Cornflakes zurück. »Nicht schlecht«, sagte er, nachdem er die Schüssel leergegessen hatte. »Diese Kelloggs sind genau wie die Kelloggs in Australien.« Ich aß Früchte. Mein Vater schaute auf meinen Teller. »Es gibt ja Pflaumen«, sagte er. »Ich glaube, davon hole ich mir auch welche.«

Nach den Pflaumen aß er Bratkartoffeln. Mein Mann überzeugte ihn, daß die Würstchen einen Versuch wert seien, und er probierte ein paar davon. Dann entdeckte er die Schokoladesauce. Er kam mit einem Teller voll Waffeln zurück, die in Schokoladesauce schwammen. Nach jedem Gang erklärte er laut: »Das reicht jetzt, für mich ist das genug. Ich bin nicht hungrig. Ich bin fertig.«

Mein Sohn hatte damals gerade seine Liebe zu Croissants entdeckt. Er hatte fünf oder sechs Croissants auf seinem Teller.

Mein Vater nahm eines. »Die sind sehr gut«, sagte er und wanderte wieder zum Buffett.

Mein Vater konnte seine Croissants nicht aufessen. Er schob seinen Teller, auf dem noch ein halbes Croissant lag, von sich. »Das war's«, sagte er und rieb seine Hände aneinander, als ob er das ganze Frühstück wegbürsten wollte. Es war eine Geste, die ihn von dem, was er gegessen hatte, distanzierte. Er tat das nach jeder Mahlzeit.

Als wir einige Stunden später über das Mittagessen sprachen, fragte er meinen Sohn, wie der überhaupt ans Essen denken könne, nachdem er so viele Croissants gegessen hatte. »Ich selbst habe ja nicht so viel gegessen«, sagte er. Und ich wußte, daß mein Vater davon überzeugt war. Essen war etwas so Kompliziertes für uns. Für meine Mutter, für meinen Vater und für mich.

Während meiner Kindheit und Jugend aßen wir so anders als andere Leute. Meine Schulfreunde waren immer ganz aus dem Häuschen, wenn sie sahen, wie mein Vater abends beim Essen saß und ihm ein Fischkopf aus dem Mund hing. Er lutschte liebend gern den Saft und das Gelee aus den Kiemen und Augenhöhlen der Fische.

Meine Mutter kochte Leber und Innereien. Sie kochte Huhn. Hühnerfüße und Hühnermägen und Hühnerherzen. Die Hühnerfüße erschreckten viele meiner Schulfreunde. Ich mochte sie sehr gern. Ich nahm die Knöchelchen auseinander und kaute mit Begeisterung die Knorpel.

Mit fünfundsiebzig entschloß sich mein Vater, das in den Griff zu bekommen, was er als sein Gewichtsproblem betrachtete. Eigentlich hatte er kein Übergewicht. Ich glaube eher, daß er die Prioritäten meiner Mutter am Leben hielt. Er verkündete, eine Fastenkur machen zu wollen.

»Das ist Blödsinn«, sagte ich zu ihm.

»Danke für das Kompliment, meine Tochter«, sagte er.

»Nein«, sagte ich. »Es ist eine völlig verrückte Idee zu fasten.«

»Was weißt du von verrückt?« sagte er. »Du bist diejenige, die einen Psychiater braucht.«

»Einen Analytiker«, sagte ich.

»Das ist dasselbe«, sagte er.

Ich versuchte, ihm die Fastenkur auszureden. Aber er blieb eisern. Er würde gar nichts essen. Und damit ein für allemal sein Übergewicht loswerden.

Ich machte mir Sorgen um ihn. Ich beschloß, ihn sorgfältig im Auge zu behalten. Bis dahin hatte er mehrmals pro Woche bei uns zu Abend gegessen. Er würde trotzdem kommen, sagte er, weil er die Kinder sehen wollte.

Am ersten Abend betrachtete er alles, was ich aß. »Guter Klops?« sagte er. Klops ist Hackbraten.

»Guter Klops«, sagte ich. »Gute Karotten?« sagte er. Ich bot ihm Klops an. Ich bot ihm Karotten an. Ich bot ihm alles an. Er lehnte ab.

Am nächsten Tag kam er schon früh. Ich saß noch am Schreibtisch. Ich legte meine Arbeit zur Seite und kam aus dem Schlafzimmer, wo mein Schreibtisch stand, um mich mit ihm zu unterhalten. Unterwegs nahm ich einen Apfel aus der Obstschale.

»Du ißt einen Apfel, und ich esse nichts«, sagte er. Ich bot ihm einen Apfel an. Er schüttelte den Kopf. »Bitte nimm einen Apfel«, sagte ich. Wieder schüttelte er den Kopf. »Nicht für mich«, sagte er.

Am folgenden Abend war es das gleiche. Er sah sich an, was jeder aß. Er klopfte auf seinen Bauch. »Ich werde dünner«, sagte er.

Ein paar Tage später machte ich mir wirklich Sorgen um ihn. Er war nicht mehr er selbst. Er wirkte müde und abgespannt. Ich versuchte, ihn vom Fasten abzubringen. Er verließ beleidigt das Haus. Ich rief jeden Morgen als erstes bei ihm an, um zu hören, ob alles in Ordnung war.

Am fünften Tag seiner Fastenkur rief mein Vater mich um sieben Uhr morgens an. »Ich höre auf damit«, sagte er.

»Großartig«, sagte ich.

»So großartig ist das nicht«, sagte er. »Ich habe nichts gegessen vier Tage lang und nicht ein Pfund abgenommen. Was soll ich fasten, wenn ich nicht abnehme?«

»Du hast nicht abgenommen?« sagte ich.

»Kein bißchen«, sagte er.

»Das ist unmöglich«, sagte ich.

»Das ist die Wahrheit«, sagte er.

»Vielleicht ist es die Waage?« sagte ich.

»Nein«, sagte er. »Ich habe zwei Waagen. Beide diese Waagen zeigen dasselbe Gewicht, wie sie immer gezeigt haben.«

»Das verstehe ich nicht«, sagte ich.

»Wer könnte so etwas verstehen?« sagte er. »Vier Tage fasten und nicht ein Pfund abnehmen?«

Damals arbeitete mein Vater gerade in einem Studio und half meinem Mann bei der Herstellung seiner Radierungen. Ich machte mir Gedanken, daß er von dem Fehlschlagen dieser Fastenkur vielleicht enttäuscht sein könnte. Ich rief einen der jungen Mitarbeiter des Studios an und bat ihn, ein Auge auf meinen Vater zu haben. Ich erzählte ihm die Geschichte. »Fastenkur?« sagte er. »Das glaube ich nicht. Gestern hat er mich noch gebeten, ihm zwei Tafeln Schokolade mitzubringen.«

Zwei Tafeln Schokolade! Ich konnte es nicht fassen. Ich rief meinen Vater an. »Bill hat mir erzählt, du hättest ihn gebeten, dir zwei Tafeln Schokolade mitzubringen«, sagte ich. »Ich dachte, du machst eine Fastenkur?«

»Wovon redest du?« sagte mein Vater. »Natürlich habe ich gefastet.«

»Aber du hast Schokolade gegessen«, sagte ich.
»Ich hatte kein Frühstück. Ich hatte kein Mittagessen. Ich hatte kein Abendessen. Das ist eine Fastenkur«, sagte er.
»Aber du hast Schokolade gegessen«, sagte ich.
»Ich habe nur Schokolade gegessen«, sagte mein Vater. »Nur Bitterschokolade und sonst nichts. Und jetzt esse ich noch mehr davon. Was nützt das Fasten, wenn man nicht abnimmt?«
»Er spinnt«, sagte ich zu meinem Mann.
»Du spinnst«, sagte meine jüngere Tochter zu mir, als ich sie bat, bei Essa Bagels in der 21. Straße anzurufen und zu fragen, wie viele Kalorien einer ihrer Bagels hat.

Ich wollte nicht selbst anrufen, um sie nicht zum Wahnsinn zu treiben. Ich hatte schon zweimal im Geschäft gefragt und mehrmals angerufen. Ich erhielt immer die gleiche Antwort. Einhundertundneun Kalorien.

Das konnte nicht sein. Die Bagels sind riesig. Eine dünne Scheibe Weißbrot kann schon hundertneun Kalorien haben. Ich hatte, unabhängig voneinander, zwei Leute gefragt, die bei Essa Bagels bedienen, wie diese niedrige Kalorienzahl möglich sei. »Wir verwenden ein Mehl mit besonders geringem Stärkegehalt«, sagten sie mir.

»Wie gering kann der Stärkegehalt von Mehl sein?« fragte ich meinen Mann. Ich legte einen der Bagels auf die Waage. Er wog fast hundertfünfzig Gramm.

Ich rief noch einmal bei Essa Bagels an. »Könnten Sie mir sagen, wie viele Kalorien einer Ihrer Bagels hat?« sagte ich zu der Frau, die am Telefon war. »Es hat sich nichts geändert«, sagte sie leicht erschöpft. »Es sind immer noch hundertneun.«

»Ich habe schon 'mal für dich bei denen angerufen«, sagte meine jüngere Tochter. »Ruf' noch mal an«, sagte ich. Es waren immer noch hundertneun Kalorien.

Ich war seit zwei Jahren zu Essa Bagels gepilgert, als die *New York Times* einen Artikel über Bagels veröffentlichte, in dem die Nährwerte und der Kaloriengehalt von New Yorks beliebtesten Bagels aufgelistet und analysiert wurden. Ein Essa Bagel hatte fünfhundertacht Kalorien.

Ich verfiel in eine Art Schockzustand, nachdem ich das gelesen hatte. Ich konnte den ganzen Tag nicht mehr arbeiten. Ich rannte in das Atelier meines Mannes, um es ihm zu erzählen. Er mußte sich das Lachen verbeißen. Er hatte mir dabei zugesehen, wie ich die Bagels gewogen, dann die Waage neu eingestellt und die Bagels noch einmal gewogen hatte, weil ich hoffte, daß sie dadurch weniger wiegen würden. Ich rief die Kinder an und erzählte es ihnen. Die konnten sich vor Lachen kaum halten.

»Was hast du erwartet, Lil?« sagte meine jüngere Tochter. »Die sind mega.«

»An manchen Tagen habe ich zwei gegessen«, sagte ich zu ihr. »Und gelegentlich drei. Drei Bagels. Fünfzehnhundert Kalorien. Ich habe die Kalorienzufuhr eines ganzen Tages als kleinen Imbiß zu mir genommen.«

»Könnten wir Essa Bagels verklagen?« sagte sie.

»Ich frage mich, ob deren Geschäft nach dem Artikel in der *Times* zurückgegangen ist«, sagte ich zu meinem Mann, als wir das nächste Mal bei Essa Bagels vorbeikamen. Er lachte. »Nein«, sagte er. »Die New Yorker sind ziemlich unerschütterlich.«

Als ich das erste Mal nach New York kam, war ich neunzehn Jahre alt. Das war 1966. Der einzige Mensch, den ich in New York kannte, war die mittlerweile leider verstorbene australische Journalistin Lillian Roxon, die seit Jahren in New York lebte. Sie hatte sich mir einige Monate davor in London vorgestellt.

In New York nahm Lillian mich unter ihre Fittiche und überall mit hin. Wir gingen in einen kleinen Klub, um Jim Morrison und The Doors zu sehen und zu hören. Lillian, ihre Freundin Linda Eastman und ich saßen drei Meter von der Band entfernt. Zwischen den Nummern führten Linda (die zwei Jahre später Mrs. Paul McCartney wurde) und Jim Morrison kurze, lebhafte Privatunterhaltungen. Noch waren The Doors nicht berühmt. Jim Morrison war ein faszinierender, hypnotisierender und verführerischer Sänger.

Lillian stellte mich jedem als Australiens beste Journalistin vor. Ich kam mir kaum als Journalistin vor, geschweige denn als Australiens beste. Ich sagte drauf meist verlegen, ich sei nicht wirklich die Beste in Australien, bis Lillian mir sagte, ich solle gefälligst erwachsen werden.

Damals hielt ich Lillian für ziemlich alt. Sie muß um die Dreißig gewesen sein. Es gab eine seltsame Trennungslinie in meiner Generation. Alle Leute, die ich kannte, verkehrten ausschließlich mit Gleichaltrigen. Ich war verwundert, daß Lillian meine Freundschaft gesucht hatte, und ich fragte mich nach dem Grund dafür. Verwundert, aber dankbar.

Als ich sie zwei Jahre später anrief, um ihr mitzuteilen, daß ich heiraten würde, war sie der einzige Mensch, der mich fragte, warum. Ich hielt das für eine blöde Frage.

Lillian war klein und rundlich. Sie kaufte ihre Kleider bei Macy's in der Abteilung für Teenager mit Übergröße. Einmal ging ich mit ihr dorthin. Ich fühlte mich äußerst unbehaglich. Lillian probierte ein Kleid nach dem anderen an. Bei jedem sagte ich, es sähe wunderbar aus. Ich wollte nur weg.

Es war Lillian, die mich mit der Welt der *Light*-Speisen bekannt machte. Sie wußte, wo es Eis und Süßigkeiten zu kaufen gab, die weniger Kalorien hatten als üblich. Wir tranken in einem Café mit Nischen einen Milchshake *light*. Wir saßen in unserer Nische und bestellten uns jede zwei Schokoshakes.

Ich hatte noch nie ein Café mit Nischen gesehen. Ich dachte, sie dienten dem Schutz der Intimsphäre, damit dicke Leute in Ruhe ihre Milchshakes *light* genießen konnten.

Wenn ich heute die Reihe der *Light*-Produkte in meinem Kühlschrank betrachte, denke ich oft an Lillian, die, nicht einmal vierzig Jahre alt, an einem Asthmaanfall starb.

Ich war fünfundvierzig, bevor es mir gelang, Hunger von dem Bedürfnis zu unterscheiden, mich vollzustopfen. Ich wußte nicht, wann ich hungrig war, und ich wußte nicht, wann ich satt war.

Die Lücken, die ich mit Essen zu füllen versuchte, wurden weniger. Ich ruhte mehr in mir selbst und war weniger auf ein stabiles Äußeres angewiesen. Ich präsentierte mich nicht mehr freundlicher, gescheiter und gütiger, als ich war. Ich verlor viele Illusionen über mich selbst und gleichzeitig das Bedürfnis, zu viel zu essen.

Nach und nach lernte ich zu unterscheiden, wann ich hungrig war und wann nicht. Ich hörte auf, unentwegt an Essen zu denken. Manchmal erstaunt es mich immer noch, daß ich zwischen den Mahlzeiten nicht daran denke. Ich überlege mir, was ich esse. Ich versuche, so gesund wie möglich zu essen. Es ist gar nicht schwer. Ich liebe Obst und Gemüse.

Wenn man Gewichte hebt, wird man sich der Verbindung zwischen dem, was man ißt, und dem, wer man ist, deutlich bewußt. Wenn ich zum Beispiel ein paar Tage lang nicht genügend Eiweiß zu mir genommen habe, bin ich nicht so stark.

Es ist sehr einfach, sich von dem zu distanzieren, was man ißt. Das betrifft besonders Frauen. Frauen glauben, daß es nichts ausmacht, wenn man unregelmäßig ißt und Mahlzeiten ausläßt. Selbst die gescheitesten Frauen, die ich kenne, schludern beim Essen. Sie frühstücken nicht, verzichten oft gänzlich auf Eiweiß und leben von grünem Salat. Männern passiert das nicht. Selbst die dämlichsten Männer scheinen regelmäßig ordentlich zu essen.

Hundezüchter wissen, wie wichtig die Ernährung ist. In der heutigen Ausgabe der *New York Times* wird der Vizepräsident für Kommunikation im American Kennel Club wie folgt zitiert: *Züchter sind besessen von Ernährungsfragen, denn was ein Hund frißt, zeigt sich fast unmittelbar an seinem Aussehen und seinem Verhalten.*

All die jungen Frauen, die rauchen und Mahlzeiten auslassen, werden in ein paar Jahren vermutlich wie Asche aussehen. Warum müssen wir Frauen uns so viel Schaden zufügen? Ich weiß es nicht. Ich habe mich sehr bemüht, so viel wie möglich wieder gutzumachen. Mit Sport, mit guter Ernährung, mit Vitaminen.

Ich bin keine Expertin in Sachen Vitamine. Ich nehme jeden Tag ein Multivitamin- und Mineralstoffe-Präparat im Glauben, daß es mir guttun könnte und in keinem Fall schadet. Außerdem schlucke ich täglich eine Kapsel mit Nachtkerzenöl. Das mache ich deshalb, weil ich einmal eine Lektorin hatte, die Stein und Bein schwor, daß Nachtkerzenöl ein Heilmittel für alles sei.

Ich neige dazu, Gewohnheiten schnell anzunehmen, also habe ich das Nachtkerzenöl seit damals ständig genommen. Fast hätte ich vor kurzem damit aufgehört, als ich las, daß auch Cher es nimmt. Ohne besondere wissenschaftliche Grundlage, sagte ich mir, daß Cher vermutlich weiß, was sie tut. Und mit Cher muß ich natürlich Schritt halten können. Zumindest, wenn es um Nachtkerzenöl geht.

Cher hat wahrscheinlich nie Probleme gehabt, ihren Hüftumfang zu messen. Graham Long, der australische Designer, macht seit über zwölf Jahren Kleider für mich. Seit ich zum ersten Mal das Schild im Schaufenster seines Geschäfts in der Brunswick Street in Fitzroy sah. Das Schild trug in sehr kunstvollen Buchstaben seinen Namen. Ich las ihn als Graham Zong.

Graham hat Kleider in so vielen Größen für mich gemacht. Diese Größe nach dieser Diät, jene Größe nach jener Diät und die Zwischengrößen zwischen allen Diäten. In den letzten paar Jahren sind meine Kleidergrößen konstant kleiner geworden.

Das Kleid, das Graham mir machen sollte, wollte ich anläßlich der Hochzeitstagsfeier einer Freundin tragen. Er rief mich an und bat mich, meinen Hüftumfang zu messen.

Ich mag es gar nicht, irgend etwas an mir zu messen oder zu wiegen. Keinen Brustumfang und keinen Blutdruck, keinen Puls und kein Gewicht. Wenn ich mich wiege, entledige ich mich sämtlicher Kleidungsstücke, pisse, atme aus und steige so leichtfüßig wie möglich auf die Waage. Ich atme erst wieder ein, wenn ich nicht mehr auf der Waage stehe.

Ich holte das Maßband. Ich stellte sicher, daß es nicht ausgeleiert war. Maßbänder können ausleiern. Es war in Ordnung. Ich wollte es um meine Hüften legen. Aber ich stieß sofort auf ein Problem. Wo genau waren meine Hüften?

Nicht, daß sie so schmal gewesen wären, daß man sie hätte übersehen können. Sie waren ziemlich breit. Und genau das war mein Problem. Ich wollte ihre Breite verringern, ohne Graham falsche Angaben zu machen.

Mißt man die Hüften um den Po herum?, fragte ich mich. An den Oberschenkeln? Wahrscheinlich an der breitesten Stelle, dachte ich mir. Ich sah auf das Maßband und stellte fest, daß meine Hüften, oje, immer noch ziemlich breit waren.

Vielleicht hielt ich das Maßband zu lose? Wie lose mußte es anliegen? Ich rief Graham an. Locker genug, um es noch bewegen zu können, sagte er, aber nicht so locker, daß es abrutscht.

Ich versuchte es noch einmal. Vielleicht lag es diesmal zu eng an? Nach fünfzehn Minuten entschied ich mich für ein Maß. Ich rief Graham an. »Gut«, sagte er. »Sie haben offenbar noch mehr abgenommen.« »Vielleicht messe ich nicht an der richtigen Stelle«, sagte ich. »Ich rufe Sie zurück.«

Ich rief ihn noch viermal an. Ich teilte ihm acht verschiedene Meßergebnisse mit. Schließlich sagte er, er würde den Durchschnitt ausrechnen. Nach all dem Messen und Suchen nach der richtigen Stelle war ich so durcheinander, daß ich an die frische Luft gehen mußte. »Offensichtlich lernt man in jahrzehntelanger Analyse nicht, wie man mit einem Maßband umzugehen hat«, sagte ich zu meinem Mann, als ich die Wohnung verließ.

Ich habe mich sehr verändert, und doch bin ich stets dieselbe geblieben. Seltsam abergläubisch. Ich will mein Glück nicht strapazieren. »Geht es dir gut?« sagte ein Freund kürzlich zu mir. Dieser Freund gehört zu den Sammlern der Werke meines Mannes. Ich mag ihn sehr gern. Er ist ein zurückhaltender Mann in meinem Alter.

Zurückhaltende Menschen bringen oft das Schlimmste in mir zum Vorschein. Ich bin lauter, als ich es eigentlich bin, emotionaler und unsicherer. Kein schönes Bild.

Ich hatte ihm nicht geantwortet, also wiederholte er seine Frage. »Geht es dir gut?« sagte er. Was für eine Frage. Kein Jude könnte sie beantworten, ohne selbst einige Fragen zu stellen. »Ich hoffe es«, sagte ich gedehnt. Warum mußte er mich das fragen? Ich hatte weder über meine Gesundheit noch über all die Gefahren und Risiken nachgedacht, die unser aller Wohlbefinden bedrohen. Geht es mir gut?

Ich dachte an mein Körperinneres. All das Blut, das strömte und zirkulierte. Waren meine Hämoglobinwerte in Ordnung? Filterte die Leber all das aus meinem Blut heraus, was sie filtern sollte? War der Nahrungstransport ordnungsgemäß, und nahm der Darm die Nährstoffe auf? Wurden meine Nieren gespült? Woher sollte ich das wissen?

»Ich glaube schon«, sagte ich. Ich schwächte es ab. »Soweit ich weiß, schon.« Ich muß besorgt ausgesehen haben, denn er blickte mich prüfend an. »Ich kann diese Frage nicht beantworten«, sagte ich zu ihm. Er lachte.

»Ich hätte damit umgehen können, wenn du zu mir gesagt hättest ›du siehst gut aus‹«, sagte ich. »Dann hätte ich ›danke‹ gesagt. Aber ›Geht es dir gut?‹ ist eine ernste Frage. ›Woher soll ich das wissen?‹ ist die Antwort darauf.«

»Du könntest einfach ›ja‹ sagen«, sagte er.

»Könnte ich nicht«, sagte ich. »Ich könnte mein Glück strapazieren. Den bösen Blick beschwören.«

Er verdrehte die Augen und sah meinen Mann an. Ich konnte sehen, daß er froh war, nicht mit mir verheiratet zu sein. Ich gab ihm noch eine Erklärung. »Es ist dasselbe wie keine Babysachen zu kaufen, bevor das Kind auf der Welt ist«, sagte ich zu ihm. An seinem Gesichtsausdruck ließ sich ablesen, daß er jetzt überhaupt nichts mehr verstand.

»Du bist schwanger?« sagte er.

»Um Himmels willen, nein!« sagte ich. Er betrachtete mich sorgfältig. Ich versuchte, so normal und entspannt wie möglich auszusehen.

»Du siehst gut aus«, sagte er.

»Danke«, sagte ich.

6 Essen

AN DEM TAG, ALS MEIN MANN MICH ANRIEF, um mir zu sagen, daß er mich heiraten wolle, schwammen in meiner Badewanne sechzehn tiefgekühlte Fasane. Ich war gerade dabei, sie aufzutauen. Sie hätten frisch geliefert werden sollen, nicht tiefgekühlt.

Ich erwartete zweiunddreißig Gäste zum Abendessen. Hygienisch betrachtet, ist es nicht leicht, Geflügel aufzutauen. Ich bemühte mich, die Fasane aufzutauen und sie gleichzeitig kühl zu halten. Die Vögel boten einen traurigen Anblick. Sechzehn nackte, armselige kleine Körper, die im Badewasser auf- und niedertanzten.

»Ich liebe dich«, sagte er am Telefon zu mir. »Ich wurde geboren, um mit dir zusammen zu sein.« Ich zog meine Gummihandschuhe aus. Eine solche Unterhaltung kann man nicht führen, wenn man Gummihandschuhe trägt.

»Ich habe sechzehn Fasane zum Auftauen in der Badewanne liegen«, sagte ich zu ihm. Das schien ihm nichts auszumachen. »Ich habe noch nie im Leben einen Fasan zubereitet«, sagte ich. Ich wollte nicht, daß er mich für die Sorte Mensch hält, die ständig Fasane brät.

Ich war ein bißchen nervös und wußte nicht, was ich sonst noch sagen sollte. »Nur eine Wahnsinnige würde bei ihrem ersten Versuch, Fasan zuzubereiten, sechzehn Stück nehmen«, sagte ich.

»Ich liebe dich«, sagte er. »Ich möchte dich heiraten.« Ich hörte auf, von den Fasanen zu reden. Die Fasane waren nicht mein Problem. Ich hatte ein viel größeres Problem. Ich war mit einem anderen Mann verheiratet.

Essen scheint in vielen Bereichen meines Lebens eine zentrale Rolle gespielt zu haben. Meine Mutter war eine sehr gute Köchin. Wenn sie kochte, lebte sie in ihrer eigenen Welt. Einer quicklebendigen Welt. Sie war ständig in Eile. Sie knallte Töpfe und Pfannen auf den Herd; sie schlug die Türen der Küchenschränke zu. Sie öffnete und schloß einen Drehschrank in der Ecke der Küche mit solcher Geschwindigkeit, daß ich fürchtete, sie würde sich eines Tages gleich ein paar Finger mit abdrehen.

In der Küche meiner Mutter ging es immer laut zu. Ihr Mixer surrte, und ihr Fleischwolf dröhnte. Meine Mutter hackte und mischte und rührte und knetete. Während das Essen kochte, wusch sie genauso laut und energisch das schmutzige Geschirr ab.

In diesem ganzen Tumult gelang es meiner Mutter, ein hervorragendes Essen auf den Tisch zu bringen. Es schmeckte nicht nur gut, es sah auch noch wunderbar aus. Meine Mutter arrangierte ihre Essen sehr kunstvoll. Und das war lange Zeit vor Gourmetkritikern oder *Vogue Living*.

Sie kochte immer viel zuviel. Zuviel für die täglichen Mahlzeiten der Familie und zuviel für ihre Gäste, die sie regelmäßig zum Abendessen einlud. Wie viele Lebensmittel jeweils gebraucht werden würden, erwies sich als schwer zu entscheidende Frage für meine Mutter. Dieses Dilemma habe ich geerbt. Wenn ich ein Essen für vier kochen will, koche ich genug für mindestens zwölf und mache mir immer noch Sorgen, ob es auch reichen wird. Ich habe versucht, mich dazu zu zwingen, weniger zu kochen, bis jetzt allerdings ohne Erfolg. Ich schreibe zwei Pfund gehacktes Kalbfleisch auf meine Einkaufsliste, und dann stehe ich beim Metzger und höre, wie ich vier Pfund verlange. Natürlich muß ich dann auch sämtliche anderen Zutaten verdoppeln. Ich bin nicht dazu veranlagt, eine Mahlzeit für zwei zu kochen, und würde nicht einmal den Versuch unternehmen, es für eine Person zu tun.

Als wir neulich mit dem Zug nach Philadelphia fuhren, um uns die große Cezanne-Ausstellung anzusehen, nahm ich einen dreigängigen Lunch auf die zweistündige Zugfahrt mit. »Wir fahren nicht nach Moçambique«, sagte mein Mann, als er das ganze Essen sah, das ich eingepackt hatte. Ich war so beleidigt, daß er bereits zwei mit Mozzarella und sonnengereiften Tomaten belegte Sandwiches gegessen hatte, noch bevor wir aus der Pennsylvania Station herausgefahren waren. »Die sind ausgezeichnet«, sagte er immer wieder.

Wir wußten alle, daß wir in der Küche nichts verloren hatten, wenn meine Mutter kochte. Manchmal machte mein Vater den Fehler, in die Küche zu schleichen, um etwas zu trinken oder um sich ein Bier zu holen. Und zwar mit Sicherheit dann, wenn meine Mutter gerade ein Soufflé im Ofen hatte. Das Soufflé meiner Mutter spürte auch den vorsichtigsten Schritt. Selbst beim leisesten Lufthauch fiel das Soufflé zusammen. Meine Mutter war stolz auf ihre perfekten Soufflés. »Das Soufflé, Moniek, das Soufflé«, schrie sie, wenn er in die Küche drängte.

Kochen war etwas, das meine Mutter allein machte. Sie wollte nicht, daß man ihr in der Küche Gesellschaft leistete.

Sie redete nicht gern beim Kochen. Sie wollte auch keine Hilfe. »Geh' lernen«, sagte sie, wenn ich ihr helfen wollte. Sie war gern allein mit ihren Töpfen und Pfannen, ihren Kochlöffeln und Bratenwendern. Und sie behielt ihre Rezepte für sich. Wenn Freunde ihr zusetzten, ihre Rezepte preiszugeben, machte sie ungenaue Mengenangaben. Eine Handvoll von diesem, ein Stück von jenem. Es ist keinem je gelungen, eines ihrer Rezepte nachzukochen.

Obwohl ich in der Küche nichts zu suchen hatte und meine Mutter mir kein einziges Rezept verriet, lernte ich mit der Zeit, alle ihre Gerichte zuzubereiten. Darüber wunderte ich mich oft. Woher wußte ich, wie man eine Kapuschniak, eine Suppe aus Sauerkraut, Kartoffeln und Kalbsknochen, kocht? Ich wußte es einfach. Ich schloß die Augen und sah meine Mutter, wie sie Zwiebeln anröstete. Dann fügte sie Mehl und Pfeffer hinzu und goß mit Wasser auf. Danach kamen die Knochen hinein. Wenn sie lange genug gekocht hatten und sich das Mark löste, wurde das Sauerkraut hinzugefügt und zum Schluß die geschälten Kartoffeln. Als ich die Suppe das erste Mal kochte, erklärte mein Vater, sie würde genauso schmecken wie die meiner Mutter. Und das war ein Kompliment, das ihm nicht so ohne weiteres über die Lippen kam.

Wie sickert dieses Wissen in uns ein? Durch Osmose? Ich kann Lattkes, Tzimmes, Klops, Mazzebrei, Farfel und Kascha zubereiten.* Ich kann Kalbsbrust machen und das Brathuhn meiner Mutter. Offenbar nehmen wir viel mehr in uns auf, als uns bewußt ist. Ich habe so viele intensive Erinnerungen an meine Mutter, wie sie in ihrer Küche steht und kocht. Ich bringe meine Mutter zum Leben, indem ich ihre Gerichte zubereite. Ich sehe, daß ich Küchenuntensilien ebenso hand-

---

* *Lattkes: Kartoffelpuffer; Tzimmes: gesüßte Karotten; Klops: Hackbraten; Mazzebrei: Brei aus ungesäuertem Brot; Farfel: Nudeln; Kascha: Grießbrei*

habe wie sie. Ich schäle Äpfel und Kartoffeln mit den gleichen Gesten und Bewegungen.

Ich habe ähnliche Hände wie meine Mutter. Manchmal, wenn ich meine Hände dabei beobachte, wie sie Zwiebeln hacken oder einen Apfel vierteln, vergesse ich, wer ich bin. Dann denke ich, ich sei meine Mutter. Manchmal bin ich darüber beunruhigt, manchmal bin ich unglücklich, manchmal tröstet es mich. Und manchmal ist es so intensiv, daß ich aus der Küche ins Bad gehen muß. Dort sehe ich in den Spiegel und erkenne, daß ich ich selbst bin.

Meine Mutter ist überall in meiner Küche gegenwärtig. Ich habe einen alten Sunbeam Mixer. Der ist nicht so praktisch wie die neueren Maschinen, die hacken und reiben und rühren und mixen können. Aber ich behalte ihn in meiner Küche, weil er genau das gleiche Modell ist wie der, den meine Mutter in ihrer Küche hatte.

Nachdem meine Mutter gestorben war, nahm ich ihr Nudelholz, ihre Reiben und Siebe, Geflügelscheren und Holzlöffel und hing sie in meiner Küche auf. Ich benutze sie jeden Tag. Ich rühre Zwiebeln mit dem gelben Plastiklöffel, den sie für ihre Teflonpfanne verwendete, und ich schöpfe Suppe mit ihrer Suppenkelle mit dem grünen Griff.

Meine jüngere Tochter, eine sehr talentierte Köchin, brät ihren Klops in demselben Schmortopf, in dem auch meine Mutter Klops zubereitet hatte. Diese Tochter nervte meine Mutter stets damit, den rohen Klopsteig kosten zu wollen. Sie wurde zum wichtigsten Klopstester meiner Mutter. Die Testfrage betraf das Salz: war genug darin oder zuwenig? Sie erinnert sich heute noch an den Geschmack des Klopsteigs. Sie war elf Jahre alt, als meine Mutter starb.

Meine Tochter und ich kochen die Hühnersuppe meiner Mutter gemeinsam. Wir nehmen ein koscheres Huhn (vielleicht sind die besser, weil sie gesegnet werden), eine Zwiebel, eine Pastinake, zwei Karotten, vier Stangen Sellerie, etwas Petersilie, Salz und Pfeffer und setzen alles in einem großen Topf mit Wasser auf. Manchmal kochen wir das Rezept doppelt. Und dann stehen wir beide da, das Haar zurückgekämmt, mit losen Haarsträhnen, die sich im heißen Dampf zu Locken drehen. Wenn es Winter ist, beschlagen die Fensterscheiben. Wir stehen über den beiden Töpfen, in denen die Hühnersuppe kocht, und denken an meine Mutter. Es ist ein starkes und unausgesprochenes Ritual.

Wenn wir eines der Gerichte meiner Mutter kochen, kommt es gelegentlich vor, daß meine Tochter die Art, wie ich etwas schneide, korrigiert. »So hat Nana das nie gemacht«, sagt sie dann. Und ich frage mich, weshalb sie das weiß.

Sie hat schon als kleines Mädchen gekocht. An den Wochenenden bereitete sie das Frühstück für ihren Bruder und ihre Schwester. Toast und geröstete Tomaten, Fruchtsalat und selbstgemachtes Müsli für fünfzig Cents. Ihr Bruder und ihre Schwester aßen das Frühstück, aber sie zahlten nie dafür.

Meine jüngere Tochter hatte eine Anschlagtafel, auf der sie genau Buch führte über die Schulden, die ihre Geschwister bei ihr hatten. Als sie zwölf war, erkannte sie schließlich, daß sie ihr Geld nie bekommen würde. Sie entfernte alle Notizen von der Tafel. Sie warf sie weg und schrieb das Ganze als Verlust ab. »Man muß Vorauskasse machen«, sagte sie zu mir.

Ich wurde daheim nicht zum Kochen angehalten. Ich sollte wichtigere Dinge tun, wie Schulaufgaben erledigen und Klavier spielen. Also mußte ich jede gebotene Gelegenheit nutzen, um zu kochen. Und die ergab sich, wenn meine Eltern nicht zu Hause waren.

Ich stellte die seltsamsten Zutaten zusammen – lauter Dinge, von denen ich hoffte, daß meine Mutter sie nicht vermissen würde. Eine alte Tube Mandelpaste, ein paar Löffel

Marmelade, eine halbe Tasse Honig, die Krümel aus der Mazzepackung, Pflaumensaft, Schokoladestücke und soviel Butter, wie ich sauber auf allen vier Seiten von einem großen Stück Butter herunterschneiden konnte.

Das hört sich wie eine vielversprechende Mischung an. Potentiell kompatible Zutaten. Aber meine Kochkenntnisse waren zu lückenhaft. Die meisten meiner Rezepte gingen daneben. Meine Kuchen gingen nicht auf, und meine Toffees wurden nicht fest. Ich ließ mich nicht entmutigen. Ich versuchte es immer aufs neue. Jedesmal, wenn meine Eltern ausgingen, eilte ich in die Küche.

Doch ich hatte einfach kein Talent zum Kuchenbacken. Meine Kuchen waren jämmerliche Gebilde. Runde, gummiartige Dinger mit einer Wölbung in der Mitte; oder das Gegenteil, ein labbriger Kreis mit einer zähen Mitte von undefinierbarer Farbe.

Ich habe nie gelernt, Kuchen zu backen. Der einzige Kuchen, der mir gut gelang, ist ein Käsekuchen, und ich habe schon vor Jahren damit aufgehört, Käsekuchen zu backen. Ich war davon besessen, den fertigen Kuchen aus dem Rohr zu ziehen, ohne daß die Oberfläche einriß. Das ist gar nicht so einfach. Manchmal hatte ich den perfekten Käsekuchen schon vorsichtig herausgeholt, um dann doch noch einen feinen Riß zu entdecken, wenn ich ihn hinstellte. Also mußte ich einen neuen Kuchen backen. Das führte zu einem Überschuß an Käsekuchen, ein Problem, das ich bewältigte, indem ich das meiste vom Ausschuß allein aufaß.

Wenn ich auch eindeutig kein Talent zum Kuchenbacken hatte, entwickelte ich auf einem anderen Gebiet große Fähigkeiten. Schon im Alter von zehn Jahren war ich eine Expertin bei der Toffeezubereitung. Jahre bevor es modern wurde, fügte ich meinen Toffees getrocknete Feigen und Aprikosen, Sesam und Kürbiskerne zu. Die meisten Kinder in Carlton hatten noch nie einen Kürbiskern oder eine Feige gegessen, aber bei den Wohltätigkeitsbasaren unserer Schule wurde mein Toffee zu einem heißbegehrten Artikel.

Meine Eltern haben mich nie kochen sehen. Ich konnte hundert Stück Toffee, in Förmchen abgekühlt und in Dosen verpackt, fertig haben, bevor sie aus dem Kino zurück waren.

Manchmal geriet ich in eine Notlage. Meine Eltern kamen früher als erwartet zurück. Das geschah vier- oder fünfmal, und ich war gerade dabei, einen Kuchen zu backen. Ich hatte nicht viel Zeit. Wir wohnten in einem winzigen Häuschen mit drei Zimmern. Vom Gartentor bis zur Küche brauchte man kaum eine halbe Minute.

Ich riß den halbgaren Kuchen aus dem Backrohr. Glücklicherweise war ich geistesgegenwärtig genug, die Kuchenform mit Geschirrtüchern anzufassen. Ich rannte zur Hintertür hinaus, stellte mich auf die Treppe und warf den Kuchen über den Zaun in den Hof der Nachbarin. Ich versuchte, einen Baum zu treffen, aber zweimal landete die Mixtur auf Mrs. Dents Hintertreppe. Einmal flog auch die Kuchenform mit. Mrs. Dent hat weder meiner Mutter noch mir gegenüber jemals ein Wort darüber verloren. Aber sie bot mir an, mir zu zeigen, wie man eine Biskuitrolle bäckt.

Ich weiß nicht, was meine Eltern getan hätten, wenn sie mich beim Kochen erwischt hätten. Sie wären nicht erfreut gewesen, das weiß ich. Meine Mutter hätte sich Sorgen gemacht. Überall lauerten Gefahren: Das Gas war gefährlich, die Hitze, die Nahrungsmittel. Ich glaube, meine Mutter war der Ansicht, je weniger ich mit Essen zu tun hätte, desto besser wäre es für mich.

Ein weiterer seltsamer Aspekt bei all dem war der, daß weder meine Mutter noch mein Vater jemals einen Kommentar zu den unverkennbaren Düften abgaben, die das Haus nach meinen Ausflügen in die Welt kulinarischer Kreativität durchzogen.

Ich hätte so gerne gemeinsam mit meiner Mutter gekocht. Aber ich habe sie nie darum gebeten. Ich wußte, daß sie viel Zeit für sich brauchte. Ich wußte, daß es in ihrem Leben Dinge gab, mit denen sie nur umgehen konnte, wenn sie allein war. Ich glaube, das Zubereiten jüdischer Speisen erinnerte meine Mutter an ihre Mutter, an ihren geliebten Vater und an ihre Brüder und Schwestern. Ich glaube, daß die Erinnerung an ihre Kindheit und an das Leben mit ihrer Familie vielleicht noch schmerzlicher war als die Erinnerungen an das Entsetzliche und an die Brutalität, die sie erlebt und erfahren hatte.

Sie war ein heißgeliebtes jüngstes Kind. Das jüngste von acht Kindern, und das klügste. Das einzige Kind, das die Aufnahme an die Universität schaffte und eines der wenigen jüdischen Mädchen, das ein Stipendium gewonnen hatte, um studieren zu können. Sie träumte davon, Kinderärztin zu werden, und ihr Vater war überzeugt davon, daß sie es schaffen würde.

Ich glaube, daß die Erinnerung an die Stadt Lodz in Polen, das Land, in dem sie aufwuchs und das sie trotz seines Antisemitismus liebte, zu quälend für sie war. Sie erklärte laut, Polen sei ein Land, das sie nie wieder betreten wolle. Aber indem sie all die Liebe und den Patriotismus abschaltete, die sie für Polen empfand, löschte sie fast die gesamte Erinnerung an ihre Jugend aus. Es war, als ob es vor dem Leben im Schrecken kein Leben gegeben hätte. Und als ob das Leben, das sie als Kind und als Teenager in ihrer Familie gelebt hatte, nur in kleinen Fragmenten zu ihr zurückkommen könnte. Und nur, wenn sie ungestört war.

Ich beneidete Kinder, die zu Hause kochen durften. Eine Freundin beneidete ich am meisten. Ihre Eltern besaßen eine Pension in Hawthorn. Sie hatten ungefähr zwanzig Dauergäste in dieser verschachtelten, halb verfallenen, alten viktorianischen Villa. An den Wochenenden mußte Suzy das Frühstück für die Pensionsgäste bereiten. Sie hatte ja so ein Glück, fand ich. Jeden Samstag und Sonntag mußte sie um sieben Uhr morgens von ihrem Haus aus über die Straße in die Pension gehen, oft, wenn es noch dunkel war, um mit den Frühstücksvorbereitungen zu beginnen.

Sie mußte Teller und Tassen, Messer, Gabeln und Löffel aufdecken, Milchkännchen und Zuckerdosen füllen und die Butter auf kleine Glastellerchen portionieren. Und dann begann sie mit dem Kochen. Sie mußte Berge von Toast herrichten, Dutzende Spiegeleier braten und in einer anderen Pfanne Würstchen bruzzeln.

Wenn ich bei ihr übernachtete, half ich ihr beim Frühstückmachen. Ich war fast atemlos vor Aufregung, gleichzeitig acht Scheiben Brot toasten zu können. Und meine Begeisterung darüber, darauf zu achten, daß die Würstchen zur gleichen Zeit fertig waren wie die Eier, kannte keine Grenzen. Ich portionierte die Butter und vergaß nicht, das Messer zwischendurch immer wieder in kaltes Wasser zu tauchen. Ich arrangierte die Toast-Dreiecke in den Toastständern. Ich half, die Kaffeemaschine zu füllen. Ich schwebte auf Wolken. Ich war glücklich. Der Eindruck von Ausschweifungen, den einige der Gäste hinterließen, störte mich nicht. Ich übersah die Abgerissenheit und Einsamkeit vieler von ihnen. Ich war zu sehr mit dem Kochen beschäftigt. Ich hätte den ganzen Tag lang Würstchen braten und Milchkännchen füllen können.

Meine Servierkünste ließen allerdings zu wünschen übrig. Manchmal verschüttete ich Milch oder Orangensaft. Aber die Männer waren nett genug, sich nicht zu beschweren. Ich glaube, sie sahen, wieviel Mühe ich mir gab, die Tische schön zu decken. Ich faltete die Servietten genauso, wie meine Mutter es tat. Ich legte das Besteck ordentlich rechts und links neben die Teller und achtete darauf, daß es nicht verbogen war. Außerdem achtete ich darauf, daß jedes Gedeck mit dem, das auf der anderen Seite des Tisches auflag, eine Linie bildete.

Ich war zwölf oder dreizehn, als ich Suzy zum ersten Mal in der Pension half. Suzy hat meine Begeisterung nie ganz verstanden, aber sie wußte, wieviel Spaß es mir machte, und lud mich oft ein.

In einer Küche zu arbeiten bringt das Beste und das Schlechteste in uns hervor. Es bereinigt die Differenzen und Mängel einer Freundschaft. Wenn man in einer Küche arbeitet, kann man nicht formell oder gezwungen oder zurückhaltend sein. Suzy und ich wurden sehr gute Freundinnen. Als wir vierzehn waren, beschlossen wir, uns für den Sommer Servierjobs zu suchen.

Suzy konnte nähen, also machte sie für jede von uns einen ärmellosen Kittel aus schwarzem Baumwollstoff, den wir im Job-Lagerhaus am oberen Ende der Bourke Street gekauft hatten. Ich fand die Kittel einfach *toll*. Es waren keine unförmigen Dinger. Sie hatten eine hübsche A-Form. Als meiner fertig war, ging ich stundenlang damit durchs Haus. Und dann fuhren wir in die Stadt und suchten uns einen Job.

Wir wurden beide von Gibby's Coffee House-Kette eingestellt, jede in einer anderen Filiale. Die Speisekarte bei Gibby's war unkompliziert, und die Küche funktionierte seit Jahren nach dem gleichen Schema. Das Café war klein. Es hatte eine ruhige Atmosphäre. Die Kellnerinnen waren schwarz gekleidet. Das Essen war einfach und gut und der Service sauber und schnell.

Aber ich kapierte es nicht. Es war mir ein Rätsel, wie man mehr als eine Tasse Kaffee gleichzeitig auf einem Tablett tragen konnte. Wenn ich mehrere Tassen hatte, schwappte der Kaffee über die getoasteten Fladen oder auf die gekochten Eier. Nach einem halben Tag wurde ich hinausgeworfen. Ich ließ mich nicht entmutigen. Ich strich meinen Kittel glatt und ging zu Chat 'N' Chew in der Swanston Street.

Als man mich fragte, wo ich vorher gearbeitet hätte, sagte ich »bei Gibby's«. Das war nicht einmal gelogen. Es war ihnen schleierhaft, wie ich bei Gibby's hatte arbeiten können, wenn ich nicht einmal fähig war, einen vollen Suppenteller zu transportieren. Meine Anstellung bei Chat 'N' Chew war noch kürzer als die bei Gibby's. Ich entschied, daß Servieren nicht zu meinen Stärken gehörte.

Im nächsten Restaurant bewarb ich mich um einen Job in der Küche. Dort war ich besser. Ich hackte pfundweise Zwiebeln, ohne eine fallen zu lassen, und ich war recht gut im Zerkleinern von Salat. Ich mußte eine große weiße Schürze über meinem schönen schwarzen Kittel tragen und eine Duschhaube auf dem Kopf, aber es machte mir nichts aus. Ich hatte einen richtigen Job, und ich verdiente Geld.

Für eine Restaurantküche war sie eigentlich ganz angenehm. Es ging nicht zu hektisch zu. Von einem der Arbeitstische aus konnte man durch das Restaurant hindurch und auf die Straße sehen. Ich war stolz, daß ich meine Arbeit ordentlich verrichtete. Am dritten Tag, während meiner Mittagspause, holte ich mir Papier und Bleistift und rechnete aus, wieviel ich in dem Sommer verdienen würde.

An jenem Nachmittag schaute ich einmal von meinem Arbeitstisch auf und sah, daß meine beste Freundin am Restaurant vorbeiging. Ich rannte aus der Küche, durch das Restaurant, und rief ihren Namen. Sie war ganz überrascht, mich zu sehen. »Ich habe einen Job«, sagte ich zu ihr. Ich hielt immer noch den Bund Karotten in der Hand, den ich hatte schälen wollen, und hatte meine Duschhaube noch auf dem Kopf, als der Geschäftsführer auf die Straße kam. Er teilte mir mit, daß ich entlassen sei. Ich fand das so unfair. »Aber ich habe meine beste Freundin gesehen«, sagte ich. »Du wirst viel Zeit mit ihr verbringen können«, sagte er.

Ich sah über meine Mißerfolge in der Gastronomie hinweg, als ich mein eigenes Restaurant eröffnete. Es hieß Lily's und war auf der Victoria Parade in East Melbourne, wo jetzt die Dallas Brooks Halle steht. Ich war zwanzig und arbeitete beim Rockmagazin *Go-Set*. Oft arbeitete ich noch spät am Abend und stellte fest, daß man in Melbourne nach neun Uhr kaum noch etwas zu essen bekommen konnte. Treble Clef in South Yarra war immer völlig überfüllt.

Also machte ich mit einem der Herausgeber des *Go-Set* und einem weiteren Partner mein eigenes Restaurant auf. Ich hatte keine Ahnung von Restaurants. Als erstes entwarf ich die Servierkleider der Kellnerinnen. Sie waren so ähnlich wie mein Kittel, nur viel kürzer. Wir hatten allerdings noch keine Kellnerinnen. Wir hatten auch noch keine Räumlichkeiten. Aber ich wußte, was die Kellnerinnen tragen würden. Außerdem beschloß ich, daß das Küchenpersonal keine grünen Duschhauben zu tragen brauchte. Darin sah jeder so häßlich aus.

Wir fanden unsere Räumlichkeiten. Wir mieteten die Keller zweier Reihenhäuser. Wir schlugen die Zwischenwände heraus und konstruierten vier Räume mit einer Küche. Wir strichen die Wände, kauften, gebraucht, das Nötigste an Küchenausstattung und stellten oben an der Treppe ein handgemaltes Schild auf, auf dem *Lily's* stand.

Wir stellten einen Koch ein, der Cordon bleu auf die Speisekarte setzte und mir beibrachte, wie man Spaghetti aufwärmt. Er war sehr jung, und das war sein erster Job. Später wurde er einer der berühmtesten Köche Australiens. Wir hatten Glück, daß er so jung war. Er mußte mit Leuten arbeiten, die noch nie vorher in einem Restaurant gearbeitet hatten. Wir hatten alle Jobs an unsere Freunde vergeben, und das war eine sehr bunte Mischung junger Leute.

Lily's wurde ein Riesenerfolg. Die meisten Rockstars der damaligen Zeit kamen zum Essen: die Twilights, die Master's Apprentices, die Loved Ones, die Purple Hearts, Russell

Morris und meine Kollegin Molly Meldrum, die damals noch Ian hieß.

Das Restaurant war immer voll. An den Wochenenden standen die Leute bis auf die Victoria Parade hinaus und warteten auf einen Tisch. Zu der Zeit hatte ich bereits meine wöchentliche TV-Show *Uptight*. Ich interviewte Rockstars und stellte Schallplatten vor. Ich erwähnte das Restaurant so oft wie möglich während der Sendung. Die Leute kamen in Scharen. Die kurzen Courrège-Kittelchen waren ein Hit. Auf der Speisekarte stand das, was die Leute essen wollten. Und das Restaurant war fast die ganze Nacht geöffnet.

Lily's hatte eine großartige Atmosphäre. Die Leute kamen sehr gern. Es war viel erfolgreicher, als wir es uns hätten träumen lassen. Und es war eine Katastrophe. Wir hatten keine Ahnung, wie man ein Geschäft führt. Wir nahmen dauernd Geld aus der Kasse. Freunde brauchten nichts zu zahlen. Wir unterstützten Techtelmechtel beim Personal. Es war wirklich eine Katastrophe.

Wenn uns die Vorräte ausgingen, rannte ich zu meiner Mutter. Einmal nahm ich drei Hühner und zwei Enten aus dem Kühlschrank meiner Mutter, während sie schlief. Ich schrieb ihr einen Zettel. Aber die mangelhafte Vorratshaltung war es nicht allein. Wenn die Angestellten müde wurden, beschmierten sie sich gegenseitig mit Gelati oder spritzten Schlagsahne durch die Küche.

In der Küche heulte ständig irgendwer oder schloß sich in die Wäschekammer ein, um zu heulen. Alle Leute, die wir kannten, schienen ihre Nervenzusammenbrüche in unserem Lokal zu haben. Statt das Personal zu überwachen, verbrachte ich einen großen Teil meiner Zeit damit, meinen Freunden gute Ratschläge für ihr Liebesleben zu erteilen. Ich weiß nicht, warum sie glaubten, ich sei eine Expertin in diesen Dingen, oder warum ich mich für eine hielt.

Nach und nach geriet das Restaurant ins Schleudern. Die Dinge brachen auseinander. Eines Abends schnitt jemand die Polsterstühle auf. Ich heiratete und mußte mich auf mein eigenes Liebesleben konzentrieren. Andere Restaurants machten auf, die auch lange geöffnet hatten. Sebastian's in der Exhibition Street und Bertie's in der Spring Street. Irgendwann mußte Lily's dann geschlossen werden.

Ich habe bei Lily's nicht gekocht, aber ich war furchtbar gern in der Küche. Es machte mir Riesenspaß, Nahrungsmittel in großen Mengen zu bestellen. Ich mochte die Küchenutensilien und liebte es, dem Koch bei der Arbeit zuzusehen.

Als ich noch klein war, war ich völlig fasziniert von dem Mann, der bei Myers die Kuchen verzierte. Seine Spritztuben, voll mit Schlagsahne oder Zuckerguß, flogen über die Kuchen hinweg. Und dann waren plötzlich, wie aus dem Nichts, Rosen oder Veilchen, Noten oder Grüße zu sehen.

In New York darf ich nicht in die Nähe der Restaurantausstatter in der Bowery kommen. Wenn ich dort hingehe, verwandle ich mich in eine Verrückte. Ich habe das Gefühl, ohne eine Küchenmaschine, einen Pizzaofen, eine Teigknetmaschine und eine elektrische Sauciere, alles auf Restaurantküchen zugeschnitten, nicht mehr leben zu können. Als ich das letzte Mal dort war, kaufte ich einige runde Aluminiumschüsseln. Spezialschüsseln, in denen der Pizzateig gären kann. Sie haben eine wunderschöne Form, und man kann sie ineinanderstapeln. Sie sind ganz billig, ungefähr $ 3,50. Ich kaufte zwanzig Stück. Sie sind in meinem Wäscheschrank verstaut. Ab und zu gehe ich hin, sehe sie an und freue mich an ihnen.

Ich rechtfertige ihren Kauf, indem ich bei einer unserer großen Dinnerpartys in einigen von ihnen Salat servierte. »Du kannst nicht dauernd dreißig Leute zum Dinner einladen, bloß weil du diese Pizzateigschüsseln gekauft hast«, sagte mein Mann.

Ich finde, daß es einem selbst Kraft gibt, andere mit Essen zu versorgen. Eine der schönsten Erinnerungen an die Zeit, als meine Kinder noch klein waren, ist die, wenn sie, eins nach dem anderen, aus der Schule nach Hause kamen. Die erste Frage, sobald sie im Haus waren, lautete stets: »Was gibt's zu essen?«

Als die Kinder heranwuchsen, aßen unsere Freunde samt ihren Freunden häufig bei uns. Meine Kinder zogen ihre Freunde in die Küche, damit die sich die Größe meiner Töpfe ansehen. »Sie macht immer so viel«, hörte ich meinen Sohn eines Tages lässig zu einem seiner Freunde sagen. Sie betrachteten dabei zwei Töpfe, gefüllt mit je etwa hundert Portionen Spaghettisauce.

Die Freude am Kochen erinnert mich oft an die Freude, die ich beim Schreiben empfinde. Beides gibt eine ähnliche Befriedigung und ein Gefühl der Ruhe, die dabei entsteht, wenn man die unterschiedlichen Zutaten auswählt und miteinander mischt. Man muß einen klaren Kopf haben und einen Überblick darüber, wohin man will, wenn man ein Gericht zubereitet. Und man muß vorbereitet sein. Bei einem Roman ist das genauso.

Wenn in der Küche alles funktioniert, dann gibt es da eine Musikalität und einen Rhythmus, die mich an gutes Schreiben erinnern. All die grundverschiedenen Elemente fügen sich ineinander, über-, unter- und nebeneinander, und lassen etwas Neues entstehen.

Kochen hat etwas Verführerisches. Meine jüngere Tochter hat immer gezögert, bevor sie eine Einladung zum Essen bei ihren Schulfreunden annahm. Sie hat zuerst zu Hause angerufen und gefragt, ob es nicht gerade an dem Tag eine ihrer Lieblingsspeisen gab. Und ich weiß, daß ich Freunde habe, die über einige meiner schlechteren Eigenschaften hinwegsehen, weil ihnen mein Essen so gut schmeckt.

Große Mengen zu kochen heißt, daß man große Mengen einkaufen muß. Mit meiner Mutter in den Supermarkt zu gehen war ein erschöpfendes Unterfangen. Sie legte ein Pfund Butter in den Einkaufswagen, ging zwei Schritte weiter, dann ging sie wieder zurück und holte ein zweites und schließlich noch ein drittes. Die Entscheidungen, wieviel von allem genug sein würde, waren anstrengend. Ich bin genauso. Meinen Mann macht das wahnsinnig. Ich muß die zusätzlichen Waschmittelpakete oder Toilettenpapierrollen in den Einkaufswagen schmuggeln, wenn wir gemeinsam einkaufen. Er möchte wissen, warum wir zehn Pfund Reis und vier Gläser Weizenkeime brauchen. Es fällt mir schwer, darauf eine Antwort zu geben.

Im Sommer kaufe ich große Pflaumen und Mangos und Aprikosen und Birnen in Chinatown. Das Obst ist sehr preiswert und immer frisch. Die Käufer, meistens chinesische Frauen, sind sehr wählerisch. Sie prüfen jede Pflaume, jede Stange Lauch oder jedes Stück Papaya. Ich bekomme fünfzehn Pflaumen für einen Dollar oder sechs große Mangos für fünf Dollar. Chinatown ist der herrlichste Ort, um Obst, Gemüse und Fisch zu kaufen. Alle Warenschilder sind chinesisch beschriftet. Ich deute auf das, was ich gerne hätte. Bei Obst und Gemüse geht das gut, allerdings bin ich oft mit einem Fisch abgezogen, den ich nicht kannte. Aber er schmeckte immer sehr gut.

Das Obst und Gemüse, das ich in Chinatown kaufe, wird sauer eingelegt oder eingekocht. Ich mache Chutneys, Relishes und Essiggurken, Marmeladen und Gelees. Im Sommer verbringe ich mehrere Abende pro Woche damit, siedende Kessel mit Rhabarber und Zwiebeln und Rosinen zu rühren, oder mit Birnen und Ingwer, oder mit Tomaten und Chilies.

Ich stehe über den Töpfen und rühre, die Haare zurückgebunden, die Ärmel aufgerollt. Manchmal bin ich fast so naß wie die Chutneys und Relishes, die ich koche. Jeder Topf, in dem ich umrühre, bedeutet zwei oder drei Stunden schneiden und hacken. Ich probiere die Chutneys und Relishes, ob sie weich genug und dickflüssig sind. Ich renne mit kalten Tellern zwischen Kühlschrank und Herd hin und her, wenn ich die Gelierprobe für Marmeladen und Gelees mache.

Wenn alles bereit ist, hole ich die sterilisierten Einmachgläser aus dem Ofen. Ich fülle sie und wische sie mit einem heißen Tuch ab. Dann klebe ich die Etiketten auf. Wenn ich alles aufgeräumt habe, bin ich völlig erschöpft. Jedes Jahr beschließe ich, damit aufzuhören. Ich denke an meine Rückenschmerzen von der gebeugten Haltung beim Hacken und Schneiden, daß es Tage braucht, bis ich die Pflaumensaftflecken unter meinen Fingernägeln wegbringe und den Geruch nach Obst und Essig aus unseren Wänden. Und dann denke ich an die Einmachgläser. Die vielen vollen Regale, und alles hält jahrelang. Und wenn wir etwas brauchen, ist es da.

Ich weiß, daß ich nicht noch mehr einzukochen bräuchte. Wir haben noch Dutzende voller Einmachgläser in einem dunklen, kühlen Schrank im Wohnzimmer. Aber ich habe ein Bedürfnis danach, das mir unerklärbar ist. Wenn ich Gemüse und Obst sauer einlege oder einkoche, dann bin ich mit der Vergangenheit vereint. Mit einer anderen Zeit und einem anderen Leben; einem Leben, das mir bestimmt war, bevor Hitler intervenierte. Ich bin in Lodz. Ich bin mit meiner Mutter vereint. Ich bin nicht bloß ihr australisches Kind. Ich bin mit einer Stadt und einer Zeit vereint, die niemals mein waren.

Früher habe ich oft von Lodz geträumt. Ich träumte von den Straßenbahnschienen und den dunklen Häusern, bevor ich sie je sah. Wenn ich das Weißkraut salze und die roten Rüben schneide, dann bin ich in Lodz. Bei der Mutter meines Vaters, meiner Großmutter (zwei Worte, die ich nur selten zusammengesetzt habe), die jedes Jahr ihr gehobeltes, eingelegtes Weißkraut in den Keller brachte, um im Winter Sauerkraut zu haben.

In manchen Jahren ist es mir gelungen, es bis zur letzten Minute auszuhalten. Dann aber wurde ich von einer fast verzweifelten Hektik gepackt, rannte, um die Zutaten zu besorgen, holte die Einkochkessel hervor, die Schöpfkellen, die Einmachgläser, die Deckel und die Etiketten. Und bevor ich es richtig bemerkt habe, stehe ich wieder vor den dampfenden Bottichen und bin glücklich.

Die roten Rüben, Pflaumen, Zwiebeln, den Knoblauch und die Tomaten, die ich kaufe, lege ich in ein Einkaufswägelchen. Meine Töchter nennen es die Peinlichkeit und unternehmen jede Anstrengung, nicht damit in Verbindung gebracht zu werden. Mir ist es nicht peinlich. Ich habe mein Wägelchen über die Fifth Avenue und den West Broadway gezogen. Es war mir nie peinlich. In New York mache ich mir viel weniger Sorgen um mein Aussehen. Es ist seltsam, daß ich in dieser eleganten und glamourösen Stadt die Freiheit habe, schrecklich auszusehen. Manchmal steige ich aus dem Bett und gehe, ungekämmt und noch halbverschlafen, direkt in den Laden an der Ecke. Ich habe meinen Einkaufswagen gezogen, wenn ich geschminkt war und hohe Absätze trug, und im Trainingsanzug. Aber ich sollte das einschränken: Es ist mir nicht völlig egal, wie ich aussehe – mein Trainingsanzug ist schwarz und todschick.

Ich nehme meinen Einkaufswagen immer mit nach Chinatown. Er paßt genau in den Gang des Hühnergeschäfts in der Grand Street. Der Laden befindet sich in einem alten, braunen, einstöckigen Holzgebäude. Das Gebäude wirkt seltsam inmitten der anderen Häuser. Als ob es aus einem alten Western stammen würde.

Innen sieht es aus, als ob es aus einem anderen Land, aus einer anderen Zeit stammte. Die hölzernen Regale sind mit Hunderten von lebenden Hühnern vollgepackt. Es ist dunkel und laut, und es stinkt. Man wählt sein Huhn selbst aus, das dann im hinteren Teil des Ladens geschlachtet und gerupft wird. Die anderen Käufer sind Chinesen, die alle wissen, was sie tun. Flink heben sie die Hühner hoch und prüfen ihre Hintern. Wenn ich nur wüßte, wonach sie suchen. Wenn sie bei dem Huhn mit dem richtigen Hintern angekommen sind, bringen sie es nach hinten. Ich wähle mein Huhn nach Größe aus und bitte jemanden, in Zeichensprache, es für mich nach hinten zu tragen.

In Chinatown bin ich immer vergnügt. Es ist robust und echt. Es ist voller Familien, drei und vier Generationen kaufen gemeinsam ein, essen gemeinsam, arbeiten gemeinsam.

In Chinatown essen zu gehen ist einfach wundervoll. Ich glaube kaum, daß es in Chinatown ein einziges schlechtes chinesisches Restaurant gibt. Mein Lieblingslokal ist das Harmony Palace in der Mott Street. Ich gehe so gern sonntags auf ein *Dim sum* dorthin. *Dim sum* ist yamyam. Im Harmony Palace servieren sie *Dim sum* jeden Tag zum Frühstück und zu Mittag.

Das Harmony Palace ist ein sehr großes Restaurant. Energische Frauen sausen mit dampfenden Wagen voller Essen an einem vorbei. Dabei rufen sie völlig unverständliche Beschreibungen der Speisen aus. Wir deuten einfach auf das, was wir möchten. Es ist alles so gut. Und so billig. Es fällt schwer zu gehen, bevor man bis zum Bersten voll ist und einem übel wird.

Seit langer Zeit ist es in New York üblich, auswärts zu essen oder sich das Essen ins Haus zu bestellen. Wenn man von New Yorkern bei ihnen zu Hause zum Essen eingeladen wird, stehen die Chancen gut, daß das Essen geliefert oder fertig eingekauft wurde. In dieser Stadt wird der Fähigkeit, kochen zu können, übermäßige Bewunderung gezollt.

Was in Melbourne ein ganz normales Abendessen unter Freunden gewesen wäre, gilt in New York als etwas ganz Besonderes, wenn die Gastgeber das Essen selbst zubereiten. Dinnergäste gehörten zu unserem Melbourner Leben, und wir haben diesen Teil unseres Lebens in New York beibehalten. In Melbourne sagten die Freunde, daß es ein gutes Essen war. In New York ist die Tatsache, daß ich selbst gekocht habe, ein lebhaft diskutiertes Thema bei Tisch.

Ich habe so gern Gäste zum Essen. Es macht mir Spaß, die richtigen Leute nebeneinander zu plazieren, das warme Summen der Gespräche zu hören, wenn Menschen einander treffen und entdecken. Die Laute zu hören, die Freude, Neugier, Zurückhaltung und Eifer hervorbringen. Die Geräusche des Essens und das zufriedene Gemurmel. Es macht mir Freude, wie die Lautstärke oft anschwillt. Höfliches Begrüßen und ruhige Unterhaltungen zu Anfang, und, mit ein bißchen Glück, heftige Diskussionen und schallendes Gelächter zum Schluß. Außerdem mag ich Menschen, die ordentlich essen. Gute Esser nenne ich sie, und ich lade sie oft ein.

Mit meinen Dinnerpartys ahme ich einen der besten Teile meiner Kindheit nach. Meine Eltern hatten fast jede Woche Gäste zum Essen. Die engsten Freunde meiner Eltern, ihre »Gesellschaft«, wie sie sie nannten, spielten jeden Freitagabend Karten, gingen Samstag abends ins Kino oder zum Tanzen und aßen am Sonntag gemeinsam zu Abend. Außerdem feierten sie ihre Geburtstage, die Geburtstage ihrer Kinder, Hochzeitstage, Bar-Mizwas, Verlobungen und Hochzeiten gemeinsam. Die Gesellschaft bestand aus zehn bis zwölf

Leuten. Sie verbrachten ihre Ferien zusammen. Sie verreisten zusammen. Bis ich ein ziemlich großes Mädchen war, dachte ich, sie wären unsere Verwandten. Manche nannte ich Tante und Onkel.

Alle waren nach dem Zweiten Weltkrieg eingewandert. Mit Ausnahme eines russischen Ehepaars kamen alle aus Polen. Die meisten waren während des Krieges in Arbeitslagern gewesen oder hatten sich versteckt. Meine Eltern waren die einzigen, die Konzentrationslager überlebt hatten. Politische und soziale Spannungen waren in der Gruppe immer vorhanden, aber wenn sie zusammen war, konnte man keine Risse erkennen.

Die Kartenabende waren die besten, auch wenn meine Mutter sie haßte. Sie verachtete Kartenspieler. Sie trug Teller mit Süßigkeiten, Nüssen und Schokolade herum, und dann holte sie ihr Buch und las. Das Lesen brachte meiner Mutter den Respekt ein, den sie sich wünschte. Man ließ ihr innerhalb der Gruppe die Position der Intellektuellen. Wenn es um irgendeine geschichtliche oder wissenschaftliche Frage ging, hieß es, »Frag' Rooshka«, und oft wußte meine Mutter die Antwort.

Die Kartenspieler spielten Poker und Rommé. Sie rauchten, machten Witze und erzählten sich den neuesten Klatsch. Alle schienen die besten Freunde zu sein. Eine glückliche Familie. Selbst meine Mutter pflegte freundlich mit ihrem jeweiligen Lieblingsfeind zu reden, und sie hatte immer einen.

Diese improvisierte Familie kam mir wie eine richtige Familie vor. Es dauerte Jahre, bis ich herausfand, daß wir nicht alle miteinander verwandt waren. Die Gruppe zerbrach 1985 an den gleichen kleinlichen und weniger kleinlichen Zwistigkeiten und Auseinandersetzungen, die irgendwann die meisten Leute entzweien. Ich war fassungslos, als ich sah, wie diese Freundschaften, die so viele Jahre gedauert hatten, sich auflösten. Die Bitterkeit, die Jahre hindurch zurückgehalten worden war, wurde nicht weniger. Sie kam an die Oberfläche, führte zu Zwietracht und Haß und veränderte jeden.

Die Gesellschaft hatte so vieles miteinander geteilt. Jeder kannte den Kummer und die Sorgen der anderen. Den Kummer mit Kindern und Ehepartnern, die Sorgen am Arbeitsplatz. Jeder kannte, wenn auch nur in groben Zügen, die Lebensgeschichten der anderen, weil die meisten nicht viel über ihr Leben reden wollten.

Selbst als Kind war ich begierig darauf, so viel wie möglich über ihre Vergangenheit zu erfahren. Ich schnappte jede Bemerkung über das Ghetto und die Lager auf. Einer Frau hatte die Gestapo die Haare ausgerissen, weshalb sie ständig eine Perücke trug. Ein anderes Paar hatte sich in Polen zwei Jahre lang in einem ein Meter hohen Bunker versteckt. In diesem Bunker lebten neun Menschen. Nachts kroch einer von ihnen nach draußen und besorgte etwas zu essen. Als der Krieg vorbei war, konnte niemand von ihnen mehr gehen. Ihre Muskeln waren in dem engen Raum verkümmert. Ich habe immer ganz erstaunt auf die inzwischen wieder normal aussehenden Beine dieses Ehepaares gestarrt.

Die Gesellschaft erlebte große Augenblicke gemeinsam. Ich erinnere mich an den Tag, an dem wir ein Foto des Vaters meiner Mutter erhielten. Es war, als ob mein Großvater persönlich gekommen wäre. Wir hatten kein Foto von der Mutter oder dem Vater meines Vaters, keines von seinen Brüdern oder Schwestern, keines vom Vater oder der Mutter meiner Mutter, oder von ihren Brüdern und Schwestern. Die Nazis hatten alles zerstört.

Meine Mutter sprach mit idealisierenden Worten von ihrem Vater, Israel Spindler. Er sei sehr sensibel gewesen, sagte sie. Hochintelligent. Ein armer Mann, der aber immer den Armen half. Die Leute hätten ihn um Rat gebeten, sagte sie. Die Eltern meines Vaters, die wohlhabenden Brajsztajns, tat sie als ungehobelt und dumm ab.

Meine Mutter geriet fast ins Schwärmen, wenn sie von ihrem Vater sprach. Er betete sie an, sein jüngstes Kind. Sein Nesthäkchen. Schön und gescheit, wie sie war, gab sie anderen Kindern Nachhilfeunterricht, um sich ihr Studium zu verdienen. Sie war ein Bücherwurm wie er. Sie betete ihn an.

An dem Tag, an dem das Foto kam, herrschte helle Aufregung. Mir war ganz schlecht vor Freude, als meine Mutter den Brief öffnete. Ein entfernter Verwandter, der irgendwo in Amerika lebte, hatte das Bild gefunden. Er hatte es vor dem Krieg aus Polen geschickt bekommen. Irgendwie gelang es ihm, meine Mutter ausfindig zu machen, und er schrieb ihr. Meine Mutter entnahm dem Briefumschlag ein kleines Foto, 10 x 7,5 cm. Und da war er.

Meine Mutter stand regungslos still, ungefähr zehn Minuten lang. Sie rührte sich überhaupt nicht, sie schien nicht einmal zu atmen. Ich wollte sie nicht unterbrechen oder ihre Empfindungen stören, also stand auch ich ganz still, einen halben Meter von ihr entfernt. Ich hoffte, sie würde nicht weinen. Ich war fünfzehn, und es machte mir angst, wenn meine Mutter weinte.

Als ich das Foto betrachtete, brach ich in Tränen aus. Israel Spindler hatte große Augen mit schweren Lidern und hohe Wangenknochen. Er hatte eine schmale, gebogene Nase und einen sensiblen, schönen Mund. Sein Gesichtsausdruck zeugte von Feinheit und ungewöhnlicher Sensibilität. In Israel Spindlers Augen erkannte ich die Augen meiner Mutter und meine eigenen. Später würden sich diese Augen, etwas abgewandelt, bei meiner Tochter wiederfinden. Israel Spindlers Mund und seine Wangenknochen zeigten sich bei meinem Sohn. Plötzlich hatten wir eine Geschichte.

Wir ließen das Foto vergrößern und rahmten es ein. Vor einigen Jahren betrachtete mein Sohn das Bild, das heute in meinem Wohnzimmer hängt. Er stöhnte. »Schau dir seinen Haaransatz an«, sagte er und zeigte auf Israels sehr hohe Stirn. Mein Sohn griff sich verzweifelt an den Kopf. »Ich wußte, daß ich eines Tages eine Glatze haben werde«, jammerte er. »Wir Männer erben immer die Gene der Familie mütterlicherseits.«

Meine Mutter sprach nicht sehr viel über ihre Mutter, obwohl ich hier und da etwas aufschnappte. Die Mutter meiner Mutter war eine sehr gute Köchin. Sie kochte jeden Abend für ihre Kinder, und Freitag abends, zum Sabbat, waren Fremde zu Gast. Im Sommer, wenn die gesamte Familie nach Wisniowagora, ungefähr fünfundzwanzig Kilometer von Lodz entfernt, fuhr, betrieb Luba Spindler zwei Wochen lang ein Restaurant in dem Drei-Zimmer-Haus, das sie gemietet hatten.

Ich wurde nach Luba benannt. Liebala ist die Koseform von Luba. In Deutschland wurde der Name zu Lilijahne, und in Australien zu Lily. Gleichzeitig änderten wir in Australien unseren Namen von Brajsztajn zu Brett.

Um elf Uhr morgens mußten meine Mutter und ihre Geschwister das gemietete Haus in Wisniowagora verlassen, Luba machte die Tür auf und erklärte ihr Restaurant zum Mittagstisch für geöffnet. In der Sommerhitze kochte sie Gulasch, Blintzes, Kréplach und Hühnersuppe.* Zum Dessert gab es Apfelkuchen und Käsekuchen. Das Restaurant war sehr beliebt.

»Sie hat nie ein Geschäft gemacht«, sagte mein Vater zu mir. Er hat ein paarmal dort gegessen. Er kam von Lodz hergefahren, als er meiner Mutter den Hof machte. Vom ersten Moment an, als er sie sah, wußte er, daß er sie heiraten wollte. Damals war sie zwölf Jahre alt.

Blintzes: Pfannkuchen; Kréplach: kleiner Krapfen, mit Fleisch oder Käse gefüllt

Meine Mutter erzählte mir, sie habe draußen gesessen und ein Buch gelesen, während ihre Mutter das Mittagsrestaurant in Wisniowagora betrieb. Eine der älteren Schwestern meiner Mutter half ihrer Mutter in der Küche.

Die Kinder der Spindlers waren es gewohnt, daß fremde Leute im Haus waren. An den hohen Feiertagen war ihre kleine Wohnung voll mit betenden Juden. Das waren jene Juden, die sich keinen Platz in der Synagoge leisten konnten. Israel Spindler betete vor.

Auf meine Mutter wurde großer Druck ausgeübt, meinen Vater zu heiraten. Damals heiratete ein Mädchen schon in jungen Jahren. Seine Familie war wohlhabend, und er, gutaussehend und Besitzer eines Skoda-Sportwagens, galt als gute Partie.

Doch meine Mutter widerstand ihm jahrelang. Bis sie siebzehn war und alle jüdischen Familien von Lodz ins Ghetto getrieben wurden. Ihr Vater empfahl ihr, in die Familie Brajsztajn einzuheiraten. Er glaubte, daß der Wohlstand sie im Ghetto schützen könnte. Aber so war es nicht. Er schützte keinen Juden. Selbst die Reichen verkauften schon bald ihre Diamanten für ein paar Saccharintabletten oder einen Sack Kartoffelschalen.

Am 17. Dezember 1939 heirateten meine Mutter und mein Vater im Ghetto von Lodz. Er war verrückt nach ihr. Er blieb es, bis sie am 24. August 1986 starb.

»Ich habe in dem Restaurant in Wisniowagora Gulasch gegessen, und manchmal Hühnersuppe mit Knéjdlach*«, erzählte mir mein Vater. Als ich ihn fragte, warum Luba Spindler kein Geschäft machte, sagte er, er wisse es nicht. Anscheinend bin ich mit meinem eigenen Restaurant einer Familientradition gefolgt. Man macht ein Restaurant auf,

---

* *Mehlklöße, Knödel*

füttert einen Haufen Leute und zahlt drauf. Ich hoffe, daß es meiner jüngeren Tochter, die davon träumt, ein eigenes Restaurant aufzumachen, gelingt, diese Familientradition zu brechen. Sie kennt ihre Familiengeschichte und studiert Gastronomiemanagement. Ich habe versprochen, ihr keine Ratschläge zu erteilen.

Schon als kleines Kind haben Restaurants und Cafés mich angezogen. In der Nicholson Street in Carlton, ganz in unserer Nähe, gab es ein italienisches Café, das immer voll war mit Männern, die rauchten und redeten. Von unserem Haus aus konnte man den Espresso fast riechen. Ich setzte mich auf den Zaun des Nachbarn gegenüber und beobachtete die Männer. Sie schrien durcheinander und gestikulierten wild. Sie schlugen sich gegenseitig auf die Schulter oder küßten sich begeistert. Sie redeten ununterbrochen. All das beobachtete ich durch den dicken Zigarettenqualm, der die Fenster vernebelte. Die Mutter meiner Freundin hatte ihr strikt verboten, dieses Café jemals zu betreten, also hielt auch ich mich fern. Aber es war sehr interessant.

Ich habe noch immer eine Vorliebe für die schlichten Restaurants und Cafés der einfachen Leute. Es macht mir Magenschmerzen, wenn mir der Stuhl zurechtgerückt und der Pfeffer gemahlen wird. All diese großartigen Präluminarien verderben mir den Appetit. Eines meiner Lieblingsrestaurants in New York ist das Ukrainian East Village Home Restaurant in der Second Avenue. Das Dekor stammt aus den sechziger Jahren, Osteuropa, und die Kellner sind unfreundlich und wirken verängstigt.

Ich sah auch verängstigt aus, damals, als ich in einem Café im Melbourner Vorort Hawthorn als Folksängerin auftrat. Ich war fünfzehn. Meiner Mutter erzählte ich, daß ich bei meiner Freundin Suzy übernachten würde. Ich kann heute nicht singen, und damals konnte ich es auch nicht. Suzy war meine Partnerin, wir traten als Duo auf. Sie hielt die Melodie, und ich sorgte für die Lautstärke. Unsere Bezahlung bestand aus getoasteten Fladen. Das war meine erste Kaffeehauserfahrung.

Das Singen habe ich aufgegeben, aber das Interesse an Cafés ist geblieben. Ich habe das Pelligrini in der Bourke Street entdeckt und das Leo in der Fitzroy Street. Ich fand mich großartig, wie ich da im Pelligrini auf einem Barhocker saß und einen Espresso trank. Der Espresso schmeckte mir nicht besonders – ich brauchte eine halbe Dose Zucker für jede kleine Tasse –, aber allein der Gedanke, einen Espresso zu trinken, gefiel mir. Damals war ich dabei, eine Beatnik zu werden. Später, als ich Stammgast bei Genevieve in der Faraday Street in Carlton wurde, hatte ich mich vom Zucker befreit. Ich konnte meinen Espresso pur trinken.

Schon als mein Sohn noch sehr klein war, nahm ich ihn immer wieder zum Dinner ins Genevieve mit. Schon damals leistete er mir Gesellschaft. Er aß stets Spaghetti al burro. Vorher pickte er jedes Stückchen Petersilie vom Teller herunter. Er konnte »keine Petersilie« sagen, bevor er zwei war.

Ich erlebte viele wichtige Augenblicke meines Lebens in einem Kaffeehaus. Ich habe den Mann, mit dem ich jetzt verheiratet bin, in einem Café geheiratet. Wir wurden im Tamani in der Toorak Road in South Yarra getraut. Wir entschieden uns dafür, weil wir stundenlang in diesem Café gesessen waren und uns hier ineinander verliebt hatten.

In einem Kaffeehaus beschlossen wir, unser Haus in Melbourne zu verkaufen und in New York zu bleiben. Es war ein traumatischer Augenblick. Jedesmal, wenn ich daran vorbeigehe, es war das Cupping Room Café Ecke Broome Street und West Broadway, erinnere ich mich an diese furchtbar schwere Entscheidung.

Das war 1989. Wir waren seit drei Monaten in New York, als sich die Wirtschaft in Australien verschlechterte. Und damit unser Einkommen. Wir konnten es uns nicht leisten, in New York zu bleiben, ohne unser Haus in Melbourne zu verkaufen. Wir saßen bei einer Tasse schwarzem Kaffee und trafen unsere Entscheidung. Wir müssen so unglücklich ausgesehen haben, wie wir uns fühlten. Viele der anderen Gäste starrten uns an.

Eine Frau, die mit ihrem ledigen Sohn von ungefähr Vierzig im Café Dante in der MacDougal Street zu Mittag aß, lenkte mich von meinem Kummer ab. Schon mit ihrem ersten Satz hatte sie mich am Haken.

»Ich habe in meinem Bridgeklub verkündet, daß ich mir ein Hausverbot für Leute wünsche, die Fotos von ihren Enkeln zum Bridgeabend mitbringen«, sagte sie zu ihrem Sohn.

Er verzog das Gesicht. Er hatte sie genau verstanden. »Ich habe noch niemanden gefunden, der ganz richtig zu mir paßt«, sagte er.

»Warum muß sie die ganz Richtige sein?« entgegnete seine Mutter. »Bist du ganz richtig?« Der Sohn starrte auf seinen Milchkaffee. »Ich habe eine junge Frau kennengelernt, die du auch kennenlernen solltest«, sagte seine Mutter. »Sie ist gescheit, sie liest interessante Bücher, und sie redet immer noch mit ihrer Mutter.« Sie knallte ihre Cappuccinotasse auf den Tisch. Ich war so beeindruckt. Ich wollte ihr bis zu ihrer Wohnung nachgehen. Wenn ich schon in New York bleiben mußte, dann könnten wir vielleicht Freunde werden.

7 Tod

MANCHMAL ERWACHE ICH MORGENS MIT DEM schrecklichen Gefühl, daß ein Verhängnis droht. Diese Angst ist so stark, daß mir schlecht wird, sobald ich die Augen geöffnet habe. Bisweilen erwache ich tagelang mit diesem Gefühl. Es kann Stunden dauern, bis es mir gelingt, die letzten Reste der Angst abzuschütteln, und manchmal zittere ich den ganzen Tag.

Ich habe das immer wieder erlebt, viele Jahre lang. Jedesmal wenn ich glaube, daß es endgültig vorbei ist und ich morgens aufwachen und mich wohlfühlen kann, ist es wieder da. Als ob ein auf Abwege geratener Teil von mir darauf bestünde, dem Frieden und dem Glück, für die ich gekämpft habe, Grenzen zu setzen.

Ich bin so dankbar, wenn ich einfach ganz normal erwache. Normal verschlafen, normal müde oder normal erfrischt. Ich bin so erleichtert, wenn ich nicht an dem gräßlichen Abgrund einer lauernden Gefahr erwache. Diese Gefahr hängt mit dem Tod zusammen. Ich kann den Tod spüren. Ich beobachte mich. Ich atme. Ich wecke meinen Mann. Er atmet. Später, im

Laufe des Tages, rufe ich meine Kinder an. Ich versuche ruhig zu klingen, als ob es ein ganz normaler Anruf wäre. Als ob ich nicht anriefe, um mich zu vergewissern, daß sie vollständig vorhanden sind. Noch immer bei uns sind.

Meistens gehe ich frühmorgens eine Liste möglicher Schicksalsschläge durch. Krankheiten, die uns befallen könnten, Unglücke, die uns zustoßen könnten. Ich hake eine Liste von Tests und Immunisierungen und Untersuchungen ab, die wir machen sollten, um jedem Unheil so weit wie möglich vorzubeugen. Wenn ich mit all dem fertig bin, bin ich erschöpft.

Ich bin mit dem Tod aufgewachsen. Die Toten waren überall um mich herum. Sie waren greifbar. Sie kamen mir lebendiger vor als die Lebenden. Die Toten waren die Mutter und der Vater meiner Mutter, ihre vier Brüder und drei Schwestern. Ihre Neffen und Nichten, Onkel und Tanten, Vettern und Cousinen, Schwäger und Schwägerinnen. Die Toten waren die Mutter und der Vater meines Vaters, seine Schwester und seine drei Brüder. Seine Neffen und Nichten, seine Onkel und Tanten, Vettern und Cousinen, Schwäger und Schwägerinnen.

Es gab so viele Tote. Das kleine Zimmer in Brunswick, in dem wir lebten, war überfüllt von ihnen. Sie kamen mit uns, als wir in das kleine Häuschen in der Nicholson Street in Carlton übersiedelten. Und sie blieben bei uns, als wir, auf dem Weg in eine bessere Zukunft, in das Haus zogen, das mein Vater in St. Kilda baute, als ich dreizehn war.

Ich weiß noch, daß ich mich fragte, ob sie die salzige Luft von St. Kilda bevorzugen oder ob ihnen Carlton mit seinem jiddischen Straßenleben fehlen würde. Ich hielt die toten Verwandten für lebend. Ich hielt sie für greifbar. Und ich wußte, daß sie es nicht waren. Ich hielt sie für gegenwärtig. Und ich wußte, daß sie fort waren. Ich glaubte, meine Mutter spricht mit ihnen. Und ich wußte, daß sie mit sich selbst sprach.

Ich kam mir schlecht vor, weil ich lebte und sie tot sein mußten. Ich wußte, daß sie lieber gelebt hätten. Ich hätte mein Leben gegen ihren Tod getauscht. Ich wußte, daß sie das Leben mehr verdienten als ich. Denn sie waren gut gewesen. Sie hatten nichts getan, um dieses Schicksal zu verdienen. Und ich war schlecht. Ich hatte nichts getan, um mein Leben zu verdienen. Ich stahl, ich fälschte Unterschriften, ich war eine Ladendiebin. Es war mir klar, daß ich für das Leben, das ich geschenkt bekommen hatte, nicht dankbar genug war. Ich war gierig. Ich wollte immer noch mehr. Und zwar mit allen mir zur Verfügung stehenden Mitteln.

Wegen meines schlechten Betragens fühlte ich mich von den Toten getrennt. Und ich fühlte mich ihnen verbunden durch Gene und Schicksal. Sie waren Teil meines Herzens, meiner Lunge, meiner Adern. Ich mußte für sie leben. Ein Leben, das ihnen allen gerecht wurde. Es war eine ungeheure, überwältigende und unmögliche Aufgabe. Ich war mir meines Versagens voll bewußt.

Ich hatte die Toten mit ihren seltsamen Namen – Luba, Israel, Szymek, Abramek, Jacob, Felek, Bluma, Esther, Hanka, Dvoira, Riven, Tadek, Shimek, Edek – stets bei mir.

Wenn ich hinfiel und mir weh tat, wußte ich, daß es nicht schlimmer sein konnte als das, was Tadek oder Felek erlebt haben mußten. Wenn jemand gemein zu mir war, dann verblaßte diese Gemeinheit gegenüber der Grausamkeit, die Riven oder Abramek erfahren haben mußten. Wenn ich mich einsam fühlte, dann war meine Einsamkeit gar nichts gemessen an der Einsamkeit der Toten. Wenn ich unglücklich war, dann war mein Unglück lächerlich angesichts ihres Unglücks. Wenn ich traurig war, dann wurde meine Traurigkeit von ihrer Qual in den Schatten gestellt.

Also kapselte ich all meinen Schmerz und meine Verwirrung ein, all meine Angst und Traurigkeit. Ich war ein unablässig fröhliches Kind. Ich lachte viel und brachte andere zum Lachen. Ich war zu beschäftigt, um Angst zu haben, und zu verängstigt, um wütend zu sein. Ich lachte so heftig, daß all meine Tränen versiegten. Ich konnte jahrzehntelang nicht weinen.

Selbstverständlich fiel alles auseinander, als ich dieses Selbstverständnis verlor. Ich zerbrach fast. Ich hatte jedes nur vorstellbare Angst-Symptom. Nachdem die Symptome begannen, konnte ich jahrelang nicht mehr lachen.

Ich fing an, mein eigenes Leid zu leben. Mein eigenes, bewußtes Leid. Ich war dabei, mich den Toten in einem nur halb gelebten Leben anzuschließen, und ich sollte Jahre brauchen, mich daraus zu befreien. Ich hatte Angst vor allem und jedem. Angst, spazieren zu gehen, Angst, Auto zu fahren. Angst, laut zu reden, Angst zu niesen, Angst zu weinen. Ich war versteinert. Ich hatte mich endlich geschlagen gegeben. Der Preis für die Lebendigkeit war zu hoch geworden. Es war ein Preis, den ich von mir selbst gefordert hatte.

Mein Leiden und meine Kämpfe waren nur schwache Ausläufer, kleine Wellen, winzige Nachbeben des ungeheuren Grauens, das Tadek, Moniek, Fela, Hanka, Jacob, Rooshka, Luba, Israel und all die anderen Juden hatten erdulden müssen. In gewisser Weise fühlte ich mich geborgen in meinem Unglück. Endlich litt ich. Jetzt war ich in den Toten verankert, sogar noch stärker als vorher.

Meine Mutter konnte sich nicht genug verankert fühlen. Sie konnte allen, die sie so liebte, nicht nahe genug sein; ihrem Israel und ihrer Luba, ihrem Szymek, Abramek, Jacob, Felek, ihrer Bluma, ihrer Hanka und ihrer Esther. Und sie konnte sich nicht lösen.

Für sie konnte es nicht genug Beerdigungen geben. Sie ging zu den Beerdigungen von guten Freunden und zu denen von entfernten Bekannten. Es war ihr Versuch, einen Ausgleich zu schaffen für all die Toten, die sie nicht hatte begraben können. Die Toten, die in Gruben geworfen und von Bulldozern mit Erde bedeckt worden waren, die Toten, die vergast und dann verbrannt worden waren und deren Asche die Weichsel erstickte.

Meine Mutter wußte nicht, wie ihre Brüder und zwei ihrer Schwestern gestorben waren. Sie wußte nicht, wo sie gestorben waren. Sie wußte nicht, wie ihr Vater gestorben war. Sie hatte ihre Mutter und ihre Nichte Hand in Hand in die Gaskammern von Auschwitz gehen sehen. Doch sie war sich niemals sicher, was mit ihren Leichen geschehen war.

Für die Juden ist das Begräbnis ein Pflichtdienst an allen, an Verbrechern, Selbstmördern und Feinden. Der Tote wird gewaschen und bewacht, bis er in die Erde kommt. Das Begräbnis geht rasch und schlicht vonstatten. Meine Mutter wußte, daß niemand die Leichname ihrer Mutter und ihres Vaters, ihrer Brüder und Schwestern gewaschen hatte. Sie wußte, daß es für sie keine Totenwache gegeben hatte. Sie war sich nicht sicher, wie sie in die Erde gekommen waren. Also wollte sie sichergehen, da zu sein, um die zu begraben, die begraben werden mußten. Wenn meine Mutter zu einer Beerdigung ging, dann begrub sie ihre Mutter und ihren Vater und ihre Neffen und Nichten. Sie begrub alle, die sie geliebt hatte.

Obwohl sie nicht an Gott glaubte, konnte meine Mutter den Glauben nicht abschütteln, daß es am Jüngsten Tag eine Auferstehung der Toten geben würde. Jene, die ein frommes Leben geführt hatten, würden auferstehen. Die Toten würden aus ihren Gräbern kommen. Aber was war mit denen, die kein Grab hatten? Die nicht in geweihte Erde gelegt worden waren? An deren Gräbern keine Psalmen gelesen worden waren? Für deren Seelenheil niemand ein Kádisch gesprochen hatte?

Würden sie zurückbleiben? Ausgeschlossen vom Ewigen Leben im Jenseits? Sie brachte es nicht fertig, jemanden danach zu fragen. Besonders keinen Rabbi. Ihr Glaube an Gott und an die Religion war so zerschmettert worden, daß sie kein Interesse mehr daran zeigen konnte. Sie mußte gleichgültig erscheinen. Und so sorgte sie sich ganz allein um die Zukunft ihrer Toten. Was würde mit ihnen geschehen? Wer würde sich um sie kümmern?

Ich verstand einen Teil von dem, worüber sie grübelte, wenn sie allein war. Ich wußte, daß die Toten immer noch in Schwierigkeiten waren. Ich hätte so gern helfen wollen. Ich wünschte, ich hätte sie retten können, bevor sie ermordet wurden. Ich wünschte, ich könnte sie jetzt erlösen. Das war der Beginn meiner lebenslangen Phantasien darüber, zur Retterin zu werden.

Ich saß hinten in der Klasse, während Fräulein Kleerkoper, meine Deutschlehrerin an der University High School, das Verbum *sein* konjugierte. Als Fräulein Kleerkoper *ich bin, du bist, er ist* deklamierte, zog ich gerade auf der Landstraße einen Mann und eine Frau aus einem brennenden Auto, ohne an meine eigene Sicherheit zu denken.

Auf dem Heimweg von der Schule, während die Straßenbahn Nummer 15 die Swanston Street entlangrumpelte, rettete ich Säuglinge, Teenager und Erwachsene. Ich rettete sie an Straßenecken und auf Autobahnen. Ich rettete sie aus Schwimmbädern und auf Bergspitzen. Im wirklichen Leben war ich eine schlechte Schwimmerin und hatte Höhenangst. Aber ich rettete weiter.

Manchmal wurde das Retten sehr anstrengend. Ich hatte überall verletzte und blutende Menschen herumliegen. Ich verband Gliedmaßen und machte Wiederbelebungen mit der Holger-Nielsen-Methode. Als die Mund-zu-Mund-Beatmung aufkam, wechselte ich zu diesem Verfahren. Ich war auf dem absolut neuesten Stand sämtlicher Erste-Hilfe-Maßnahmen.

Ich vollführte diese Rettungsaktionen, während ich mich mit jemandem unterhielt, beim Spazierengehen oder beim Einkaufen. Selbst das Lesen mußte ich unterbrechen, um jemanden zu retten. Mitten in einem Buch schlich ich mich plötzlich davon und fand mich in meiner eigenen Geschichte wieder. Und da gab es zwangsläufig einen Notfall, und ich rettete jemandem das Leben.

Ich weiß, daß ich bei einem tatsächlichen Notfall im wirklichen Leben völlig versagen würde. Ich scheine mit meinen Füßen statt mit meinem Kopf zu denken. Das wurde mir klar, als der Fön, mit dem ich mir unlängst im Bad die Haare trocknete, zu qualmen begann. Dicker, schwarzer Rauch quoll heraus. Nach dem ersten Schock wurde ich sofort aktiv. Ich wußte, daß ich den Haarfön aus dem Stromkreis bringen mußte. Rasch zog ich den Stecker aus der Wand. Ich freute mich über die Geschwindigkeit meiner Reaktion, bis ich sah, daß der Fön brannte. Ich geriet in Panik und warf ihn ins Waschbecken. Dummerweise hatte ich den falschen Stecker gezogen und den immer noch eingesteckten und eingeschalteten Fön in ein feuchtes Waschbecken geworfen. Glücklicherweise passierte nicht mehr, als daß ich den Glauben in meine Fähigkeit verlor, in Streßsituationen einen klaren Kopf zu bewahren.

Ich wünschte mir, die Phantasien würden verschwinden. Als ich zwanzig war, versuchte ich, sie durch den Traum vom Lottosechser zu ersetzen. Und gerade wenn ich mir ausmalte, welches Auto oder welche Kleider ich mir mit einer halben Million Dollar kaufen würde, ertappte ich mich dabei, wie ich abschweifte und die halbe Million einer Familie spendete, die jahrelang nur Pech gehabt hatte und die von Obdachlosigkeit und Hunger bedroht war.

Mit dreißig versuchte ich es mit sexuellen Phantasien. Es war die Zeit der sexuellen Befreiung, der Partnertauschpartys in jedem Vorort und der locker wechselnden sexuellen Präferenzen. Im wirklichen Leben hatte ich so wenige sexuelle Phantasien gehabt, daß ich mir unzulänglich vorkam. Doch alle sexuellen Träume oder Phantasien, auf die ich mich einließ, endeten in einem Rettungseinsatz.

Mit Anfang Vierzig legte sich mein Bedürfnis, Menschen zu retten. Das zeigte sich an meinen Freundschaften und in meinen Phantasien. Es war eine solche Erleichterung, nicht mehr in brennende Autos springen oder durch Hochwasser waten zu müssen.

Der Schockzustand, in den man durch Notfälle versetzt wird, verblaßt gegenüber dem Schock des Todes. Jeden Donnerstag, sobald die Zeitung *Jewish News* gekommen war, schlug meine Mutter zuerst die Seiten mit den Todesanzeigen auf. Bei jedem Namen hielt sie den Atem an und schüttelte den Kopf, als ob sie den Verstorbenen kennen würde. Jede Woche glaubte ich, es müsse jemand gestorben sein, den wir kannten. Bis ich begriff, daß meine Mutter bei jeder Todesanzeige den Atem anhielt und seufzte. Es war vermutlich ihre Vertrautheit mit dem Tod und nicht mit den Vestorbenen, die sie seufzen und den Kopf schütteln ließ.

Wenn sie vom Tod eines oder einer Bekannten erfuhr, war sie seltsam elektrisiert und unruhig. Sie nahm die Information intensiv und gespannt auf. Als ob der Tod ein gefährlicher und dennoch geschätzter Verwandter wäre, von dem sie nicht recht wußte, was sie mit ihm anfangen sollte. Physisch wirkte sie sonderbar bei einer Todesnachricht. Völlig verzerrt und gebeugt. Als ob sie heilige, glühende Kohlen tragen würde. Sie wollte sie nicht in der Hand halten, und sie konnte sie nicht weglegen.

Als ein Freund meines Vaters starb, sagte meine Mutter mir, daß sie es meinem Vater erst nach dem Essen mitteilen wolle. An dem Abend aßen wir alle bei meinen Eltern. Mein Mann, die drei Kinder und ich. Meine Mutter ermahnte uns, nichts zu sagen, bis mein Vater gegessen hatte. Als mein Vater nach Hause kam, war meine Mutter bemerkenswert ruhig. Mein Vater fragte sie mehrmals, was los sei, und sie sagte so vehement »gar nichts«, daß er besorgt wurde.

Während meine Mutter das Essen auftischte, unterhielten wir uns über Belanglosigkeiten. Mein Vater erzählte uns etwas Lustiges, das er an dem Tag an seiner Arbeitsstelle erlebt hatte. Außer meiner Mutter lachten alle über seine Geschichte. »Mr. Pincus wird nicht mehr lachen«, sagte meine Mutter. Mein Vater, der gerade den Mund mit einem Stück Barsch samt Gräten voll hatte, verschluckte sich. Während meinem Vater dämmerte, was mit Mr. Pincus geschehen war, blieb ihm fast eine große Gräte im Hals stecken. Meine Mutter hatte den besten Moment abwarten wollen, um ihm die Nachricht von Mr. Pincus' Tod mitzuteilen, und sie hatte den denkbar schlechtesten gewählt. Aber ich begriff, daß sie in der ganzen Sache keine große Wahl gehabt hatte.

Auch meines Vaters Gespür für den Umgang mit dem Thema Tod läßt zu wünschen übrig. Eines Sonntagmorgens gingen mein Vater und ich in den Delikatessenladen in der Acland Street in St. Kilda. Wir wollten Räucherlachs kaufen. Solomon Lew, ein Melbourner Geschäftsmann, kaufte auch gerade dort ein. Mein Vater hatte Solomon, der inzwischen zu den führenden Geschäftsleuten Australiens zählte, nicht mehr gesehen, seit er ein junger Mann war. »Hallo Solly«, sagte mein Vater. »Kennst du mich noch? Max Brett. Ich war damals in der Flinders Street, als dein Vater auf der Treppe tot umfiel.« Solomon Lew sah erstaunt aus. »Auf der Treppe ist er tot umgefallen«, wiederholte mein Vater. »Direkt auf der

Treppe. Ich stand neben ihm. Erinnerst du dich?« Mein Vater sah mich an. »Als Mr. Lew tot umfiel, stand ich neben ihm«, sagte er zu mir. »Das war vor zwanzig Jahren.« Die Erinnerung daran ließ ihn jetzt noch entsetzt aussehen.

Solomon Lew sah aus, als ob er versuchte, den Schock dieser unerwarteten und emotionalen Begegnung in einem Delikatessenladen zu überwinden. Er machte den Eindruck, sich an meinen Vater zu erinnern. Aber er war nicht schnell genug. »Weißt du noch, wie dein Vater starb?« sagte mein Vater. Solomon sah wieder verblüfft aus. »Natürlich weiß ich das noch«, sagte er freundlich. »Du warst ein sehr junger Mann damals«, sagte mein Vater. »Etwas dünner als heute.«

Ich hielt es nicht mehr aus. Mein Vater schwenkte von Tod und Verlust zu Gewicht und Übergewicht. Ich mußte ihn einbremsen. »Wir müssen jetzt gehen«, sagte ich. »Wir haben den Räucherlachs noch nicht gekauft«, sagte mein Vater. »Ich glaube, nebenan gibt es besseren Räucherlachs«, sagte ich. »Dein Vater war ein sehr netter Mann«, rief mein Vater Solly Lew zu, als wir das Geschäft verließen.

»Warum mußtest du erwähnen, daß er dick geworden ist?« sagte ich zu meinem Vater, als wir auf der Straße waren.

»Warum nicht?« sagte er.

»Weil das ein Thema ist, über das die meisten Leute nicht mit einem Fremden reden möchten«, sagte ich.

»Ich bin kein Fremder für ihn«, sagte mein Vater. »Ich war dabei, als sein Vater auf der Treppe tot umfiel.« Er hielt inne und sah mich ärgerlich an. »Wie dem auch sei«, sagte er. »Ich habe nur die Wahrheit gesagt. Damals war er viel dünner. Die Wahrheit ist die Wahrheit.«

Diese Maxime meines Vaters war mir nicht neu. Als ich ihn vor längerer Zeit mit Mario di Pasquale und Mario Macaroni bekannt machte, den beiden jungen Männern, denen Mario's in der Brunswick Street und das Continental in der

Greville Street in Melbourne gehören, schüttelte er ihnen die Hand und sagte: »Man kann Sie beide gut auseinander halten. Das ist Mario der Dicke, und das ist Mario der Dünne.« Dem armen dicken Mario fiel das Gesicht herunter. »Was ist los?« sagte mein Vater. »Die Wahrheit ist die Wahrheit. Er weiß, daß er dick ist.« Mario sah noch unglücklicher aus.

Mein Vater ist ein lieber Mann. Er meint es immer gut. Und bis heute hat ihm noch niemand seine Wahrheitsliebe zum Vorwurf gemacht. Mario der Dicke und Mario der Dünne veranstalteten im Continental ein Essen für ihn, das zu den großen Momenten seines Lebens gehört.

Mein Vater war immer ein Optimist. Mit Ausnahme von zwei äußerst depressiven Phasen, die aber ebenso schnell auftraten wie sie wieder verschwanden, war mein Vater stets gutmütig und gut gelaunt. Seine Angst und seinen Pessimismus wird er gleich zu Anfang eines jeden Problems los, und dann kann er sich entspannen und freuen.

Einmal kam ich nach Australien auf eine Lesereise, nachdem ich meinen Vater neun Monate nicht gesehen hatte. Wir trafen uns im Scheherezade in der Acland Street zum Lunch. Als wir uns an den Tisch setzten, sagte mein Vater: »Nun ja, ich frage mich, wann es das nächste Mal sein wird, daß wir uns so zum Mittagessen treffen.« »Morgen«, sagte ich. Aber ich wußte, daß er sich auf die immer seltener werdenden Gelegenheiten zum gemeinsamen Mittagessen bezog, nachdem wir ja jetzt in zwei verschiedenen Ländern lebten. Ich wurde traurig. Aber mein Vater war schon wieder fröhlich und bestellte Hering, gehackte Leber und Schnitzel.

Mein Vater flog nach Brisbane, um mich auf einem Teil der Lesereise zu begleiten. Er kam ins Hotel und umarmte mich. »Ich bin so froh, dich zu sehen«, sagte ich.

»Übermorgen fahre ich wieder nach Hause«, entgegnete er. Danach konnte er alles genießen. Und das tat er. Er kam zur Buchpräsentation, zur Lesung und zur Signierstunde. Wir gingen ins Kino. Wir aßen drei Abende hintereinander im Hotel. Am Buffet gerieten wir beide außer Kontrolle. Nach dem ersten Buffet war uns beiden schlecht. Mein Vater brauchte ein Alka Seltzer. »Mir geht's gut«, sagte er. »Ich hätte nicht zu McDonalds gehen sollen.«

»Du warst vor dem Essen bei McDonalds?« sagte ich.

»Ja«, sagte er. »Ich hatte schon so lange keinen Hamburger und keinen echten, dicken Shake mehr, und die bei McDonalds machen sie so gut.« Als er nach Melbourne zurückflog, weinten wir beide.

Wenn mein Vater mich an irgendeinem Flughafen abholt, besteht seine Begrüßung meistens aus Todesnachrichten. »Izack Pilzer ist gestorben«, sagt er zu mir. Oder: »Malka Friedman aus Carlton, du erinnerst dich?« sagt er. »Sie ist tot. Fiel beim Kartenspielen tot um.« All das teilt er mir mit, bevor er hallo gesagt hat.

Im Auto, auf dem Weg von Tullamarine in die Stadt, berichtet er mir von den anderen Todesfällen. Wenn er damit fertig ist, seufzt er. »Ich kenne mehr Leute auf dem Friedhof als sonstwo«, sagt er dann. Manchmal führt das zu einer Diskussion über den Zustand, in dem sich das Grab meiner Mutter befindet, und den Verdacht meines Vaters, daß der Mann, der dafür bezahlt wird, das Grab zu pflegen, seinen Job nicht ordentlich macht.

Das Problem der Grabpflege verblaßt neben den Schwierigkeiten, die mein Vater hat, eine Topfpflanze zu ziehen, die auf dem Grabstein stehen soll. Keine der Pflanzen, die er gekauft hat, wächst. Er hat verschiedene Sorten von Pflanzen mit Anwuchsgarantien ausprobiert. Sie sind alle eingegangen. Zu Ehren meines Besuches in diesem Jahr hat er bei Coles einen neuen Gummibaum gekauft.

Manchmal sind mir die Auflistungen all dieser Todesfälle,

mit denen mein Vater mich überhäuft, einfach zuviel. Zumal ich immer an Jetlag leide. Aber ich weiß, daß mein Vater sie protokollieren und katalogisieren muß. Und ich muß zuhören.

Die meisten von uns sind nicht erpicht darauf, etwas über den Tod zu hören. Tod und Krankheit werden, glaube ich, als ansteckend empfunden. Ich sah Olivia Newton-John im Fernsehen, als sie von einer Freundin berichtete, die ihr zufällig in einem Geschäft begegnet war. Die Freundin war mit ihrer Tochter beim Einkaufen. Als die Freundin Olivia sah, zog sie ihre Tochter von ihr weg und eng an sich, als ob Olivias amputierte Brust einen Bannstrahl auf ihre eigenen und die Brüste ihrer Tochter werfen könnte.

Als Olivia davon erzählte, sah sie immer noch verletzt aus, und ich erinnerte mich an die junge Olivia, in ihrer Schuluniform von der University High School. Das ganze Mädchen bestand aus großen Augen und dünnen Beinen. Und sie lachte. Wir alle schienen damals sehr viel zu lachen. Auch meine Freundin Suzy, die ebenfalls auf die Uni High ging. Ihr Mann starb, als sie dreißig war, und ließ sie mit zwei kleinen Kindern zurück. Vom ersten Tag ihrer Witwenschaft an wurde sie von allen anderen Müttern der Kinder im Kindergarten gemieden. Damals dachte ich, es wäre deshalb, weil Suzy jung, attraktiv und plötzlich wieder ledig war. Aber heute glaube ich, daß der Makel des Todes an ihr haftete.

Mein geliebter Mann pflegte seine Frau während ihrer Brustkrebserkrankung. Als die Krankheit diagnostiziert wurde, waren sie gerade dabei, sich zu trennen. Er fütterte sie, wusch sie, kleidete sie an und brachte sie zwei Jahre lang zum Arzt. Er war dreißig, als sie krank wurde. Alle mieden sie. Er war zweiunddreißig, als er sie begrub. Ziemlich viele Leute kamen zur Beerdigung.

Das erste Begräbnis, zu dem ich gegangen bin, war das meiner Mutter. Es war zehn Tage vor meinem vierzigsten Geburtstag. Bei der Beerdigung konnte ich nicht aufhören zu weinen. Und dann konnte ich jahrelang nicht mehr weinen.

Ich hatte in meinem ganzen Leben nicht viel gebetet. Als der Rabbi erklärte, meine Mutter sei nun mit ihren Lieben vereint, betete ich, daß er recht haben möge. Ich wollte mir unbedingt vorstellen, daß meine Mutter nun wieder mit ihren geliebten Eltern, Brüdern und Schwestern zusammen war. Ich wünschte mir, gläubig zu sein. Ich beneidete jene, die es waren.

Ich weiß kaum noch, wie es war, als ich vierzig wurde. Ich erinnere mich nur an die Erstarrung und die Fassungslosigkeit, daß meine schöne Mutter, die so stark schien, so braungebrannt, so gesund und so intensiv gegenwärtig, tot war.

Als ich, Jahre nach ihrem Tod, begann, um meine Mutter zu weinen, konnte ich nicht mehr aufhören. Ich weinte überall. Und alles brachte mich zum Weinen. Pucciniarien, schmalzige Liebeslieder, Musicalsongs, alte Schlager. Eines Tages wurde *Three Coins In The Fountain* im Radio gespielt, als ich in einem Taxi saß. Meine Mutter hatte das oft gesummt, wenn sie im Haus hantierte. Ich mußte umkehren und nach Hause fahren.

Trotz der Omnipräsenz des Todes in unserem Leben war bis zum Tod meiner Mutter niemand gestorben, den ich liebte. Manchmal weine ich heute noch, wenn ich von ihr spreche. Vielleicht werde ich das immer tun.

Ich werde immer ihre Kleider aufbewahren. Einige ihrer Kleider hängen in meinem Schrank. Wenn ich sie anschaue, sehe ich meine Mutter. Eines ist ein knallrotes, ärmelloses Kleid mit straßbesetzten Trägern. Sie sah umwerfend darin aus. Ich wollte, eine von uns könnte es tragen. Aber für mich und meine großen Töchter ist es viel zu klein.

Außerdem habe ich die Schuhe und die Handtaschen meiner Mutter. In manchen Schuhen erkennt man noch ihren Fußabdruck. Ich hatte gehofft, meine jüngere Tochter würde sie eines Tages tragen können, aber sie hat fast so große Füße wie ich. Größe zweiundvierzig. Meine Mutter hatte achtunddreißig.

Ich verwahre den breiten, schwarzen Chiffonschal, den der Rabbi am Tag des Begräbnisses meiner Mutter eingeschnitten hat. Ich trug ihn um die Schulter. Die Kleidungsstücke der Trauernden werden symbolisch auf der linken Seite, nahe beim Herzen, eingeschnitten. Es war ein schmerzlicher Augenblick. Und ich kann mich nicht von dem Schal trennen.

Trennungen und Abschiede sind etwas, das mir sehr schwer fällt. Als ich mich von meiner jüngeren Tochter verabschiedete, die ihren ersten Tag im College angetreten hatte, warf ich ihr die ganze Halle hinunter Küßchen zu. Einige Studentinnen dieser akademisch bedeutenden, rigorosen Frauenuniversität beobachteten mich entgeistert.

Einer der Gründe dafür, weshalb so viele amerikanische Studenten auf ein College mit Wohnmöglichkeit gehen, ist, das Elternhaus zu verlassen. Es ist eine sanfte Trennung. Eine Unabhängigkeitserklärung. Auf halbem Weg zwischen Elternhaus und der Welt da draußen.

In den ersten sechs Monaten, die meine jüngere Tochter auf dem College war, schrieb ich ihr jeden Tag. Ich wollte uns beiden das Gefühl geben, sie wäre niemals fortgegangen. Auch meiner jüngeren Tochter war der Abschied schwergefallen. Am Ende der ersten Woche war sie erschöpft. »Wir haben die ganze Woche Freundschaften geknüpft«, sagte sie am Telefon. »Wir hatten von morgens bis abends Veranstaltungen, auf denen wir uns besser kennenlernen und Freundschaften schließen sollten. Jetzt bin ich zwanzigmal mit jeder Erstsemestrigen zusammengekommen, habe mich mit meinem

Wohnheim vertraut gemacht. Ich bin befreundet mit Leuten, die am gleichen Tag Geburtstag haben, die kleiner oder größer sind als ich. Ich bin völlig ausgepumpt.«

Im ersten Monat war es sehr hart für sie. Glücklicherweise hatte sie eine sehr liebe Zimmergenossin. »Alex und ich sind die einzigen, denen ihre Mutter fehlt«, schluchzte sie eines Abends ins Telefon.

Dieses arme Kind, meine jüngere Tochter, hat meine Unfähigkeit geerbt, sich zu verabschieden. Ihr Bruder besuchte sie übers Wochenende in Bryn Mawr, ihrem College. Am Sonntagnachmittag begann sie, sich vor dem Abschied zu fürchten. Sie ging mit ihm zum Bahnhof. Er wollte nach Washington D.C., um einen Freund zu besuchen. Mein Sohn und meine Tochter standen am Bahnhof und plauderten eine halbe Stunde.

Als der Zug einfuhr, kam ihr der Abschied zu abrupt vor, also sprang sie in den Zug und fuhr mit ihm bis Philadelphia. Nach drei Tassen Kaffee in Philadelphia überzeugte er sie, daß er wirklich gehen müsse. Sie begann zu weinen und weinte immer noch, als sie wieder in ihrem College war und mich anrief. »Er fehlt mir«, sagte sie zu mir. »Und ich bin ganz verwirrt. Zuerst hast du mir gefehlt, und dann Nana.« In dem Moment, als sie ihre Nana, meine Mutter, erwähnte, begann auch ich zu weinen.

Meine Gefühle waren immer ein bißchen unberechenbar. Wenn etwas überhaupt ein bißchen unberechenbar sein kann. Meistens sehe ich die Dinge schlimmer, als sie sind. Es gelingt mir, die gewöhnlichsten Ereignisse als potentielle Verhängnisse zu sehen. Insektenbisse, Mückenstiche, Beulen, blaue Flecke. Schnupfen und Erkältungen.

Letzten Sommer, auf Shelter Island, wurde meine jüngere Tochter von einer Zecke gebissen. In dieser Gegend kann es vorkommen, daß die von den Rehen kommenden Zecken

Lyme-Borreliose übertragen. Diese Krankheit kann entsetzlich sein. Oder, um es harmloser mit den Worten einer Informationsbroschüre zu dem Thema auszudrücken, die Lyme-Borreliose kann verschiedene Stadien einer ernsthaften Erkrankung erreichen, wenn sie nicht behandelt wird.

In der Broschüre steht auch, daß der Ausbruch der Krankheit durch rechtzeitige Behandlung mit Antibiotika vermeidbar ist. Doch ich überlas diesen Satz und starrte auf die Reihe von Symptomen, die im späteren Krankheitsstadium auftreten. Symptome, die die Gelenke, das Herz und das zentrale Nervensystem betreffen.

Ich las die Empfehlungen unter »Zeckenentfernung«. Ich war so nervös, daß ich die zwei Absätze dreimal lesen mußte, bevor ich anfing, sie zu verstehen. Wenn man von einer Zecke gebissen wird, muß man die Zecke mit einer Pinzette entfernen. Dabei muß man sicherstellen, daß der Kopf der Zecke herausgezogen wird, was einiges Manövrieren erfordern kann, weil die Zecken Stachel ums Maul haben, die sie in die Haut schlagen.

Diese Prozedur wäre schon bei einem großen Insekt nervenaufreibend. Doch die Zecken haben die Größe eines Stecknadelkopfes. Wie soll man ihre Köpfe erkennen? Ich nahm mir vor, gleich zu Sommeranfang eine Lupe zu kaufen.

Die Broschüre empfiehlt, den Kopf in einem Glas mit Alkohol zu konservieren, auf dem das Datum, die Bißstelle am Körper und der Ort, wo man gebissen wurde, vermerkt sind. Ich hing die Broschüre an der Küchenwand auf. Jedesmal, wenn ich daran vorbeikam, wurde ich nervös. Jeden Abend suchten wir uns nach Zecken ab, doch was das betrifft, blieb der Sommer ereignislos bis zum Vortag unserer Rückreise nach Manhattan.

Wir aßen im Garten zu Mittag. Es war ein wunderschöner Tag. Blauer Himmel, Sonne, leichte Brise und fünfundzwanzig

Grad. Am Vormittag waren wir in den Gewässern um das Mashomak Schutzgebiet Kajak gefahren. Wir waren an Silberreihern, Kormoranen und Gänsen vorbeigekommen. Es war herrlich gewesen. Während des Mittagessens sah meine Tochter auf ihr Bein und sagte: »Ich habe eine Zecke am Bein.« Ich brach innerlich zusammen. Ich wollte nicht, daß die Mädchen mich panisch erlebten. »Ich hole die Pinzette«, sagte ich gelassen und rannte ins Haus. Mein Mann kam hinterher. »Du mußt sie rausziehen«, sagte ich zu ihm. Ich wußte, ich würde mich unmöglich anstellen. Ich war schon jetzt zu nervös.

In der Broschüre stand, man solle den Zeckenkörper nicht quetschen, sondern die Zecke sanft und wiederholt drehen, bis sie losließe. Ich konnte die Zecke kaum sehen, ganz zu schweigen davon, wie es möglich sein sollte, sie sanft zu drehen, ohne ihren Körper zu quetschen oder sie zu enthaupten. Und meine Angst ließ mich jeglichen klaren Blick verlieren. Ich war so aufgeregt und besorgt, daß ich wußte, ich hätte meiner Tochter das halbe Bein entfernen können, bloß damit der Zeckenkopf nicht drin blieb. Mein Mann zog die Zecke leicht heraus. Wir betrachteten sie durch die Lupe. Sie war in einem Stück. Der Kopf war noch dran.

In der Arztpraxis war man nervenaufreibend gelassen. »Sie werden die Zecke nicht brauchen«, sagte die Schwester, als sie das sorgfältig beschriftete Zeckenglas sah, das ich in der Hand hielt. Ich kam mir etwas absurd vor. In dem einzigen Glas, das ich hatte finden können, waren drei Pfund Oliven gewesen. Die Zecke war ein kleiner Punkt auf dem Boden dieses großen Glases.

»Warum brauche ich die Zecke nicht?« sagte ich.

»Wir untersuchen keine Zecken«, sagte sie.

»Sie untersuchen keine Zecken?« sagte ich.

»Es lohnt sich nicht«, sagte sie. »Nicht alle Zecken sind Überträger der Lyme-Borreliose, und nicht jeder, der gebissen wurde, wird infiziert. Wenn ihre Tochter in den nächsten zwei bis sechs Wochen Symptome zeigt, dann werden wir sie untersuchen und Tests machen. Wenn die Ergebnisse positiv sind, erhält sie Antibiotika.«

»Heißt das, wir sollen einfach abwarten?« sagte ich.

»Ja«, sagte sie.

»Kann ich diese Zecke irgendwo untersuchen lassen?« sagte ich und hielt mein Olivenglas hoch.

»Sie könnten sich ans Gesundheitsamt wenden«, sagte sie.

»Aber es bringt nichts.«

Mein Mann brauchte eine ganze Weile, um mich davon zu überzeugen, daß es keine gute Idee wäre, sich auf die Suche nach einem Labor zu begeben, das Zeckenuntersuchungen durchführte. Außerdem mußte ich mich zurückhalten, meine Tochter nicht jeden Tag anzurufen, um herauszufinden, ob sich irgendwelche Symptome bemerkbar machten.

Meine Ängste, von denen ich stets hoffe, daß sie weniger geworden sind und abklingen, scheinen aus mir hervorzuspringen und auf alarmierende Weise zu wachsen. Ich fürchte mich vor Krankheiten, ich fürchte mich vor Unfällen, und ich fürchte mich vor dem Tod.

Aber ich liebe Friedhöfe. Ich liebe Friedhöfe überschwenglich und mit einer vielleicht morbid anmutenden Freude und Begeisterung. Ich halte mich nicht für morbid. »Das einzig Gute am Sterben«, sagte ich einmal zu meinem Mann, »ist, daß man auf einem Friedhof leben wird.«

»Du würdest nicht mehr leben«, sagte er. Im allgemeinen ist mein Mann keiner, der maßregelt, aber ich glaube, er hatte das Gefühl, mir bei diesem Gedanken einen Dämpfer aufsetzen zu müssen.

In New York befindet sich ein ehrfurchtgebietender Friedhof zwischen der Williamsburg Brücke und dem Long Island

Expressway. Die beste Sicht auf diesen Friedhof hat man vom Bronx–Queens Expressway aus. Im Hintergrund ist die Skyline von Manhattan – das Empire State Building, das Chrysler Gebäude, die Türme des World Trade Centers, die Büros der Midtown, die Appartementhäuser der Uptown. Und im Vordergrund, gleichsam als Nachahmung und Echo der Wolkenkratzer, sind die langen, flachen, schmalen Grabplatten und die gedrungenen Grabsteine.

Es ist eine wunderbare Metapher. Und eine Mahnung. Wir alle hier sind nur ein paar Minuten, ein paar Jahre, ein paar Jahrzehnte davon entfernt, dort zu sein. Ich liebe diesen Friedhof. Ich finde ihn erbaulich. Ich betrachte ihn als Wegweiser. Er sagt, mach' das Beste aus den Minuten, Jahren, Jahrzehnten.

Das einzige Begräbnis, an dem ich in New York teilgenommen habe, war eine Beerdigung auf einem großen Friedhof in Long Island. Wir kannten einige der trauernden Hinterbliebenen und standen hinten in der Trauergemeinde. Während der Rabbi die Gebete sprach, flüsterte ein Mann, der in dieser ernsten Versammlung neben mir stand, einer jungen Frau etwas zu. »Ich habe die Testergebnisse« sagte er. »Meine Spermienzahl war fünfundzwanzig Millionen pro Kubikzentimeter.« Er schien recht stolz auf sich zu sein. »Außerdem waren es wohlgeformte Spermien«, sagte er. Das Begräbnis, entschied ich, machte ihn offenbar nervös, und er mußte sich seines eigenen Lebens rückversichern.

Meistens sind die Leute auf Friedhöfen nicht sehr gesprächig. Im großen und ganzen sind Friedhöfe friedliche Orte. Ich fühle mich immer friedlich dort. Eigenartig getröstet. Als ob alle Gefahr vorüber wäre. Ich weiß nicht genau, welche Gefahren es eigentlich sind, die mich so ängstigen. Ich weiß nur, daß sie allgegenwärtig zu sein scheinen. Obwohl es mir in den letzten Jahren gelungen ist, ihre Allgegenwart zurückzudrängen.

Ich versuche, Gefahren durch die ständige Wiederholung der Aufforderung »Sei vorsichtig!« abzuwehren. Ich sage es auf wie ein Mantra. Ich mache keine Unterschiede, wann und wo ich das Mantra verwende. Ich sage bei jeder Gelegenheit »Sei vorsichtig!«. Ich sage es, wenn eines der Kinder mit dem Zug fährt oder abends ausgeht. Ich sage es, wenn mein Mann einen Spaziergang macht. Einmal sagte ich »Sei vorsichtig!« zu ihm, als er gerade auf dem Weg zur Toilette war. »Möchtest du mitkommen?« sagte er.

Ich habe diese Ermahnung von meiner Mutter geerbt. Sie sagte sie ständig. Mein Sohn, zwei Jahre alt, stand mitten im Wohnzimmer, als meine Mutter hereinkam. »Sei vorsichtig, paß auf!« schrie sie. Mein Sohn erschrak und fiel um.

Ich wählte meine beste Freundin deshalb als beste Freundin, weil sie meine Ängste teilte. Ich wußte das an dem Tag, als wir uns kennenlernten. Wir waren dreizehn. Vor etlichen Jahren schloß sich ihre jüngere Tochter versehentlich im Kofferraum eines alten Cadillacs ein, den wir damals hatten. Es war ein großer Kofferraum, und sie fürchtete sich nicht. Während ich nach dem Autoschlüssel suchte, schrie meine beste Freundin, »Bleib' ganz ruhig! Keine Panik!«

Als meine Freundin Mimi Bochco sich ein Aneurysma entfernen lassen mußte, das eine bedrohliche Größe angenommen hatte, wußte ich, daß ihr Leben wirklich in Gefahr war. Mimi sah der Operation gelassen entgegen. Sie hatte keine große Angst davor. Sie berichtete mir, wie hoch die Erfolgsrate bei diesen Operationen war, und das beruhigte mich. Mimi kannte ihren Arzt gut. Er galt als einer der besten seines Fachs. Ich vertraue Mimi, was die Wahl ihrer Ärzte betrifft. Ärzte gehörten immer zu ihren Freunden. Wie viele Juden fühlt sie sich wohler, wenn sie einen Doktor in ihrer Nähe weiß. Sie und ihr Mann Win gehen oft gemeinsam mit einem ihrer Ärztefreunde auf Reisen. Ich halte das für eine großartige Idee.

Aber es war eine schwere Operation, und ich war nervös. Ich liebe Mimi. Aus vielen Gründen, von denen nicht der unwichtigste der ist, daß ich mich bei ihr beklagen kann und sie mir zuhört. Am Abend vor der Operation sprach ich mit Mimi. Ich war gerade dabei, mich zu verabschieden, als eine seltsame Eingebung mich mitten im Satz aufhören ließ. »Ich werde in die Synagoge gehen und für dich beten«, sagte ich zu Mimi. »Wenn du in den Operationssaal gerollt wirst, bin ich in einer Synagoge und bete für dich.«

Ich konnte kaum glauben, was ich da gesagt hatte. Ich war seit Jahren in keiner Synagoge gewesen. Auch Mimi war erstaunt. Wir haben die gleiche Ambivalenz, was die Religion betrifft. Aber sie war gerührt. »Es kann nicht schaden, Liebling«, sagte sie.

Ich weiß nicht, wo mein Wunsch herrührte, in die Synagoge zu gehen, aber als ich am folgenden Morgen aufwachte, war er immer noch da. Ich wollte in den Village Tempel in der 12. Straße gehen. Ich war schon oft daran vorbeigekommen. Er wirkte klein und einladend. Es war ein kalter, windiger Tag, und ich fuhr mit dem Taxi zur Synagoge. Die Synagoge schien geschlossen zu sein. Ich drückte einen Summer an der Tür. Die Stimme einer Frau tönte aus der Sprechanlage.

»Ja«, sagte sie.

»Könnte ich in die Synagoge gehen und beten?« sagte ich.

»Nein«, sagte sie. »Das Heiligtum wird gerade geputzt.«

»Wann ist es fertig?« sagte ich.

»In zwei Stunden«, sagte sie.

In zwei Stunden würde es zu spät sein. Ich war aufgebracht. Ich konnte nicht glauben, daß, nachdem ich die große Entscheidung getroffen hatte, in die Synagoge beten zu gehen, jetzt die Sauberkeit des Heiligtums meinen Gebeten im Weg stand. Ich erinnerte mich, daß es ein paar Straßen weiter oben noch eine Synagoge gab. Ich zog meinen Schal um den Kopf und ging die Fifth Avenue hinauf.

Der Young Israel Tempel auf der Fifth Avenue wirkte nicht besonders einladend. Die Fensterscheiben waren voller Ruß und Staub. An der Tür des Tempels klebte ein Schild mit der Aufschrift: »Das Gesundheitsamt der Stadt New York wird den Gehsteig vor diesem Gebäude in dieser Woche täglich zwischen zehn und vierzehn Uhr inspizieren.«

Der Gedanke an eine Gesetzwidrigkeit des Tempels störte mich. Vielleicht war die Verletzung der Hygienevorschriften durch jemand anders erfolgt. Manchmal werfen andere Leute ihren Müll vor das Haus in SoHo, in dem wir leben. Unsere Hausverwaltung erhält dann eine Strafverfügung.

Ich drückte auf den Summer der Synagoge. Eine Tür öffnete sich. Ich ging hinein. Ich stand jetzt in einem kleinen, schrankähnlichen Raum. Ich mag keine kleinen Räume. Ich drückte noch einen Summer. Ein lautes, undefinierbares Knakken kam aus der Sprechanlage. Hinter den statischen Geräuschen konnte ich schwach eine Stimme vernehmen. Ich verstand kein Wort von dem, was die Stimme sagte.

»Hallo!« schrie ich einige Male. Schließlich erkannte ich eine männliche Stimme. Sie sagte: »Wen wünschen Sie zu sprechen?«

»Niemanden!« schrie ich. »Ich möchte beten, für eine Freundin.«

»Wen wünschen Sie zu sprechen?« sagte er wieder.

»Niemanden!« schrie ich wieder. »Ich möchte für eine Freundin beten, die im Krankenhaus liegt.« Inzwischen war ich rot angelaufen und schwitzte. Für dieses Kämmerchen war ich viel zu dick angezogen. Ich zog an meinem Schal, um ihn abzunehmen und dann den Mantel aufknöpfen zu können. Ich bemühte mich, die hereinbrechende Flut einer ausgewachsenen Klaustrophobie abzuwehren. »Ich möchte für eine Freundin beten, die im Krankenhaus liegt!« schrie ich noch einmal, so laut ich konnte.

»Sie können nicht hereinkommen«, sagte die Stimme. »Der Mann, der die Schlüssel hat, ist nicht da. Kommen sie um ein Uhr wieder.«

Fast hätte ich geweint. Ein Uhr war zu spät. Dann würde Mimi die Operation schon hinter sich haben. Ich beschloß, nach Hause zu gehen und über meine Optionen nachzudenken. Ich mußte sowieso dringendst pissen, und New York ist berühmt für seine Ungastlichkeit, was volle Blasen betrifft. Es gibt keine öffentlichen Toiletten, wobei ich mir auch nicht sicher bin, ob man sie würde benutzen wollen, wenn es sie gäbe. Ich winkte ein Taxi herbei und fuhr die Fifth Avenue hinunter. Mein Unvermögen, eine Synagoge zu betreten, verwirrte mich. Als ob ich von etwas Grundsätzlichem ausgeschlossen worden wäre. Mir fiel auf, daß der Taxifahrer sehr langsam fuhr. Na gut, dachte ich, besser als einer, der rast und überholt wie ein Verrückter.

Ein paar Minuten später kam mir das Taxi extrem langsam vor. Ich sah zum Fahrer nach vorn. Er schlief. Ich schrie ihn an, und genau in dem Moment fuhr er auf ein Auto auf. Es war ein leichter Aufprall. Niemand wurde verletzt. Ein junger Mann, der vorbeikam, öffnete mir die Taxitür, und ich stieg aus.

»Alles in Ordnung?« sagte er.

»Mir fehlt nichts«, sagte ich. Ich dürfte nicht so ausgesehen haben. Er wirkte besorgt. »Ich hatte einen schlimmen Vormittag«, sagte ich. »Ich habe versucht, zu Gott zu kommen.«

»Mit einem New Yorker Taxi geht das vermutlich nicht«, sagte er.

Ich ging zu Fuß nach Hause.

Zu Hause angekommen, rief ich im Village Tempel an. Eine Frau war am Telefon. »Wäre es möglich, um elf Uhr in die Synagoge zu kommen, um zu beten?« sagte ich. »Nein«, sagte die Frau, »dann ist der Hausmeister nicht da.«

»Aber ich war heute morgen dort, und da hieß es, das Heiligtum würde geputzt«, sagte ich zu ihr.

»Das stimmt«, sagte sie. Ich holte tief Luft. »Gibt es nach dem Ende der Reinigungsarbeiten und bevor der Hausmeister geht einen Zeitraum, in dem ich kommen und beten könnte?« fragte ich.

»Drei Uhr«, sagte sie.

»Dann ist die Operation meiner Freundin vorbei, und ich muß vor der Operation beten«, sagte ich.

Ich muß mitleiderregend geklungen haben, denn die Frau seufzte verärgert und sagte: »Seien Sie in fünfzehn Minuten hier.«

»Das werde ich«, sagte ich.

Ich fand es immer schwierig, in die Synagoge zu gehen. Während ich aufwuchs, gingen wir nie in die Synagoge. Ich wußte, daß ich jüdisch war. Wir waren gründlich dafür bestraft worden, jüdisch zu sein. Ich wußte, daß wir millionenfach ermordet worden waren, weil wir jüdisch waren. Ich hatte keinen Zweifel daran, jüdisch zu sein. Doch das einzige, was ich vom Judentum wußte, war, daß es einen zu töten schien. Dieser Gedanke hielt mich bei den wenigen Gelegenheiten, bei denen ich als Teenager glaubte, mich Gott zuwenden zu wollen, von Synagogen fern.

Meinem Vater gingen gottesfürchtige Menschen auf die Nerven. Jüdische gottesfürchtige Menschen. Nicht wegen ihres Glaubens. Wegen ihrer Kleidung. Es machte ihn rasend vor Wut, daß sie mit ihren schwarzen Hüten, ihren Bärten und langen schwarzen Mänteln die Aufmerksamkeit auf sich lenkten. Mein Vater wußte nur allzu gut, was mit Juden geschah, die die Aufmerksamkeit auf sich lenkten. Manchmal, wenn ich bei ihm im Auto saß, beschleunigte er, wenn er einen Chassidim sah. »Was ist los mit dir?« schrie er irgendeinen armen Juden an, der die Hawthorn Road überquerte, von oben bis unten in Schwarz gehüllt bei dreißig Grad im Schatten. »Du bist in Australien, nicht in Polen«, schrie er. Und dann drückte er aufs Gas und tat so, als ob er ihn überfahren wollte. »Hast du aus der Vergangenheit nichts gelernt?« schrie er manchmal einem flüchtenden Juden hinterher.

Mir taten die orthodoxen Juden leid. Ich verstand die Wut meines Vaters nicht. Ich war zu jung, um sie zu verstehen. Zu jung, um zu begreifen, wie verzweifelt und erfolglos meine Eltern bemüht waren, sich den Durchschnittsaustraliern anzupassen. Meine Mutter lernte ständig neue englische Worte. Als ich noch klein war, sagte sie gar nichts auf englisch, wenn sie sich nicht ganz sicher war, wie man es richtig sagte. Und sie übte beißende Kritik an ihrer Freundin Pola, die in der Metzgerei auf ein Stück Fleisch zeigte und sagte: »Schneide mich bitte zur Hälfte«.

Mein Vater verwendete seine australische Umgangssprache großzügig. Er liebte die Aussprüche »Gib' mir 'n Zehner« und »Okey dokey«. Wenn irgend etwas kaputtging – ein Haushaltsgerät, ein Auto, ein Möbelstück –, erklärte mein Vater, es sei »her«. Ich brauchte Jahre, bis ich ihn dazu brachte, sich auf »hin« zu verlegen.

Mein Vater fühlte sich sehr wohl in Australien, und meine Mutter tat das auch. Es waren genug Juden da, daß sie ein paar Freunde finden konnten. Und nicht so viele Juden, um Schwierigkeiten anzulocken. Genügend Juden, um Schwierigkeiten anzulocken, waren nicht sehr viele Juden, was meine Eltern betraf. Sie gehörten zu keinem jüdischen Klub oder Verein. Sie aßen in keinem der paar jüdischen Restaurants, die es in Melbourne gab. Sie gingen niemals in ein jüdisches

Konzert oder zu sonst einer jüdischen kulturellen Veranstaltung. Sie hatten kein Bedürfnis danach, mit zu vielen anderen Juden zusammenzusein. Erst als ich älter wurde, erkannte ich, wie bewußt sie es vermieden, von Juden umgeben zu sein.

Einige Jahre nach dem Tod meiner Mutter reiste mein Vater mit uns nach Israel. Er hatte eigentlich nicht mitkommen wollen. Nach dem Tod meiner Mutter hatte er eigentlich überhaupt nichts mehr unternehmen wollen. Aber schließlich willigte er ein, mit uns zu fahren.

Für meinen Mann und die Kinder war es der erste Besuch in Israel. Im Flugzeug schien mein Vater allerbester Laune zu sein. Er hatte mit den Angestellten der El Al gescherzt und erklärt, er brauche nicht durchsucht zu werden, er sei schließlich nur ein alter Jude, der ins Gelobte Land heimkehrt. Das Essen der El Al schmeckte ihm vorzüglich, und er lehnte sich dauernd zurück, um mir zu zeigen, wie gut das war, was er gerade von seinem Tablett nahm. Als wir in Israel landeten, scherzte er mit den Leuten vom Zoll und der Einwanderungsbehörde. Er schien sehr glücklich zu sein.

Zwei Tage später sah er furchtbar aus. Er hatte einen leichten Schnupfen. Aber er war kein Mann, der wegen eines Schnupfens zusammenbrach. »Ich fühle mich nicht wohl«, sagte er. Er sagte es oft genug, daß ich ihn zu einem Arzt brachte, der Jiddisch sprach. Ich dachte, das Jiddische werde ihn beruhigen. Der Doktor untersuchte meinen Vater gründlich und sagte, daß meinem Vater nichts fehlen würde. Mein Vater glaubte ihm nicht.

Am folgenden Morgen erzählte er mir, er habe den Hering nicht essen können, den man ihm im Hotel zum Frühstück serviert hatte. »Wenn ich keinen Hering essen kann, dann bin ich wirklich krank«, sagte er.

Er sah immer noch schlecht aus. Am Abend zeigte er mir seine Armbanduhr. Ich wußte nicht recht, was ich mir ansehen sollte. Die Uhr war an seinem Handgelenk, wie immer. Mein Vater zog an dem metallenen Uhrarmband. »Sieh' mal, wie locker das ist«, sagte er zu mir mit Panik in der Stimme. »Ich nehme ab.«

»Das glaube ich nicht, Dad«, sagte ich. Ich versuchte, ihm zu erklären, daß man sehr viel Gewicht verloren haben muß, bevor die Handgelenke dünner werden, aber davon wollte er nichts wissen. »Ich nehme stark ab«, sagte er. Er war wirklich böse mit mir, weil ich es nicht sah.

Am nächsten Morgen war er überzeugt, sterben zu müssen. »Ich muß nach Hause«, sagte er. »Ich will nicht in Israel begraben sein. Ich will in meinem eigenen Bett sterben.« Ich versuchte, ihn zum Bleiben zu überreden. Die Kinder versuchten, ihn zum Bleiben zu überreden. Aber er blieb eisern. Er wollte in seinem eigenen Bett sterben. Er sagte mir, daß er mich liebte und daß ich eine sehr gute Tochter gewesen sei, als ich ihn in eine Maschine der Olympic Airways nach Melbourne setzte.

In Athen mußte er einen Zwischenstop einlegen und übernachten. Ich sagte ihm, ich würde ihn in seinem Hotel anrufen. »Ich bin in einer Limousine vom Flugzeug ins Hotel gebracht worden«, sagte mein Vater, als ich ihn anrief. Ich wußte, daß es ihm gutging, als er mir detailliert von dem Lunch berichtete, den er gerade gegessen hatte. »Dies ist ein sehr gutes Hotel«, sagte er. »Ich mag die Griechen.«

Ich war verblüfft, wie fröhlich er sich anhörte. Und dann begriff ich. In Israel gab es zu viele Juden. Mein Vater wußte, was passierte, wenn man sich unter zu vielen Juden befand. Man starb. In Israel war er überzeugt gewesen, sterben zu müssen. »Ich glaube, es geht mir schon viel besser«, sagte er zu mir, von Athen aus.

»Ich habe nicht den Eindruck, daß mein Vater einer Beerdigung in Israel nur knapp entgangen ist«, sagte ich zu meinem Mann.

Die meisten Melbourner Juden werden, wenn sie gestorben sind, auf einem der beiden jüdischen Friedhöfe in Melbourne beigesetzt. Entweder auf dem Friedhof in Carlton oder auf dem Friedhof in Springvale. Meine Mutter liegt auf dem Friedhof in Springvale, und obwohl er so weit weg ist von da, wo sie aufwuchs, und im Sommer von dem hellen, gleißenden Licht Australiens zugedeckt wird, das so anders ist als das gedämpfte Licht von Lodz, ist er wie ein Zuhause. Für mich.

Wenn ich zwischen den Gräbern umhergehe, sehe ich so viele Namen, die ich kenne. Namen von Leuten, mit denen ich in Carlton aufwuchs, Namen aus den *Jewish News*, die Namen der Eltern anderer Leute. Ich habe das Gefühl, meine Mutter wäre mitten in eine jüdische Gemeinschaft zurückgekehrt. Sie ist nicht länger am falschen Platz und nicht länger erschöpft. Sie ruht neben Menschen, die ihre Sprache sprechen und ihre Kultur verstehen. Einige von denen, neben denen sie begraben liegt, haben das gleiche Grauen erlebt wie sie.

Ich wünschte, sie wäre nicht tot. Das habe ich mir so oft gewünscht. Aber das Wünschen ändert nichts. Also tröste ich mich mit dem Gedanken, daß meine Mutter hier, in Springvale, in Victoria, unter ihren eigenen Leuten, endlich Frieden gefunden hat.

Das letzte Mal, als ich das Grab meiner Mutter besuchte, ging ich mit meinem Vater dorthin. Wir nahmen meine Tante mit, eine alte Dame. Diese Tante ist eine richtige Tante. Sie ist die Witwe eines Bruders meines Vaters, der vor dem Krieg nach Australien ausgewandert war. Schon in meiner Jugend war meine Tante sehr auffallend, und daran hat sich nichts geändert. Das Alter hat sie nicht gezähmt. Für ihren Ausflug auf den Friedhof trug sie ein schwarzes Chanelkostüm, schwarze Stöckelschuhe und hauchdünne schwarze Strümpfe. Sie ließ sich weder aus dem Auto helfen noch bei den unbefestigten Wegen des Friedhofes stützen.

Diese Tante hat sich als bewundernswerter Mensch entpuppt. Die gleiche Begeisterung und der gleiche Elan, mit denen sie in den sechziger Jahren rosa Hotpants und weiße Stöckelschuhe trug, ermöglichen es ihr heute, mit weit über Achtzig, ganz allein für zehn Leute ein dreigängiges Menü zu kochen. Sie hatte immer lackierte Fingernägel und eine scharfe Zunge. Auf dem Friedhof bemerke ich, daß ihre Nägel tief violett lackiert sind, was das Blau im schwarzen Chanel reflektiert.

»Schwarz ist immer elegant«, sagt sie zu mir. Ich halte das für eine Bemerkung über ihr Kostüm und nicke zustimmend. Ich möchte nicht reden, ich möchte an meine Mutter denken. »Schwarz ist immer elegant«, sagt meine Tante noch einmal. Mir wird klar, daß sie über die Grabsteine spricht. »Mit anderen Farben kann man Fehler machen. Sogar mit Grau. Ein hellgrauer Stein kann aussehen wie ein Pflasterstein«, sagt sie, »wie ein ganz gewöhnlicher Stein, selbst wenn er aus Marmor ist.«

Ich hoffe, daß sie ruhiger wird, wenn wir zum Grab ihres Mannes kommen. »Mein Gott!« kreischt meine Tante. »Sieh doch, was Helchas Mann gemacht hat. Äste, die was einer weggeschmissen hat, die tut er auf ihr Grab. Sieht aus wie Müll. Sieht das nicht aus wie Müll? Wer tut sowas auf ein Grab?«

Meine Tante spricht von einer abstrakten Skulptur, die aus kleinen und großen Ästen besteht und, etwas unsicher, auf einer flachen, grauen, marmornen Grabplatte steht. »Er hat das für sie gemacht«, sagt mein Vater. »Das ist ja noch schlimmer«, sagt meine Tante. »Wenn man dieses Stück Abfall gekauft hätte, könnte man wenigstens glauben, daß jemand anders meint, etwas Schönes gemacht zu haben.«

Ich empfinde die Meckerei meiner Tante als beruhigend. Ich hatte mir Sorgen gemacht, daß sie am Grab ihres Mannes zusammenbrechen könnte. »Ich bin so froh, daß ich Schwarz gewählt habe«, sagt sie an seinem Grab. »Schwarz ist wirklich elegant, findest du nicht?« Ich stimme ihr zu. Mein Vater und ich stehen beieinander, hinter meinem Tantchen. Ich hoffe, daß sie jetzt nicht zusammenbrechen wird. Ich fange an, über meinen Onkel nachzudenken, als meine Tante sich umdreht. »Okay, das reicht«, sagt sie. Sie ist weniger als dreißig Sekunden am Grab gewesen.

Wir gehen zum Grab meiner Mutter. Ich bin ein wenig zittrig. Vor einem Jahr war ich zum letzten Mal hier. Ich denke an die Beerdigung. Erinnerungen an jenen Tag schießen mir durch den Kopf.

»Oij, oij, oij, Moniek, sieh dir das an«, ruft meine Tante meinem Vater zu. »Mrs. Rosen liegt neben Mrs. Berg.«

»Ja und?« sagt mein Vater.

»Ja und?« sagt meine Tante. »Bist du ein Idiot? Mrs. Rosen hatte eine Affäre ihr Leben lang mit Mr. Berg.«

»Was, bist du verrückt?« sagt mein Vater.

»Natürlich bin ich nicht verrückt«, sagt meine Tante, »nur ein Idiot könnte in Melbourne leben und nicht wissen, daß Mrs. Rosen hatte eine große Affäre mit Mr. Berg.«

»Dann bin ich ein Idiot«, sagt mein Vater.

»Du bist ein Idiot«, sagt meine Tante. »Was würde Mr. Rosen sagen, wenn er das sehen könnte?«

»Er würde gar nichts sagen, weil es nichts zu sagen gab«, sagt mein Vater

»Da gab es schon was zu sagen«, sagt meine Tante.

»Nun, er kann es nicht sagen«, sagt mein Vater. »Er ist tot.«

Ich fasse es nicht. Hier stehe ich. Mitten auf dem Friedhof und höre zu, wie mein Vater mit meiner Tante streitet. Ich werde sie ablenken. Wir kommen an das Grab meiner Mutter. »Ich finde, schwarzer Marmor sieht einfach am besten aus«, sage ich zu ihr. Sie schluckt den Köder. »Er ist sehr elegant«, sagt sie. »Selbst das gesprenkelte Dunkelgrau sieht nicht so gut aus.« Meine Tante fährt fort und zerlegt und beurteilt sämtliche auf dem Markt erhältliche Marmorschattierungen. Ich kann nicht um meine Mutter weinen. Ich kann nicht an meine Mutter denken. Wir fahren nach Hause.

Meine beste Freundin, die, die ich kenne, seit ich dreizehn bin, scheint sich immer gut zu amüsieren, wenn sie das Grab ihres Vaters besucht. Sie machen einen Tagesausflug. Sie packen einen Picknickkorb. Sie und ihre Tochter und ihre Mutter. Zuerst machen sie das Grab sauber, schneiden alles, was geschnitten werden muß, und putzen den Grabstein. Dann setzen sie sich hin und picknicken.

Ihre Mutter ist eine fabelhafte Köchin. Als wir noch jung waren, habe ich furchtbar gern bei meiner besten Freundin gegessen. Zunächst einmal durfte ich bei ihrer Mutter alles essen, was ich essen wollte. Und das Essen war ausgezeichnet. Mein Lieblingsgericht waren mit Speck und Zwiebeln gefüllte Piroggen*. Ich roch den aufgehenden Hefeteig Stunden, bevor er gebacken wurde. Damals wußte ich nicht, daß die Füllung aus Speck bestand. Ich wußte nur, daß die Piroggen köstlich waren. Ihre Mutter machte auch exotisch eingelegte Appetithappen, herrliche Braten, backte Brot und Pasteten. Und Torten. Sie kochte richtigen Kaffee. Sie backte den besten Butterkuchen und gab mir riesige Stücke davon. Meine beste Freundin fährt fünf oder sechs Mal im Jahr zum Friedhof, um das Grab ihres Vaters zu besuchen. Ich möchte immer ganz genau wissen, was sie dort essen.

An die Toten zu denken bringt frohe Erinnerungen. Aber oft ist es auch schmerzhaft, niemals leicht, und manchmal ist es sonderbar. Am achten Todestag meiner Mutter ertappte ich

---

* *gefüllte Teigtaschen*

mich dabei, daß ich *God Save the Queen* sang. »God save our gracious Queen, God save the Queen«, sang ich mir immer wieder vor. Mir fielen andere Zeilen ein, durcheinander und von unten nach oben. »May she be victorious, may she be glorious, long may she reign«, sang ich.

Ich hatte das Gefühl zu verblöden. Es ist keine besonders melodische Hymne, und auch die Verse sind alles andere als inspirierend, besonders wenn man sie durcheinandergeworfen hat. Wie dem auch sei, warum sollte ich die Queen besingen? Sie interessiert mich nicht so sehr.

Ich gab mir alle Mühe, damit aufzuhören. Ich dachte an meine Mutter und wie stolz sie auf ihre Enkelkinder sein würde. Sie kannte sie, als sie noch Kinder waren, und ich glaube, die jungen Erwachsenen hätten ihr gefallen. Mitten in meiner Rührseligkeit stellte ich fest, daß ich wieder bei »God save the Queen« angelangt war. In zündender, mitreißender Form.

Ich versuchte, etwas anderes zu summen. Eine eingängige Melodie. *Uptown Girl.* Früher hatte ich *Uptown Girl* oft geübt und dann den ganzen Tag die Melodie nicht mehr aus dem Kopf bekommen. Also versuchte ich es mit *Uptown Girl.* Aber es war sofort wieder weg. Billy Joel konnte eindeutig nicht mit der Queen konkurrieren. Ich sang weiter *God Save the Queen.* Bis zum Nachmittag waren mir noch weitere Textzeilen eingefallen. »God save our gracious Queen, long live our noble Queen, God save the Queen.«

Auf der Sixth Avenue wurde die Straße repariert. Der Preßlufthammer schien mit der Hymne synchron zu hämmern. »Long may she reign over us, happy and glorious«, sangen der Preßlufthammer und ich zusammen. Als es Abend wurde, wußte ich den Text wieder, und auch die richtige Reihenfolge, glaube ich. »God save our gracious Queen / Long live our noble Queen / God save the Queen / Send her victorious /

Happy and glorious / Long to reign over us / God save the Queen.« Als ich an dem Abend einschlief, summte ich immer noch *God Save the Queen*.

Als meine Mutter starb, sagte der Rabbi, daß wenigstens meine Mutter bei ihrem Tod von Menschen umgeben war, die sie liebten – ein Luxus, der sonst niemandem in ihrer Familie vergönnt gewesen sei. Zunächst fand ich es seltsam, den Begriff Luxus auf eine so reduzierte, entblößte und knochige Situation wie das Sterben anzuwenden. Dann empfand ich die Worte des Rabbi als Trost.

Er hatte recht. Meine Mutter begegnete ihrem Tod von Liebe umgeben und eingehüllt. Die Liebe zu ihr war greifbar. Ich war mir sicher, daß sie sie fühlte, selbst als klar wurde, daß sie immer weniger fühlen konnte. Ich glaubte, daß sie die Liebe, die wir empfanden, spüren konnte, auch dann noch, als sie kaum mehr atmete und eigentlich nicht mehr da war. Und ich hoffte, daß diese Liebe sie friedlich aus dieser Welt tragen würde.

Der Gedanke, daß ihre Mutter und ihr Vater, ihre Brüder und Schwestern allein gestorben waren, quälte und verfolgte meine Mutter. Gestorben ohne ihre Lieben. Sie ging davon aus, daß sie entweder erschossen, lebendig verbrannt oder vergast und dann verbrannt worden waren, auf einen Leichenberg geworfen, um dort zu sterben, oder lebendig in einem Leichenberg begraben worden waren. Aber sie wußte, daß sie allein gewesen waren.

Vor kurzem berichtete die *New York Times* in einem Artikel über die Hebrew Free Burial Association auf Staten Island in New York. Diese Hilfsorganisation hat es sich zur Aufgabe gemacht, Juden zu beerdigen, die sich kein Grab leisten können und niemanden haben, der sie beerdigt.

An dem Tag, an dem der Artikel erschien, beerdigte der Rabbi der Organisation eine sechsundachtzigjährige Frau, die niemals geheiratet hatte und zu arm war, um im Familiengrab in New Jersey beigesetzt zu werden. Eine bettlägrige Schwester war ihre einzige lebende Verwandte. Die New York Times berichtete, der Rabbi habe sein Gebet für keinen bestimmten Menschen gesprochen.

Im letzten Jahr hat die Hebrew Free Burial Association vierhundert notleidende Juden beerdigt. Notleidende Juden. Es fällt mir schwer, an Juden als notleidend zu denken. Ich möchte einen Witz daraus machen. Ich möchte die Not weglassen. Ich möchte sagen, Juden leiden an diesem oder jenem, aber nicht an Not.

Ich ertrage den Gedanken nicht, daß Juden allein sterben. Ich ertrage den Gedanken nicht, daß irgend jemand allein stirbt. Und allein begraben wird. Niemand sollte begraben werden, ohne daß jemand um ihn trauert.

In New York gibt es Hunde, bei deren Beerdigung eine große Trauergemeinde versammelt ist. Es gibt Hunde, die in Särgen begraben werden, die mit Samt und Seide ausgeschlagen sind. Sie werden aufgebahrt, und es wird eine Predigt für den dahingeschiedenen Hund gehalten. Der verstorbene Hund kann dann in einer Limousine auf den Hundefriedhof gefahren werden.

Manchmal sind unsere letzten Ruhestätten nicht unbedingt die letzten. Als das Hochwasser des Missouri im Jahr 1993 den Mittleren Westen Amerikas überflutete, kam es zu schweren Verwüstungen. In der Kleinstadt Hardin im Bundesstaat Missouri zerstörte der Fluß Häuser, Scheunen, die Kirche und spülte in einer heftigen Flutwelle den Friedhof weg. Der Fluß hinterließ da, wo einmal der Friedhof gewesen war, einen sechzehn Meter tiefen Krater. Neunhundert Särge und Grufte und Grabsteine wurden weggeschwemmt. Manche fand man meilenweit entfernt auf dem Wasser treibend; andere blieben in Bäumen hängen, landeten auf Eisenbahnschienen, auf Äckern oder in Nachbarorten. Wieder andere wurden nie gefunden. Die Überreste von Generationen ganzer Familien verschwanden spurlos. Viele Menschen in Hardin hatten das Gefühl, ihre Lieben wären noch einmal gestorben.

Der Verlust eines Friedhofs ist ein massiver Verlust. Friedhöfe sind Archive. Archive dessen, wer wir sind, zu wem wir gehören und wer wir waren. Manche Leute beginnen damit, sich künstliche Archive zu schaffen. In der *Village Voice* von dieser Woche steht eine Geschichte über Kazimierz, dem alten Judenviertel von Krakau, in Polen. Die vierzigtausend Bewohner von Kazimierz wurden vor über fünfzig Jahren aus ihren Häusern getrieben und ermordet. Seitdem ist kaum ein Jude jemals wieder dort gewesen.

Doch unlängst kam es in Kazimierz zu einer Renaissance. Fünf jüdische Cafés wurden eröffnet, ein jüdisches historisches Museum befindet sich in der ehemaligen Synagoge, es gibt ein jüdisches Hotel und eine jüdische Buchhandlung mit Reisebüro. Diese jüdischen Gewerbe gehören Nichtjuden und werden von Nichtjuden betrieben. Eine jüdische Renaissance ohne Juden. Die meisten Geschäfte öffneten während des kleinen Tourismus-Booms, den der Film *Schindlers Liste* mit sich brachte.

Das Reisebüro bietet einen Ausflug nach Auschwitz sowie zu den Drehorten von *Schindlers Liste* an. Wie das ehemalige Konzentrationslager Plaszow. Das Konzentrationslager, zu dem der Ausflug führt, ist Steven Spielbergs Plaszow. Das wirkliche Plaszow ist nur noch ein Acker. In diesem jüdischen Mini-Freizeitpark essen deutsche Touristen jüdische Speisen, die von Polen gekocht und serviert werden. Die *Village Voice* schreibt: »Es ist eine Scheinkultur, hervorgebracht durch Steven Spielbergs Schein-Holocaust – simuliertes jüdisches Leben an einem Ort, wo der jüdische Tod alles erdrückt hat.«

Für meinen letzten Roman, *Einfach so*, recherchierte ich einige Aspekte des jüdischen Umgangs mit dem Tod und bat beim Bestattungsinstitut Abraham und Sarah in New Jersey um Informationsmaterial über Bestattungen über der Erde. Seitdem lassen sie mir keine Ruhe.

In ihrem letzten Brief stand, daß, seit sie das letzte Mal mit mir über diese Bestattungsform sprachen, sich Tausende von Menschen für diese erschwingliche und würdevolle Alternative entschieden hätten.

Sie fragen mich, ob ich die Entscheidung vielleicht verschiebe, obwohl mir doch sicher bewußt ist, daß eine Bestattung über der Erde eine schöne, dauerhafte Huldigung bedeutet. Sie erinnern mich daran, daß das Mausoleum im Winter geheizt wird und im Sommer eine Klimaanlage hat.

Sie teilen mir mit, daß jetzt, in der Blüte meines Lebens, die Zeit zum Handeln sei und nicht dann, wenn Eile geboten ist. Und wenn ich vor dem ersten Oktober handle, dann kann ich, bevor die Preise erhöht werden, unter den besten Stätten zum jetzt noch gültigen Preis meine Auswahl treffen. Sie teilen mir mit, daß ich es möglicherweise vorziehe, nicht daran zu denken, daß aber jetzt tatsächlich die beste Zeit sei. Im letzten Satz des Briefes fragen sie mich: »Warum wollen Sie mit dem Einkaufen bis zum schlimmsten Tag Ihres Lebens warten?« Diese Briefe machen mich langsam depressiv. Ich fühle mich morbid, sobald ich das Kuvert sehe.

Manche Menschen halten mich für morbid. Ich sehe das Entsetzen auf ihren Gesichtern, wenn sie die Bücher in meinem Arbeitszimmer sehen. Bücher über Bücher zum Thema Holocaust. Titel wie *Die Preisgabe der Juden*, *Die Wege zur Vernichtung*, *Angesichts des Holocaust*, *Hitlers Todeslager*, *Auschwitz und die Alliierten*, *Who's Who in Nazideutschland*. Reihenweise Bücher mit Titeln, die einen belasten. Mich belasten sie nicht. Ich habe es als tröstlich empfunden, mir eine umfassende

Bibliothek an Holocaustliteratur zuzulegen. Diese Bücher lese ich seit Jahren. Ich glaube, ich habe versucht, etwas Klarheit und Ordnung in ein sehr unzugängliches und unbegreifliches Thema zu bringen. Ich habe das Gefühl, wenn ich soviel wie möglich darüber lese, dann werde ich eines Tages vielleicht wirklich verstehen, was geschah oder, und das wäre noch wichtiger, wie es geschehen konnte. Es könnte eine vergebliche Suche sein. Ich kaufe immer mehr Bücher, jede neue Veröffentlichung, nur um noch schlimmere Details des Grauens und immer weniger einleuchtende Erklärungen dafür zu finden.

Vieles von dem, was ich lese, ist ungemein belastend, doch es gelingt mir, auch die schlimmsten Details zu ertragen. Ich sage mir, daß ich das alles nicht erlebe, sondern nur darüber lese. Manchmal wirkt dieses Lesen seltsam beruhigend auf mich. Wenn ich mich in das furchtbare Leiden im Leben so vieler guter und tapferer Menschen hineinversetze, gibt das meinem Leben eine andere Perspektive.

Es ist schwierig, sich über seine Frisur oder einen blöden Nachbarn aufzuregen, wenn man liest, daß Juden reihenweise wegen einer launigen wissenschaftlichen Idee für medizinische Augenexperimente erschossen wurden. Kartons über Kartons mit Augäpfeln wurden in ganz Deutschland verschickt, während die Juden, denen die Augäpfel gehört hatten, auf Haufen geworfen wurden, bis man sie entsorgte.

Mich mit diesen Details zu konfrontieren und mehr über das Thema zu wissen läßt meine Angst schwächer werden. Der größte Teil meiner Angst kommt daher, glaube ich, daß ich schon als kleines Kind wußte, daß es das grenzenlos Böse auf der Welt gibt und daß es von ganz gewöhnlichen Menschen kommt. Wie sollte man, fragte ich mich, die Guten von den Bösen unterscheiden?

Ich war über dreißig, als ich anfing, Angst zu haben. Angst vor vielen Dingen. Eines davon war die Dunkelheit. Alles mußte hell erleuchtet sein. Als ob es leichter gewesen wäre, das Böse zu erkennen, wenn es hell war.

Ich mag die Dunkelheit immer noch nicht. Wir besuchten Freunde, die in Buck's County in Pennsylvania ein Haus haben. Das war in der Zeit, als die Natur mir noch fremd war. Bevor ich das Joggen und Gewichtheben entdeckt hatte.

Ich haßte Buck's County. Alles war grün. Erdrückend grün. Furchtbar viel Grün. Die Art von Grün, die mir angst macht und das Gefühl gibt, voller Chlorophyll zu sein. Es war so grün, daß die Schafe auf der Weide einen Grünschimmer hatten und die schwarz-weiß-gefleckten Kühe braun aussahen.

Sobald wir angekommen waren, wollte ich wieder nach Hause. »Warum haben sie hier ein Haus?« sagte ich zu meinem Mann.

»Weil es ihnen gefällt«, sagte er. Ich tat so, als ob ich es wunderbar fände.

»Ist es hier nicht schön?« sagte meine Gastgeberin. Ich nickte begeistert.

»Es ist so friedlich«, sagte ihr Mann.

Nachts fand ich überhaupt keinen Frieden. Der Lärm war erschreckend. Ich hörte Fledermäuse, Eulen und Frösche. »Ich kann die Würmer kriechen hören«, sagte ich zu meinem Mann.

»Du wirst bald einschlafen«, sagte er. »Entspann' dich einfach.«

»Was ist das?« sagte ich ein paar Minuten später zu ihm, als ein schreckliches Heulen durch die Nacht kam.

»Das ist ein Hirsch«, sagte mein Mann.

»Ich glaube, er weint oder knirscht mit den Zähnen«, sagte ich.

Ich lag da und versuchte zu schlafen. Ich war überzeugt zu hören, wie sich die Würmer in der Erde drehten. Es gab so viele fremde Geräusche. Ich glaubte, Fledermäuse flattern zu hören. Dann fiel mir ein, daß ich gar nicht wußte, ob Fledermäuse flattern. Ich wußte, daß es eine Fledermausart gibt, bei der die Männchen als Ammen fungieren können. Sie können laktieren. Diese Dayak-Fledermäuse, die in den Urwäldern Malaysias gefunden wurden, haben Brüste voller Milch, obwohl es definitiv Männchen sind und sich in ihren Hoden normale Spermien finden. Das wußte ich, aber ich wußte nicht, ob Fledermäuse flattern.

Um drei Uhr weckte ich meinen Mann. »Ich höre Rüsselkäfer und Ameisen und Stechmücken«, sagte ich.

»Lies ein Buch«, sagte er.

Um sechs Uhr weckte ich ihn wieder. »Ich muß nach Hause«, sagte ich. Ich rief meine ältere Tochter in New York an. »Was für eine Nacht«, sagte ich. »Bitte ruf' mich um neun Uhr hier an und sage, daß unerwartet ein Verwandter aus Australien zu Besuch gekommen ist. Er ist nur einen Tag in der Stadt, und wir müssen sofort zurück.«

Auf dem Weg nach Hause, im Auto, war mir unsere überstürzte Abreise etwas peinlich. Und meine Furcht auch. Ich suchte Hilfe beim Judentum. »Die Juden in der Antike und in der Neuzeit haben geglaubt, daß die bösen Geister nachts gefährlicher sind«, sagte ich zu meinem Mann.

»Ach ja?« sagte er. Er klang überrascht. Ich weiß so wenig über das Judentum. »Wenn die Sonne aufgeht, läßt die Macht der bösen Geister nach oder verschwindet gänzlich«, sagte ich.

Wir kamen an einem Friedhof vorbei. Mich nach der Religion auszurichten brachte mir etwas von meiner Würde zurück. Ich versuchte es noch einmal. »Die Juden glauben, daß die Dämonen den Toten folgen und um die Gräber herum kauern«, sagte ich zu meinem Mann. »Deshalb wäscht man sich nach jedem Begräbnis die Hände. Weil man ganz in der Nähe unreiner Dämonen gewesen ist.« Das beeindruckte ihn. Er war im Judentum sehr bewandert, aber das hatte er nicht gewußt.

Wir waren schon fast am New Jersey Turnpike. Wir hatten das ganze Grün hinter uns gelassen. In einer halben Stunde würden wir in Manhattan sein. »Es geht mir viel besser«, sagte ich.

Diese Tage, an denen ich morgens in Angst aufwache, sind viel seltener geworden als früher. Vor kurzem wachte ich mit dem Bedürfnis auf, tanzen zu lernen. So plötzlich, wie sich das anhört, war es eigentlich nicht. Ich denke schon seit Jahren daran, richtig tanzen zu lernen. Ich bin so verlegen und fühle mich unwohl, wenn ich tanzen muß. Ich weiß nicht, was ich auf der Tanzfläche tun soll. Was immer es sein mag, das ganz von selbst kommen soll, wenn man Tanzmusik hört, zu mir kommt es nicht.

Ich tanze mit niemand anderem als meinem Mann. Ich sehe weg, wenn ich den Eindruck habe, daß mich jemand zum Tanzen auffordern will. Mein Mann ist ein großartiger Tänzer. Als er sechzehn war, hat er in Sydney einen Tanzmarathon gewonnen. Ich halte mich an ihm fest, wenn wir tanzen, und versuche, nicht loszulassen.

Ich habe mir gewünscht, leicht und frei tanzen zu können. Ich habe mir gewünscht, überhaupt irgendwie tanzen zu können, und wenn es nur mittelmäßig wäre. Ich habe jahrelang auf der Tanzfläche nur steif gelächelt. Jahrelang versucht, fröhliche Ausgelassenheit zu mimen.

An dem Morgen, als ich mit dem starken Bedürfnis aufwachte, tanzen zu lernen, suchte ich in den Yellow Pages Tanzschulen heraus. Ich rief im Fred Astaire Downtown Dance Studio an. Ich buchte eine Probestunde für uns.

Als ich im Fred Astaire Downtown Dance Studio ankam, wollte ich auf dem Absatz kehrt machen. Fred Astaire war nirgendwo in Sicht. Die Tanzfläche war viel zu groß, und das Licht stimmte nicht. Es war sehr hell. Alles machte einen etwas verlebten Eindruck. Die Flamenco-Absätze eines Tanzlehrers waren abgetreten, und seine Hose war blankgewetzt. Von dem Baumwollkaliko, mit dem die Decke drapiert worden war, um Atmosphäre zu erzeugen, hingen einige Stücke herunter.

Ich traf unsere Tanzlehrerin auf der Toilette. Sie putzte sich gerade energisch die Zähne. Als sie fertig war, sprühte sie sich ein Atemfrisch in den Mund. Sie war eine kleine, muskulöse Frau mit einer erstaunlich komplizierten Frisur. Sie trug ein weißes, rüschenbesetztes Kleid mit mehreren übereinanderliegenden Röcken, dessen Vielschichtigkeit zu ihrer Frisur paßte. Auf der Toilette stellte sie sich mir nicht vor. Und ich hielt höfliche Distanz.

Wir machten uns auf der Tanzfläche miteinander bekannt. »Welche Tänze würden Sie gerne lernen?« sagte sie. »Rumba, Samba, Walzer, Tango, Foxtrott, Quickstep, Box Step?«

»Alle«, sagte ich.

Wir begannen mit dem Unterricht. Mein Mann hatte sich bereit erklärt, mich zu begleiten. Sie zeigte uns einige Grundschritte. Ich sah ihr genau zu. »Quick, quick, slow«, sagte sie, während sie tanzte. Sie zog mich als Partnerin auf die Tanzfläche. »Quick, quick, slow«, sagte sie. »Quick, quick, slow.«

Sie war sehr klein. Selbst mit ihren hohen Absätzen reichte sie mir nur bis zur Brust. Ich kam mir riesig vor, aber sie hielt mich richtig fest. »Quick, quick, slow. Quick, quick, slow«, sagte sie. Langsam begriff ich es. »Quick, quick, slow«, sagte ich mir vor. »Quick, quick, slow.« Ich war gar nicht so schlecht. »Quick, quick, slow.«

Ich tanzte mit meinem Mann. Er wollte mit mir reden. »Kann nicht reden«, sagte ich. »Quick, quick, slow. Quick,

quick, slow.« Wir tanzten vom einen Ende der Tanzfläche zum anderen, »quick, quick, slow«.

Ich tanzte wieder mit der Tanzlehrerin. Jetzt machte es Spaß. »Quick, quick, slow«, sagte ich. Ich stellte der Lehrerin eine Frage und kam aus dem Takt. Es war offensichtlich, daß ich niemals gleichzeitig reden und tanzen können würde. Ich konzentrierte mich wieder. »Quick, quick, slow.« Solange ich das wiederholte, ging es gut. »Quick, quick, slow, quick, quick, slow.«

Am Ende der ersten Stunde hatte ich die Grundschritte des Tango, des Swing Step und des Box Step gelernt. Es machte mir großen Spaß. Ich war bereit, alles mögliche zu investieren, um noch viel mehr zu lernen. Wir buchten einen ganzen Kurs.

Draußen auf der Straße war ich in Hochstimmung. In der 8. Straße hatte jemand Kästchen aufs Pflaster gemalt. Ich hatte nie Himmel und Hölle gespielt. Ich wußte gar nicht, ob ich hüpfen konnte. Ich machte zwei Hüpfer. Ich konnte es. Ich hüpfte den ganzen Weg über das Liniengitter. Vorwärts und rückwärts. Ich fühlte mich wie ein Kind. Ich wäre am liebsten den ganzen Weg nach Hause gehüpft.

8 Liebe

»Sein Taillenumfang muss grösser sein als deiner«, sagt meine Freundin zu mir. Sie schüttelt den Kopf. Sie will den Mann nicht kennenlernen, den ich ihr vorstellen möchte.

Er ist ein sehr netter Mann. Er ist ungefähr so alt wie sie, dreiunddreißig oder vierunddreißig. Und er ist Gynäkologe. Offensichtlich können weder meine Empfehlung noch sein Beruf den Mangel wettmachen, daß er nicht sehr groß und von leichter Statur ist.

Ich informiere sie, daß sein Vater der Direktor eines Kosmetikkonzerns ist. Sie schüttelt wieder den Kopf. »Das interessiert mich nicht«, sagt sie. Dann fällt mir ein, daß ihr Vater der Direktor einer Fluggesellschaft ist. In New York gibt es Direktorenkinder offenbar im Dutzend billiger.

Gott sei Dank weiß der Gynäkologe nicht, daß wir seine Anatomie diskutieren. Er unterhält sich mit jemandem auf der anderen Seite des Raumes. Ich öffne den Mund, um vorzuschlagen, daß ich sie wenigstens miteinander bekanntmachen könnte. Sie unterbricht mich. »Er kann kleiner sein als du«, sagt sie. »Aber sein Taillenumfang muß größer sein als deiner.«

Von dieser Regel hatte ich noch nie etwas gehört. Ich gehe nach Hause und messe meine Taille. Ich lege das Maßband eng an. Meine Taille mißt siebzig Zentimeter. Ich ziehe das Maßband enger. Meine Taille mißt achtundsechzig Zentimeter. Ich atme ein und ziehe es noch enger. Mir ist schlecht. Meine Taille mißt sechsundsechzig Zentimeter.

Ich gehe in das Atelier meines Mannes, wo er an einer Leinwand malt, die fünf Meter lang und drei Meter hoch ist. Das Licht und die Farben, die das Gemälde ausstrahlt, lassen mich verstummen. Es ist ein Triptychon. Jeder der drei Teile hat eine andere Farbe. Ein Teil ist ocker, einer orange, einer rot. Aber es ist das Ocker, das Orange und das Rot der Wüste – der Mojave Wüste, wo wir im letzten Jahr waren.

Über Mittelteil und Seitenflügel ziehen sich kleine, schwarze, starke und eindrückliche Markierungen. Diese Markierungen werden durch Strukturlinien unterstrichen. Die Linien sehen aus wie Operationsnarben oder gedehnte Haut – die Haut der Erde, oder Menschenhaut. Die Wunden wurden vernäht. Sie fixieren das Gemälde. Sie weisen auf einen tiefen Schmerz hin, bilden einen Kontrapunkt zu der fast transzendent leuchtenden Freude, die von der Leinwand ausgeht.

Ich stehe hinten im Atelier und betrachte seit einigen Minuten das Bild. Ich sehe meinen Mann an. Er ist mit Farbe beschmiert und tanzt zu Bob Dylan. Mein Mann liebt Bob Dylan. Ich hätte einige Bücher weniger geschrieben, wenn mein Mann Bob Dylan nicht so liebte.

Manchmal, wenn ich arbeite und mich mit dem, worüber ich schreibe, eigentlich nicht auseinandersetzen möchte, oder wenn ich spät ins Bett gekommen bin und nicht richtig denken kann, mache ich eine Pause und gehe ins Atelier meines Mannes, um zu sehen, was er tut. Meistens läuft dann

Bob Dylan. Nach zwei Minuten gehe ich in mein Arbeitszimmer zurück. Von Bob Dylans Gesang bekomme ich Kopfschmerzen.

Ich überschreie Bob Dylan, der gerade »If you got to go, go now« singt und rufe meinem Mann zu: »Kann ich deine Taille messen?« Ich schwinge das Maßband durch die Luft. Mein Mann schreckt nicht auf. Nichts, was ich tue, scheint ihn zu überraschen. Glücklicherweise ist er sehr gutmütig. Er legt den Pinsel aus der Hand und kommt zu mir. Er läßt mich sein farbdurchtränktes T-Shirt hochheben und seine Taille messen. Sie mißt einundneunzig Zentimeter. Mein Mann scheint kein sonderliches Interesse an diesem Maßnehmen zu haben. »Ich habe seit Jahren einundneunzig Zentimeter Taillenumfang«, sagt er und geht zu seiner Leinwand zurück.

Einundneunzig Zentimeter. Ich grüble über dieser kleinen Information. Ich habe solche Probleme mit meinem Umfang. Ich empfinde mich unterschiedlich an unterschiedlichen Tagen. Manchmal komme ich mir sehr dick vor, und dann wieder dünn. Ich bin weder sehr dick noch dünn. Was bin ich? Mein Taillenumfang ist kleiner als der meines Mannes. Vor zwölf oder dreizehn Jahren könnte er durchaus größer gewesen sein. Gott sei Dank war uns damals das Taillenkriterium für die Liebe nicht bekannt.

Die junge Frau, die mich über den Zusammenhang zwischen dem Taillenumfang und einem erotischen Verhältnis aufklärte, erzählte mir, daß ihre Mutter zu fasten pflegte, wenn sie mit ihrem Vater ausging. Bevor die Eltern heirateten, hatte die Mutter in Gegenwart des Vaters niemals etwas gegessen. Ich begreife, warum die Tochter glaubt, daß zwischen dem Körperumfang und einer Romanze eine Verbindung besteht.

Sie ist eine intelligente junge Frau. Ich mag sie sehr gern. Sie möchte heiraten. Sie möchte sich verlieben. Sie sucht nach jemand besonderem. Jemandem, der nicht zu alltäglich ist; ein bißchen verrückt soll er sein, aber nicht zu sehr. Jemandem, den sie ihren Eltern vorstellen kann.

Mit ihrem Rezept für einen Partner steht sie nicht allein da. Heutzutage scheint jeder Vorbedingungen an die Liebe zu stellen. Es sind physische, geographische, chronologische, politische und kulturelle Bedingungen. Die Leute wissen, was sie wollen. Sie wollen einen kleinen oder großen Menschen, mit blauen oder braunen Augen, einen Raucher oder Nichtraucher. Sie wollen einen Jogger oder eine Wasserratte, einen Bücherwurm oder einen Skilangläufer. Einen Christen, einen Moslem, einen Juden. Sie wollen breite Schultern oder große Brüste, schlanke Hüften oder ein Muskelpaket. Was ist aus dem »Sich-Verlieben« geworden?

Wenn man sich heutzutage verliebt, so scheint mir, dann muß das ebenso genau vorbereitet sein, als ob man ein Resümee zu schreiben hätte, sich um einen Job bewerben würde oder eine Prüfung bestehen müßte. Der Zufall hat keinen Platz mehr. Es gibt keinen Raum für das Unerwartete, das Unvorhersehbare. Und das Schicksal hat schon seit Jahrzehnten ausgedient. Die Anforderungen an die Liebe scheinen den gleichen Vorschriften zu unterliegen wie ein Bus- oder Zugsfahrplan.

Außerdem ist heute die Bereitschaft ein großes Thema. Meine Generation fragte sich nie, ob sie für irgend etwas bereit war oder nicht, was auch Nachteile hatte. Heute wissen alle, ob sie für eine Beziehung bereit sind oder nicht. In New York, so scheint es, sind sie es meistens nicht. Männer über vierzig reden über arrangierte Verabredungen und lockere Freundschaften und diskutieren ihre Bereitschaft zu einer festen Beziehung. Sie glauben, sie hätten noch viel Zeit.

Und dann ist da noch die Frage nach dem Zeitpunkt. Der scheint nie zu passen. »Ich wäre gern verliebt«, sagte ein

Freund zu mir. »Aber jetzt ist nicht der richtige Zeitpunkt.«
Als ob es für die meisten fundamentalen Dinge im Leben
jemals einen richtigen Zeitpunkt gäbe. Als ob die Liebe berechenbar wäre wie eine mathematische Formel.

Mein Vater verliebte sich in meine Mutter, als er neunzehn
war und sie zwölf. Er kam aus einer wohlhabenden Familie
und galt ein wenig als Playboy. Ihre Familie war arm. Sie war
ein lerneifriges, stilles Kind. Aber sie war wunderschön. Sie
selbst dachte nicht viel darüber nach. Sie war viel zu sehr
damit beschäftigt, zu lernen und nach der Schule Nachhilfestunden zu geben, um etwas Geld nach Hause zu bringen.

Mein Vater war von ihr hingerissen. Er kaufte ihr eine
Armbanduhr. Damals waren Armbanduhren sehr teuer. Meine
Mutter weigerte sich, das Geschenk anzunehmen. Mein Vater
drohte, die Uhr auf die Schienen der Straßenbahn zu werfen,
die durch Lodz fuhr. Meine Mutter war entsetzt. Sie nahm die
Uhr.

Mein Vater machte ihr unablässig den Hof. Er gab nicht
auf. Hitler half ihm. Als der Krieg ausbrach, zerbrachen ihre
Pläne, Medizin zu studieren. Alle Juden Polens wurden in
Ghettos getrieben. Meine Mutter heiratete meinen Vater. Sie
war siebzehn.

Die ersten fünf Jahre ihrer Ehe verbrachten sie im Ghetto
von Lodz. Sie lebten in Angst und Schrecken, von Krankheit,
Hunger und Tod umgeben. In dem Viehwaggon, der sie nach
Auschwitz brachte, sagte mein Vater meiner Mutter immer
und immer wieder, wie sehr er sie liebte. Zwei Minuten bevor
sie nach ihrer Ankunft in Auschwitz voneinander getrennt
wurden, ergriff mein Vater die Hand meiner Mutter und sagte
ihr, daß er sie immer lieben werde.

Es dauerte fast eineinhalb Jahre, bevor sie sich wiedersahen. Eineinhalb Jahre des Grauens. Eines Grauens, das entsetzlicher war, als die meisten von uns es sich vorstellen können.

Meine Mutter und mein Vater tauchten aus diesem Grauen auf und mußten erfahren, daß alle, die sie geliebt hatten, tot waren. Keiner von beiden wußte, ob der andere noch lebte.

Ich wußte, daß meine Eltern nach dem Krieg ein halbes Jahr gebraucht hatten, um sich wiederzufinden. Ich hatte vage Vorstellungen vom Nachkriegseuropa – Vorstellungen von Chaos und Dreck; Vorstellungen von fehlenden Dokumenten und Geldmangel; Vorstellungen von Soldaten, die ein lahmgelegtes Transportsystem kontrollierten; Vorstellungen von Ohnmacht, Heimatlosigkeit und Einsamkeit.

Als ich ungefähr dreizehn war, erfand ich eine Geschichte, wie meine Eltern sich wiedergefunden hatten. Ich habe diese Geschichte jahrelang erzählt. Bis ich Mitte Dreißig war, wußte ich nicht, daß ich sie erfunden hatte.

In meiner Geschichte reiste meine Mutter auf Kohlewaggons kreuz und quer durch Europa, um meinen Vater zu suchen. Sie schlief auf Äckern und in Straßengräben. Immer wenn sie auf polnische Armeeangehörige traf – mein Vater war vor dem Krieg in der polnischen Armee gewesen – oder auf andere Juden, fragte sie, ob jemand Moniek Brajsztajn kannte.

So reiste sie ein halbes Jahr umher. Eines Tages war sie auf einem Bahnhof. Sie fragte einen jungen polnischen Feldwebel, ob er meinen Vater gesehen hätte. »Ja«, antwortete der polnische Feldwebel. »Der ist in dem Zug da drüben.« Er deutete auf einen Zug, der gerade aus dem Bahnhof herausfuhr. Meine Mutter, die vor lauter Aufregung fast die Sprache verloren hatte, machte ihm klar, worum es ging. Der Feldwebel orderte einen Lastwagen und fuhr mit ihr mit hoher Geschwindigkeit zum nächsten Bahnhof. Dort stieg meine Mutter in den Zug und ging von Waggon zu Waggon. Im letzten Abteil sah sie meinen Vater und wurde ohnmächtig.

Diese Geschichte trieb den Leuten immer die Tränen in die Augen. Ich hatte die Geschichte aus Unterhaltungsbrocken und Gesprächsfetzen zusammengesetzt: aus beiläufigen Unterhaltungen und aus wütenden Gesprächen. Aus Bruchstücken von Geheimnissen. Geheimnisse, die meine Mutter enthüllte, und Geheimnisse, die sie zu bewahren suchte. Und aus kleinen Fragmenten ihrer Vergangenheit, die ihr entschlüpften.

Ich verfügte nicht über ausreichende Informationen, um eine richtige Geschichte daraus zu machen, also erfand ich eine. Die Wahrheit, wie meine Mutter und mein Vater sich nach dem Krieg wiederfanden, ist ebenso faszinierend wie die Geschichte, die ich mir ausdachte.

Meine Mutter fuhr tatsächlich auf Güterwaggons durch ganz Europa, um meinen Vater zu suchen. Sie schlief auf Äckern und in Straßengräben. Schließlich fand sie meinen Vater in der Tschechoslowakei, wo er zwei Monate lang wegen einer Flüssigkeitsansammlung im Gehirn im Krankenhaus lag.

Als sie ihn fand, war er aus dem Krankenhaus entlassen worden und befand sich auf dem Weg der Besserung. Er hatte geglaubt, sie sei tot. Er wußte, daß seine Mutter und sein Vater tot waren. Er wußte, daß seine Schwester und seine beiden Brüder tot waren. Er war überzeugt, auch meine Mutter wäre tot. Er war mehrmals mit einer Frau ausgegangen, die er noch aus Lodz kannte. Das hat er sich niemals verziehen. Und ich halte es für möglich, daß auch meine Mutter ihm niemals verziehen hat.

Als ich noch klein war und mein Vater abends aus der Fabrik nach Hause kam, gab er meiner Mutter immer einen liebevollen Klaps auf den Hintern. »Meine schöne Rooshka«, sagte er. Sie zuckte jedesmal zur Seite, als ob die Geste sie ärgerte oder irritierte, aber ich wußte, daß jemand, der auf Kohlewaggons und in Straßengräben geschlafen hatte, um ihn zu suchen, ihn wirklich lieben mußte.

Er war verrückt nach ihr. Und er blieb es bis zu dem Tag, an dem sie starb. Und dann starb er selbst fast vor Kummer. Die Liebe meines Vaters zu meiner Mutter war greifbar, vierundzwanzig Stunden am Tag. Er betrachtete sie morgens als erstes mit Entzücken, und abends nach der Arbeit kam er schnurstracks zu ihr nach Hause.

In einem jüdischen Sprichwort heißt es: »Drei Dinge kann man nicht verbergen – den Husten, die Armut und die Liebe.« Die Liebe meines Vaters zu meiner Mutter war so offensichtlich. Er war verrückt nach ihr. Er war wahnsinnig in sie verliebt.

Warum sagen wir *wahnsinnig verliebt*? Ist es deshalb, weil es irrational ist, einen Menschen mehr als einen anderen oder mehr als alle anderen zu lieben? Ich denke mir oft, daß die Liebe meines Mannes zu mir irrational ist. Er hätte sich eine aussuchen können, die gelassener ist als ich, ausgeglichener, weniger nervös und angespannt. Er sieht über so vieles bei mir hinweg, das schwer zu ertragen ist. Das muß irrational sein. Ich glaube, vor Jahrzehnten gab es noch mehr dieser irrationalen Gefühle. Ich glaube, die Menschen liebten sich innig, sie betrachteten sich als zusammengeschweißt.

Meine Eltern hatten in ihrem Freundeskreis nur Ehepaare, die einander, wie mir schien, wirklich liebten. Kein Mensch fragte danach, ob Shoolak und Marilla wirklich zueinander paßten oder ob Regina und Edek übereilt geheiratet hätten. Fragen nach Bindungsfähigkeit, Bindungsbereitschaft oder dem richtigen Zeitpunkt schienen noch keine Stolpersteine zu bedeuten. Die Leute verliebten sich, heirateten und blieben verheiratet. Sie fragten sich nicht, ob sie die richtige Wahl getroffen hätten. Sie hatten keine Vorbehalte in bezug auf Freiheitsverlust, Abbau der Individualität oder einer Einschränkung ihrer Selbstbestimmung.

Kein Mensch kannte Begriffe wie psychische oder physische Abhängigkeit. »Ich brauche Raum für mich« bedeutete

»rutsch' mal ein Stück auf dem Sofa«. Die Optionen waren begrenzt. Das Glück wurde nicht seziert. Bin ich glücklich? oder bin ich so glücklich, wie ich sein sollte? waren keine Fragen, über die man nachgedacht hätte. Die Idee, die eigene Befindlichkeit zu prüfen, war noch nicht aufgekommen. Erst meine Generation begann mit dieser Flut der Selbstbefragung, und das hat auch seine Nachteile.

Wir hatten Forderungen und Erwartungen. Wir hatten das Fernsehen und Zeitschriften, die uns verrieten, ob das, was wir erlebten, das Beste war, das wir erleben konnten. Waren wir so befreit, wie wir es sein könnten?, fragten wir uns. So aufgeklärt und ungehemmt? Waren wir einfühlsame Geliebte? Hatten wir vaginale oder klitorale Orgasmen? Fanden wir unseren G-Punkt? Da waren so viele Fragen. Da gab es so vieles zu bedenken.

Wir waren die Generation, die die Fehler ihrer Eltern nicht wiederholen wollte. Wir waren bereits intim, bevor wir heirateten. Wir heirateten später. Wir wählten unsere Ehepartner überlegter aus. Und unsere Scheidungsziffern brachen alle Rekorde.

Eine der leidenschaftlichsten Liebesbeziehungen, die ich außer der Liebe meiner Eltern zueinander kannte, war die zwischen Topcha und Herschel. Im Gegensatz zu anderen Freunden meiner Eltern waren sie nicht wohlhabend. Herschel arbeitete sein Leben lang als Schneider. Sie lebten in einer Zweizimmerwohnung im Melbourner Osten. Sie waren beide klein und rund. Herschel war dunkel und Topcha blond. Sie nannte ihn Ma Herschel, mein Herschel. Und er nannte sie Ma Topcha, meine Topcha.

Sie waren stets zusammen und hielten sich immer an der Hand. Sie hatten nur einander. Sie hatten keine Kinder. Ich habe nie nach dem Grund dafür gefragt. Ich war immer sehr gern bei Topcha und Herschel. Sie waren so glücklich, zusammen zu sein. Ihr Glück breitete sich aus und schloß jeden in ihrer Nähe mit ein.

Ich habe von den Ehen der Freunde meiner Eltern recht viel mitbekommen. Sehr viel mehr, als ich von den Ehen meiner eigenen Freunde mitbekomme. Meine Eltern und ihre Freunde aßen ein- oder zweimal pro Woche gemeinsam bei dem einen oder anderen. Sie feierten sämtliche Familienfeste miteinander. Geburtstage, Hochzeitstage, Bar-Mizwas, Verlobungen, Hochzeiten.

Auch die Ferien verbrachten sie gemeinsam. Ein- oder zweimal im Jahr fuhren sie alle an denselben Ort. Sie wohnten in Hotels oder mieteten benachbarte Wohnungen. Sie nahmen ihr Frühstück, Mittagessen und Abendbrot gemeinsam ein. Abends spielten sie Karten, gingen am Strand spazieren oder in ein Tanzlokal.

Ich habe nur sehr selten mit Freunden gefrühstückt. Ich sehe sie fast nie schlaftrunken oder zerzaust. Wenn wir uns treffen, sind wir geduscht, geschniegelt und gebügelt, mit perfekt sitzenden Frisuren.

Mit den meisten Leuten, die ich gut kenne, war ich noch nicht einmal am Strand. Wir sehen uns nicht im Badeanzug. Keiner kennt den merkwürdigen Schwimmstil, die seltsam geformten Schultern oder Hüften des anderen.

Wenn wir uns treffen, sind wir herausgeputzt, und unsere Kleidung bedeckt das meiste von uns. Alles ist aufeinander abgestimmt, wenn nicht gar elegant. Aber es liegt etwas Wunderbares darin, die gegenseitige Unvollkommenheit zu sehen. Es bedeutet eine Erleichterung für mich, nicht so makellos erscheinen zu müssen, wie ich es könnte, wenn ich meine vorteilhaftesten Kleider trüge. Es ist eine Erleichterung, Narben, Flecken und Prellungen zeigen zu dürfen.

Mit all ihrer Freiheit, mit all ihrem Zugang zu einer Fülle an Jobs, an Ratschlägen und Auswahlmöglichkeiten stellt sich meine Generation als ebenso zugeknöpft und durch Oberflächlichkeiten voneinander getrennt heraus, wie es irgendeine Generation vor uns nur sein konnte.

Wir sind mobiler geworden, wohlhabender und weiter voneinander entfernt.

»Wir tun nie etwas Alltägliches mit unseren Freunden«, beklagte ich mich eines Abends bei meinem Mann. Er ist an meine Klagen gewöhnt.

»Wir essen bei unseren Freunden, wir laden sie zum Essen ein, wir gehen gemeinsam ins Theater. Wir unternehmen sehr viel mit Freunden«, sagte er.

»Das sind keine gewöhnlichen, alltäglichen Dinge«, sagte ich mit immer noch klagender Stimme. »Wir waschen nie Geschirr ab mit unseren Freunden.«

»Du haßt es, Geschirr abzuwaschen«, sagte er. Aber er wußte, was ich meinte.

Die Freundinnen meiner Mutter haben oft miteinander Geschirr gespült. Manchmal half ihnen einer der Männer dabei, aber meistens waren die Frauen unter sich. In der Küche herrschte reine Harmonie. Sie unterhielten sich, während sie in perfektem Gleichklang die Speisereste abkratzten, das Geschirr abwuschen und abtrockneten. Die gesamte Handlung hatte eine greifbare Intimität. Ein greifbares Wohlbehagen. Es ist schon Jahre her, daß ich mit einer Freundin oder einem Freund gemeinsam Geschirr abgewaschen habe. Oder eine Zwiebel gehackt, oder ein Brot geschnitten.

Meine Generation faßt sich auch kaum an. Mit ein bißchen Glück fassen wir die eigenen Männer oder Frauen an, niemals aber die Ehepartner unserer Freunde.

Meine Eltern und ihre Freunde faßten sich an. Sie konnten einfach einen Arm um den anderen legen, oder Arm in Arm spazierengehen. Der Körperkontakt mit dem Partner eines anderen war nicht tabu. Körperliche Vertrautheit war normal.

Die Freunde meiner Eltern hatten alle schon miteinander Walzer, Cha-Cha-Cha und Rumba getanzt. Das Tanzen war ein wichtiger Teil ihres Gesellschaftslebens. Jeder Ehemann tanzte mit jeder Ehefrau. Es gab keine Lieblingspartner. Ehepaare bildeten keine Zweiergruppen. Das war ein ungeschriebenes Gesetz. Es bedeutete, daß niemand ausgeschlossen wurde. Die schlechten Tänzer tanzten genauso oft wie die guten.

Auch andere Dinge spielten sich auf der Tanzfläche ab. Kleine Reibereien oder sich anbahnende Mißverständnisse konnten auf der Tanzfläche diskret bereinigt oder beigelegt werden. Es wurden Komplimente ausgeteilt und vertrauliche Mitteilungen gemacht.

Miteinander zu tanzen gab meinen Eltern und ihren Freunden die Möglichkeit, sich unabhängig vom Rest der Gruppe untereinander besser kennenzulernen. Man kann sehr viel über einen Menschen erfahren, wenn man sich mit ihm im gleichen Rhythmus zu einer Melodie bewegen muß.

Der Freundeskreis meiner Eltern tanzte in Kneipen und in exklusiven Nachtklubs. Sie gingen auch oft zu *dinner dances* in Restaurants, in denen das Abendessen mit einer Tanzveranstaltung verbunden war. Was ist eigentlich aus den *dinner dances* geworden? Seit Jahrzehnten ist kein Mensch, den ich kenne, zu einem *dinner dance* gegangen.

In der 19. Straße gibt es einen Buchladen, habe ich mir sagen lassen, in dem sie noch veranstaltet werden. Er heißt Bookfriends. Sie verkaufen dort Bücher aus zweiter Hand und servieren Frühstück, Mittag- und Abendessen. Man kann stöbern, oder stöbern und essen, oder stöbern, essen *und* tanzen. Ich rufe bei Bookfriends an und frage sie, ob ihre *dinner dances* noch stattfinden. Eine Frau am Telefon bestätigt das und erklärt mir, daß man derzeit jeden Dienstagabend zur Musik von Jordan Sandke und den Sunset Serenaders tanzen kann. Ich reserviere einen Tisch für kommenden Dienstag.

Im Augenblick beschäftigt mich die Tanzerei. Der Kurs für Gesellschaftstanz im Fred Astaire Downtown Dance Studio ist inzwischen schon halb vorbei. Mein Mann, ein guter Tänzer, nimmt mit mir daran teil. Der Preis für zwei war der gleiche wie der für einen. Ich überzeugte ihn, daß es mir wirklich nicht gut täte, mich an das Tanzen mit meiner kleinen Tanzlehrerin zu gewöhnen. Das könnte so enden, sagte ich, daß ich nur noch mit Frauen tanzen kann, die halb so groß sind wie ich. Mein Mann war einverstanden, mich zu begleiten.

Ich bestand darauf, daß er sich Tanzschuhe zulegte, und ich kaufte mir auch welche. Ich ging Uptown in ein Spezialgeschäft für Tanzschuhe. Ich wollte alle kaufen. Die Stepschuhe, die Spitzentanzschuhe und die für den Ballsaal. Es war so schwer, den goldenen Lurex T-Eisen mit den Flamenco-Absätzen und dem Paar mit dem Silberflitter und den hohen Pfennigabsätzen zu widerstehen. Ich kaufte langweilige schwarze Schuhe mit vernünftigen Absätzen, genügend Platz für die Zehen und Wildledersohlen.

Nächsten Monat gehen wir zum *dinner dance* im Rainbow Room im Rockefeller Building. Seit Jahren wünsche ich mir, dort einmal hinzugehen. Freunde haben uns die Einladung zu unserem Hochzeitstag geschenkt. Unser Hochzeitstag war vor zwei Monaten, aber damals fühlte ich mich noch nicht bereit für den Rainbow Room. Ich wollte eine bessere Tänzerin sein, bevor ich mich auf die Tanzfläche des Rainbow Room begebe.

Ich bin keine geborene Tänzerin. Ich will führen und nicht geführt werden. Ich muß lachen, wenn ich aus dem Takt gerate. Mein Tango ist nicht schlecht, aber beim Foxtrott sind mir meine Unterarme noch im Weg. Außerdem wäre es gut, wenn ich nicht immer den Takt mitzählen müßte.

Ich beneide die Leute, die in der Schule Tanzunterricht hatten. Alle meine Bekannten, die auf einer Privatschule waren, sind akzeptable Tänzer. Auf der Uni High haben sie uns das Tanzen nicht beigebracht.

Ich bin allerdings auf der Tanzfläche weniger befangen, seit ich das Fred Astaire Downtown Dance Studio besuche. Jahrzehntelang tat ich ganz ungezwungen, während ich steif über die Tanzfläche schlurfte. Ich hatte immer das Gefühl, daß alle Leute mich beobachten. Ich erzählte das einer Freundin, die mir sagte, auch sie käme sich beim Tanzen von allen beobachtet vor, und beim Einparken. Ich war dankbar, daß ich ungezwungen einparken kann.

Meine Kinder tanzen völlig ungezwungen. Vielleicht tun das heutzutage alle Kinder. Heute sind die Tanzschritte nicht so vorgeschrieben, und vielleicht ist man dann nicht so angespannt. Die Atmosphäre auf der Tanzfläche scheint weniger befrachtet zu sein. Die Männer brauchen nicht länger ihren ganzen Mut aufzubieten, um eine Dame zum Tanz zu bitten, und die jungen Frauen müssen sich nicht länger mustern lassen. Man braucht nicht mehr darauf zu warten, zum Tanz aufgefordert zu werden. Man kann allein tanzen, mit einer Freundin oder mit einem Freund.

Als mein Sohn vier Jahre alt war, fragte mich eine der Mütter, deren Kind auch in den St. John's Kindergarten von Toorak in Melbourne ging, ob ich interessiert wäre, ihn in den Ballettunterricht zu schicken. Das australische Ballett, sagte sie, leide an Männermangel, und mein Sohn habe stramme Waden.

Ich hielt meinen Sohn für intelligent. Ich fand, daß er einen schönen Mund, wunderschöne Augen und prachtvolles Haar hatte, aber seine Waden waren mir noch nie aufgefallen. Ich freute mich, daß er stramme Waden hatte, aber ich beschloß, dem australischen Ballett nicht aus der Klemme zu helfen. »Ich glaube, wir Bretts sind genetisch nicht zum Tanzen veranlagt«, sagte ich zu der Mutter. Später bemerkte ich, daß ich die einzige Brett war, der diese Veranlagung fehlte.

Kinder zu haben bedeutet, daß es jetzt mehr von uns Bretts gibt. Unsere Zahl wurde so stark verringert. Hunderte wurden ermordet. Ich wollte immer, daß es mehr Bretts gäbe. Als Kind fühlte ich mich so sehr in der Minderheit. Die toten Bretts waren zahlenmäßig überlegen. Normale australische Familien waren zahlenmäßig überlegen. Familien mit Großeltern, Tanten, Onkeln, Vettern und Cousinen.

Wenn es mehr von uns gäbe, dachte ich, hätte nicht jede meiner Entscheidungen eine solche Tragweite. Jeder meiner Schritte wurde an denen gemessen, die selbst keine eigenen Schritte mehr machen konnten. Sie waren stets an meiner Seite. Außer Tritt und außer Atem. Es war ein harter Weg.

Kinder zu haben erleichterte die Bürde, das Kind meiner Eltern zu sein. Meine Kinder konnten vieles, zu dem ich nicht in der Lage war. Zunächst einmal liebten sie meine Eltern abgöttisch. Dann hatten sie noch weitere Eigenschaften und Fähigkeiten, die meinen Eltern guttaten. Sie waren gute Schüler. Sie erwarben akademische Titel.

»Sie sind völlig überbildet«, sagte ich kürzlich zu meinem Vater, und er lachte.

»Vielleicht deshalb, weil sie niemand zum Lernen gedrängt hat«, sagte er zu mir, und ich fragte mich, ob er mich damit aus dem Obligo entließ, meine eigene Schulzeit verplempert zu haben.

Meine Kinder stellten für meine Eltern ein Symbol des Überlebens dar, in einer Art und Weise, wie es mir niemals gelungen war. Sie machten meine Eltern glücklich. Es war ein reines Glück. Jenes Glück zwischen Großeltern und Enkeln, das ungetrübt ist von all den Spannungen und Reibereien, die in jeder Beziehung zwischen Eltern und Kindern existieren.

Ich bin so dankbar, daß ich meine Kinder bekam. Dankbar für die unbewußten Bedürfnisse, auf die ich reagiert haben muß, als ich mich mit zweiundzwanzig Jahren spontan entschloß, Kinder haben zu wollen. Das war einer meiner besseren unüberlegten Entschlüsse.

Heute sehe ich, wie Paare die Möglichkeiten und Wahrscheinlichkeiten einer Elternschaft zu kalkulieren und minutiös festzulegen versuchen. Ist jetzt wirklich der richtige Zeitpunkt, Kinder zu bekommen, fragen sie sich immer wieder gegenseitig. Natürlich ist der Zeitpunkt nie richtig. Kinder kann man in einem wie geölt ablaufenden Tagesplan nicht unterbringen. Kinder bringen ihn durcheinander, sie sind unberechenbar. Am unberechenbarsten jedoch ist, wie sehr man sie liebt.

Für jemanden, der keine Kinder hat, ist das völlig unverständlich. »Vier meiner Freunde haben jetzt Kinder«, sagte mein Sohn vor zwei Jahren zu mir, »und sie haben alle den Verstand verloren. Ihre Wohnungen sind voll mit Babykram, und alles, worüber sie reden, ist das Baby. Was ist aus ihrem Verstand geworden?« Das ist eine gute Frage.

Meine Generation war die letzte, die Kinder bekam, ohne Fragen zu stellen. Man heiratete, und man hatte Kinder. Aus heutiger Sicht scheint das sehr naiv zu sein. Aber die Zukunft sah rosig aus. Wir wußten nichts über die Komplexität von Beziehungen. Die Vertrautheit mit Begriffen, wie gestörte Familienverhältnisse oder Familienbeziehungen, war noch Jahrzehnte entfernt. Selbst das Wort Scheidung war noch ungebräuchlich. Wir mußten uns noch nicht mit Arbeitslosigkeit oder der harten Konkurrenz am Arbeitsmarkt auseinandersetzen. Ehrgeiz war uncool. Wir waren so entspannt. Und als die Dinge sich änderten, waren viele von uns plötzlich ausgespannt.

Ich habe mich so bemüht, eine gute Mutter zu sein. Ich wollte eine perfekte Mutter sein. Und ich war jung genug zu glauben, daß das möglich ist. Ich wollte nicht die gleichen Fehler machen wie meine Eltern. Wenn man alles gründlich genug überdenkt, glaubte ich, dann könnte man allen Fehlern und Missetaten der Elternschaft vorbeugen. Wenn ich mich nur genügend anstrengte, dann könnte ich alle Irrtümer und Fehlschlüsse vermeiden. Meine armen Kinder mußten mit all dieser Rechtschaffenheit und Intensität leben.

Ich habe meine Kinder mit einer Leidenschaft geliebt, die sie wahrscheinlich eingeschnürt und eingeschränkt hat. Deshalb ist es gut, daß sie nicht mehr zu Hause wohnen. Neulich erzählte mir meine jüngere Tochter, daß sie meine über den Anrufbeantworter geschickten Küsse noch im nächsten Stockwerk ihres Studentenheims hörte.

Vieles in meinem Leben war maßlos. Ich habe meine Freunde mit einer Liebe geliebt, die so intensiv und stürmisch war, wie eine Liebe nur sein kann. Ich habe eine Reihe alter und neuer Freunde, mit denen ich mich sehr verbunden fühle. Manche habe ich seit Jahren nicht gesehen, doch die Verbindung ist immer noch da.

Meine Freundin Mimi Bochco, die ich Mimala nenne, pflegt ähnlich intensive Freundschaften. Wenn ich mit ihr rede, bin ich beruhigt, daß die Unbeständigkeit und das Ausmaß von Freundschaft auch im Alter nicht schwankt oder geringer wird.

Auch jetzt, in ihrem achten oder neunten Lebensjahrzehnt, liegt sie sich mit manchen ihrer Freunde noch genauso erbittert in den Haaren, wie sie mit anderen verflochten und verwoben ist. Eines Tages hatte ihre Freundin R. sie wirklich verärgert. »Auf die ist geschissen«, meinte Mimi, nachdem sie mich darüber infomierte, was R. getan hatte. »Wirklich geschissen. Ach was, das ist zu gut für sie. Zur Hölle mir ihr.« In Mimis schwerem litauischen Akzent klingt das alles noch viel eindringlicher.

Rückblickend muß ich sagen, daß ich viele Menschen geliebt habe. Ich habe meine Analytiker geliebt. Die Liebe zu einem Psychoanalytiker ist oft die Aufarbeitung der Liebe zu einem Elternteil. Ich habe meine Analytiker zu gereizten Müttern und zu groben Vätern gemacht. Und ich habe meine Analytiker zu perfekten Eltern gemacht. Ich schuf mit dem einen Analytiker den strengen Elternteil, der mir fehlte, und mit dem anderen den gelassenen Elternteil, den ich nie gehabt hatte.

Das verbindende Element ist die Liebe, die ich für alle drei Analytiker empfunden habe. In meinen ersten Analytiker, glaube ich, war ich richtig verliebt. Und in gewisser Weise, glaube ich, dachte auch er, daß er in mich verliebt sei. Das war für uns beide nicht sehr gut.

Ich liebte und fürchtete meine zweite Analytikerin. Ich machte eine äußerst strenge Mutter aus ihr. In den Grenzen dieser Strenge fühlte ich mich so sicher, daß es mir gelang, langsam, ohne meinen Schutzschild hervorzukommen.

Von meiner letzten Analytikerin lernte ich, wie schwer es für mich war, die tiefe Verbindung zu meiner Mutter zu empfinden. Was ich für diese Analytikerin empfand, war fast unerträglich. Sie war Jüdin, sehr klug, und, wie meine Mutter, sehr gutaussehend. Ich erfand alle möglichen Ausreden, um die Nähe zu ihr, vor der ich mich fürchtete, nicht empfinden zu müssen. Monatelang, wenn nicht jahrelang, jammerte ich über Geld und wie sehr es mir daran mangelte. Ich redete über alles, außer über meine Gefühle für sie.

In meiner Doppelzüngigkeit und Ambivalenz fühlte ich mich immer wieder wie mit fünfzehn. Mit achtzehn zog ich von zu Hause aus, weil ich die Zuneigung zu meiner Mutter nicht ertrug. Es war so leicht, sie zu lieben. Sie war so schön, so verführerisch. Ihre Haut, ihre Figur, ihre Augen, ihr Haar. Sie trug Unterwäsche aus Seide und Spitze und benutzte Chanel No.5.

Unter diesem eleganten Äußeren verbarg sich ein Strom aus Angst, Wut, Bitterkeit, Schmerz und Qual. Meine Mutter tat dieselben Dinge wie andere Mütter auch – sie kochte, putzte das Haus, ging einkaufen und machte meine Pausenbrote –, aber sie tat das alles mit einer gewissen Schärfe.

Ich beobachtete sie ständig, um herauszufinden, was gerade los war. Wenn ich aus der Schule nach Hause kam, wußte ich nie, was mich erwartete. Würde sie beunruhigt sein? Würde sie böse auf mich sein? Würde sie ganz still sein?

Meine Mutter öffnete die Tür, wenn ich nach der Schule nach Hause kam, und ich wußte, daß etwas nicht stimmte. Ich dachte, das hätte etwas mit mir zu tun. Ich dachte, sie hätte jetzt doch all das Schokoladenpapier gefunden, das ich unten in meinem Kleiderschrank versteckt hatte, oder entdeckt, daß ich die Schule geschwänzt oder die Unterschrift auf einer Entschuldigung für Abwesenheit vom Unterricht gefälscht hatte. Ich war so nervös, daß ich mich auf dem Heimweg mit Essen stärken mußte. Mit Süßigkeiten, mit Eis, mit ganzen Mahlzeiten. Auf diese Weise innerlich gewappnet, konnte ich nach Hause gehen.

Heute verstehe ich viele der Ursachen für ihre Sprunghaftigkeit. Ich bin unberechenbar und aufbrausend gewesen, ohne auch nur annähernd die gleiche Veranlassung dazu zu haben wie sie. Meine Mutter hatte niemanden, der ihr half, ihren Aufruhr an Gefühlen zu ordnen. Ich hatte den großen Vorteil, daß ich Hilfe hatte, um vieles von dem zu verstehen, was in meinem Leben außer Kontrolle schien. Sie aber hatte keine Hilfe. Niemanden, der ihr begreifen half, daß das, was sie durchgemacht hatte, ihr Leben für immer veränderte. Sie versuchte immer, ein ganz normales Leben zu führen, ohne daß ihr jemals erlaubt gewesen wäre, den Tumult und das Chaos, die in ihr tobten, artikulieren zu können; die Schuld und das Leid und das Entsetzen, die sie immerfort begleiteten.

Meine Mutter hat ständig versucht, die Vergangenheit auf Distanz zu halten, aber diese Vergangenheit war stets ein Teil ihrer Gegenwart.

Ich war zwischen dem Wunsch hin- und hergerissen, meine Mutter niemals zu verlassen und unbedingt von ihr wegzukommen. Ich hatte das Gefühl, sterben zu müssen, wenn ich nicht fortkäme. Als ich noch klein war, konnte ich mich überhaupt nicht von ihr trennen. Später, als Teenager und bis Anfang Dreißig, herrschte das Gefühl vor, von ihr wegkommen zu müssen. Ich ertrug die Intensität meiner Liebe zu meiner Mutter nicht. Als ich sie schließlich zuließ, zerbrach ich fast daran. Denn mit diesem Gefühl der Liebe brach eine Flut an Gefühlen über mich herein, die ich seit Jahren unterdrückt hatte. Meine Qual angesichts ihrer Qual.

Mein eigener Schmerz angesichts ihrer Verluste und all des Elends, das sie erlebt hatte. Die Barbarei, die sie erlitt, die Schläge, die sie ertrug, Vergewaltigung, Krankheit und Hunger. Ich war von Kummer fast überwältigt. Ich lag auf der Couch meines Analytikers in Melbourne und weinte jede der fünfzig Minuten, die unsere Sitzung dauerte. Eine Sitzung nach der anderen, Monat für Monat. Ich konnte nicht reden. Ich, für die Worte immer ein Trost waren, konnte keine Worte finden, um mich zu trösten.

Das war der Anfang einer Versöhnung mit meiner Mutter. Physisch hatten wir uns nie voneinander getrennt. Ich sah sie mehrmals in der Woche, und wir telefonierten fast täglich miteinander, aber es gab eine Distanz zwischen uns. Es war eine Distanz aus Verstimmungen. Kleinere Verstimmungen und größere Spannungen waren zu einer fühlbaren Barriere zwischen uns angewachsen. Wir verhielten uns wie Mutter und Tochter, die sich nahestehen, aber es gab so viel, das uns trennte.

Ein Teil von mir war verschlossen. Jener Teil, der meine Mutter so sehr liebte, daß es beängstigend war, war versperrt. Als er sich öffnete, wurde ich von der Liebe zu meiner Mutter überwältigt. Und ich überwältigte sie. Sie wußte nicht, wie ihr geschah. Ich besuchte sie oft. Ich sprach ganz anders mit ihr. Ich sah glücklich aus, glücklich, bei ihr zu sein. Ich kaufte ihr wunderschöne Blumen und Kleider. Ich wollte ihr das Universum kaufen.

Sie hat diese Veränderung niemals erwähnt. Sie hat mich nie gefragt, was die Veränderung herbeigeführt hatte. Und ich verspürte kein Bedürfnis, es ihr zu erklären. Ich war so glücklich, bei ihr zu sein, und sie war glücklich, bei mir zu sein. Es war so einfach. Ich wünschte, ich hätte das alles schon vor Jahren getan. Ich wünschte, ich hätte mehr glückliche Jahre mit meiner Mutter verbracht. Aber einfache Dinge sind oft sehr schwer zu lernen, und ich war keine besonders gelehrige Schülerin.

Mit meinem Vater hatte ich viele glückliche Jahre. Meine schönsten Kindheitserinnerungen haben mit ihm zu tun. Früher hatte ich deswegen oft ein schlechtes Gewissen, und manchmal habe ich das heute noch, als ob ich meiner Mutter gegenüber illoyal wäre.

An den Wochenenden unternahm mein Vater immer etwas mit mir. Als ich noch klein war, ging er mit mir in den Zoo. Ich weiß noch, wie ich auf dem Rücken eines Elefanten durch den Melbourner Zoo ritt. Ich saß da oben, hoch über allen anderen, und schwenkte mein Band aus Eintrittskarten durch die Luft. Ich war weg von zu Hause, weg von Carlton und der Nicholson Street, weg von so vielem, was mir angst machte. Ich war in einer anderen Welt. Ich liebte die wiegenden Schritte des Elefanten; ich war so hoch über der Erde. Aus dieser Höhe sah die Welt viel freundlicher aus. Am liebsten saß ich ganz hinten auf seinem Rücken, damit ich den Elefanten riechen und ihm zusehen konnte, wie er mit dem Schwanz wedelte. Manchmal streichelte ich seine dicke, graue Haut. Ich ritt eine Runde, und noch eine und noch eine. Ich durfte öfter reiten als jedes andere Kind. Mir schien, daß ich stundenlang nicht herunterzukommen brauchte. Mein Vater kaufte die Karten für die Elefantenritte, dann setzte er sich unter einen Baum auf eine Bank und las sein Buch. Wenn ich keine Karte mehr hatte, lief ich zu ihm zurück, und wir gingen nach Hause.

Wir gingen auch in den Luna Park, und als ich ein wenig älter war, nahm er mich mit ins alte Tivoli Theater in der Bourke Street. Im Tivoli hatte ich das Gefühl, mich im Zentrum von Kultiviertheit, Glanz und Glamour zu befinden. Vor der Show kaufte mein Vater Süßigkeiten und Lollis. Wir saßen immer in der ersten Reihe. Wenn ich in das Theater hineinging, platzte ich fast vor Aufregung. In dem Moment, wo ich den berauschenden Geruch einatmete, den alle Theater ausströmen, diese Mischung aus Puder, Make-up und Parfum, wurde mir fast schwindelig. Wir nahmen unsere Plätze ein und begannen zu essen. Meistens hatte ich, wenn der erste Akt begann, die Schokolade, alle Fantales und die gebrannten Mandeln bereits vertilgt.

Mein Vater lachte so sehr über die Witze, daß die Komiker für ihn spielten. Oft lachte er, bis ihm die Tränen kamen. Wenn jemand auf der Bühne einen Freiwilligen aus dem Publikum suchte, war mein Vater sofort oben. Er war der Gehilfe von Komikern, Zauberern, ja sogar von einem Bauchredner.

Zwischen diesen Vorstellungen kamen die Tanzeinlagen. Showgirls in Netzstrümpfen und mit hohen Absätzen warfen ihre Beine in die Luft, wirbelten herum und machten Spagat. Ich fand, daß sie die schönsten Mädchen waren, die ich je gesehen hatte. Während dieser Tanznummern säumten halbnackte

Showgirls die Bühne. Sie trugen einen unglaublich hohen, phantastischen Kopfputz, der sie fast gebieterisch aussehen ließ. Weil sie barbusig waren, war es gesetzlich verboten, daß sie sich auf der Bühne bewegten. Also standen sie regungslos da, während die Tänzerinnen um sie herumtanzten.

Mein Vater und ich sprachen nie über diese nackten Showgirls und erwähnten sie auch niemals meiner Mutter gegenüber. Außerdem bewahrten wir Stillschweigen über die Stripperinnen im Programm und über die Süßigkeiten, die wir vor der Show und während der Pause aßen.

Ich träumte davon, Tänzerin im Tivoli zu sein. Aber ich war ein plumper Teenager mit dicken Hüften, und ich wußte, daß ich dieses Niveau niemals erreichen würde. Margot, eine der Stripteasekünstlerinnen, freundete sich mit mir an. Ich hatte ihr ein Geschenk gebracht, in ihre Garderobe. Drei schwarze, zusammengekettete Porzellankatzen. Die Katzen schienen ihr wirklich zu gefallen, und sie lud mich ein, mit ihr Kaffee zu trinken.

Ich habe dann noch oft nach der Schule mit Margot Kaffee getrunken. Ich glaube, ich war in sie verliebt. Ich habe sie über meine Kaffeetasse hinweg immer angehimmelt. So wie ihr Mann, Jackie Clancy, es auch tat. Später wurde er ein bekannter Komiker im Fernsehen. Ich wußte, selbst im Alter von vierzehn, daß er ein vielschichtiger und hervorragender Mann war. Was mir an Margot und Jackie am besten gefiel, war ihre Liebe zueinander. Mir schien, daß sie sich anbeteten.

Ich war immer auf die Liebe erpicht. Ich bin es heute noch. Ich bin eine unheilbare Kupplerin. Meine erfolglosen Kuppelversuche scheinen mich nicht abzuschrecken. Im jüdischen Leben waren die Heiratsvermittler immer hoch geachtet. Sie werden als Menschen angesehen, die Gottes Werk verrichten. Ich war eine schreckliche Versagerin in dieser geistlichen Kunstform.

Ich habe Leute verkuppelt, die einander gleich danach nicht mehr ausstehen konnten, und ich habe Leute verkuppelt, die drei Jahre gemeinsamen Ehelebens brauchten, bevor sie sich zu hassen begannen. Ich habe Freunde einander vorgestellt und Menschen, die einander ebenso fremd waren wie mir. Ich habe mich bei zufriedenen Singles eingemischt und ihnen zu verstehen gegeben, ihre Zufriedenheit würde bald ein Ende finden, wenn sie nicht den Menschen kennenlernten, den ich für sie vorgesehen hatte.

Ich habe mir überlegt, Liebestränke zu mischen, und habe alte Mythen ausprobiert. Gimpels Hoor schien sehr vielversprechend zu sein. Dem Mythos zufolge schwor Gimpel, ein alter Jude, auf seine Methode. Man nahm ein Haar der einen Person, schnitt es in kleine Stücke, mischte es unter das Essen und sorgte dafür, daß die andere Person es aß. Diese Person würde sich dann sicherlich in den Spender des Haares verlieben. Garantiescheine für den Erfolg gab es nicht. Ich habe es mit Gimpels Hoor mehrmals versucht. Dem Mythos zufolge konnte das Haar von jedem Körperteil stammen. Ich probierte es mit Kopfhaaren, Achselhaaren, Schamhaaren. Nichts hat funktioniert.

Vor kurzem habe ich versucht, meinen Vater zu verkuppeln. Ich würde allerdings jedem davon abraten, Vater oder Mutter verkuppeln zu wollen.

Mein Vater lebte wieder allein in Melbourne. Ich wußte, daß er einsam war. Der Gedanke daran war mir unerträglich. Ich wußte, er wäre ein anderer Mensch, wenn es jemanden gäbe, mit dem er etwas unternehmen und gemeinsame Erlebnisse teilen könnte. Ich schlug ihm vor, einem jüdischen Verein beizutreten, aber er ärgerte sich über meinen Vorschlag. »Mir geht's gut, so wie es ist«, sagte er. Aber er hörte sich nicht gut an. »Jeden Tag dasselbe«, sagte er jedesmal, wenn ich ihn anrief. Er langweilte sich, und er war einsam.

Er versuchte, Arbeit zu finden. Er bewarb sich um einen Job als Zuschneider, eine Tätigkeit, die er vor Jahrzehnten in Kleiderfabriken ausgeübt hatte. Er log, was sein Alter betraf. Er behauptete, neunundsechzig zu sein statt neunundsiebzig. Er hatte keinen Erfolg. Zweimal hieß es, man sei an seiner Bewerbung interessiert und würde zurückrufen. Doch die Jobs gingen an jüngere Leute.

Ich verstand nicht ganz, warum er nicht bereit war, freiwillig in einer Hilfsorganisation mitzuarbeiten. Für ihn war das, glaube ich, ein Zeichen seiner Wertlosigkeit. Ein bezahlter Job, wie gering die Bezahlung auch gewesen wäre, hätte bedeutet, daß er immer noch etwas wert war, daß er noch über Qualitäten und Fähigkeiten verfügte, die geschätzt wurden. Woche für Woche studierte er die Zeitschrift *Age* auf der Suche nach Arbeit. Zuschneider wurden nur sehr selten gesucht, und wenn, dann bekam er den Job nicht.

Ich entschied, daß die Lösung eine Ehefrau wäre, und begab mich auf die Suche. Ich rief Freunde in Melbourne an und fragte, ob sie vielleicht eine alleinstehende Frau kennen würden, die ich mit meinem Vater bekanntmachen könnte. Diese Frage schien die Leute zu verblüffen. Selbst jene, die eine verwitwete Mutter hatten, schienen kein großes Interesse daran zu haben, aktiv zu werden.

Ich erwog eine Anzeige in den *Jewish News*. Ich fragte meine beste Freundin, ob sie die Antworten sichten würde. Sie sagte zu, aber sie war auch besorgt. Sie sagte, sie sei sich nicht sicher, welche Art von Frau ich suchte.

»Eine sehr nette«, sagte ich.

»Großartig«, sagte sie. »Sie werden alle sehr nett sein. Könntest du dich vielleicht etwas präziser äußern?«

Ich dachte an präzisere Dinge. Wie alt sollte sie sein? Ich fragte meinen Sohn nach seiner Meinung.

»Eine, die jünger ist als Grampa, finde ich«, sagte er. »Es

sollte keine sein, die schon von Anfang an Grampas Hilfe in Anspruch nehmen muß.« Ich fand, daß er recht hatte.
»Wie wär's mit siebzig?« sagte ich.
»Wie wär's mit sechzig?« sagte mein Sohn.
»Sechzig, das ist nur ungefähr zehn Jahre älter als ich«, sagte ich. »Das kommt mir unziemlich vor.«
»Ich finde nicht, daß sechzig unziemlich wäre«, meinte mein Mann. »Das findest du bloß, weil er nicht dein Vater ist«, sagte ich. Etwas Präziseres als jemand Nettes fiel mir nicht ein. Ich konnte mich noch nicht einmal auf ein gewünschtes Alter festlegen. Wir haben nie inseriert.

Doch ich hörte von einer Frau. Eine Bekannte erzählte mir von ihr. Für mich klang sie genau richtig. B. war Mitte bis Ende Sechzig. Nicht zu alt und nicht zu jung. Und sie wohnte nur wenige Häuserblocks von meinem Vater entfernt. Sie war intelligent, aber keine Intellektuelle. Sie war kultiviert, aber nicht überkultiviert. Sie war verwitwet, und sie reiste gern. Ich stellte mir vor, wie mein Vater mit B. nach New York kommen würde, um uns zu besuchen. Ich hatte Phantasien von B. und meinem Vater, wie sie dem Melbourner Winter in Queensland entfliehen.

Ich rief B. von New York aus an. Ich erklärte ihr die Situation. Ihre Freundin hatte ihr mitgeteilt, daß ich sie anrufen würde. Sie war mir sympathisch. Sie war wohlartikuliert und gescheit. Ursprünglich kam sie aus England. Seit dreißig Jahren lebte sie in Australien.

Ich erzählte ihr ein bißchen über meinen Vater. Oder zumindest hatte ich das vor. Statt dessen redete ich länger als eine Stunde ununterbrochen über ihn. Als ich fertig war, gab es keinen Mann der Welt, der meinem Vater in bezug auf Freundlichkeit, Geduld, Toleranz, Zärtlichkeit, Wärme und Großzügigkeit das Wasser hätte reichen können. B. sagte, sie könne es kaum erwarten, ihn kennenzulernen. Wie es der

Zufall wollte, fuhr ich für eine Lesereise nach Australien. Ich vereinbarte mit B., sie in zwei Wochen, nach meiner Ankunft in Melbourne, anzurufen.

»Wie sieht sie aus?« sagte mein Sohn, als ich ihm das erzählte.

»Ich hätte sie doch nicht fragen können, wie sie aussieht«, sagte ich. »Das wäre unhöflich gewesen.« Und dann hielt ich ihm einen Vortrag darüber, wie unwesentlich das Aussehen eines Menschen ist, wenn es um die Liebe geht. »Es geht um bedeutendere Dinge als das Aussehen«, sagte ich.

»Oh ja«, sagte er. »Deshalb hast du auch zwei gutaussehende Burschen geheiratet.«

»Was wird Grampa dazu sagen?« fragte meine jüngste Tochter.

»Ich bin mir nicht sicher«, sagte ich. Mein Vater hatte keine Ahnung von meinen Plänen. Ich wußte, daß er nicht damit einverstanden wäre. Wie ich ihn dazu bringen könnte, B. kennenzulernen, sollte mir noch einiges Kopfzerbrechen bereiten.

Schließlich fragte ich ihn, ob er mir versprechen würde, etwas für mich zu tun, ohne genau zu wissen, was es war. Er war sehr mißtrauisch. »Es geht nur um zwei oder drei Stunden deiner Zeit«, sagte ich. »Es wird dir nichts geschehen.«

»Bist du sicher?« sagte er.

Als er erfuhr, worauf er sich eingelassen hatte, wurde er furchtbar wütend. Er wollte das Ganze rückgängig machen. Aber ich ließ ihn nicht. »Hast du ihr gesagt, daß ich kein Geld habe?« sagte er.

»Ich habe ihr alles gesagt«, sagte ich. Er zählte die Quellen seines Einkommens auf.

»Hast du ihr das gesagt?« sagte er.

»Ich bin nicht so ins Detail gegangen«, sagte ich. »Aber im großen und ganzen weiß sie Bescheid.« Zwei Tage später war er immer noch böse. »Wie konntest du mir das antun?« sagte er.

»Ich habe das aus Liebe zu dir getan«, sagte ich. Er schnaubte.

»Ich glaube, wir sollten zu dieser Verabredung von B. und meinem Vater mitgehen«, sagte ich zu meinem Mann.

»Du und ich?« sagte er.

»Das habe ich mit wir gemeint«, sagte ich.

»Warum?« sagte er.

»Ich weiß es nicht«, sagte ich. »Ich habe so ein Gefühl im Bauch.«

Mein Mann ist meinen Gefühlen im Bauch immer gefolgt. Nicht alle haben sich als richtig erwiesen. Zögernd erklärte er sich einverstanden. Mein Vater war sehr erleichtert, als ich ihm mitteilte, daß mein Mann und ich bei seiner Verabredung mit B. dabeisein würden. »Dankeschön«, sagte er. Er sah so dankbar aus, daß mein Vertrauen in die ganze Angelegenheit zu schwinden begann.

Ich rief B. an, um eine Verabredung zum Abendessen zu treffen. Es war Sonntag. Ich schlug Donnerstag vor. »Sagen wir Donnerstag in einer Woche?« sagte sie. »Um ehrlich zu sein, ich muß zum Friseur. Ich muß mir die Haare mal wieder schneiden lassen. Und neue Schuhe brauche ich auch.«

»Machen Sie sich nicht zuviel Mühe«, sagte ich. »Mein Vater ist sehr ungezwungen. Er ist kein förmlicher Mensch.«

Mein Vater wurde noch ungezwungener, als er von dem Aufschub von einer Woche hörte. »Vielleicht solltest du dir auch die Haare schneiden lassen«, sagte ich zu ihm.

»Okay, okay«, sagte er.

»Und hast du gute Schuhe?« fragte ich ihn.

»Selbstverständlich«, sagte er. »Aber ich werde mich nicht herausputzen. Ich gehe so, wie ich bin, ein einfacher Mann. Ich ziehe die Hose und die Schuhe an, die ich immer anhabe.«

»Du meinst doch nicht die Hose, die du jeden Tag trägst«, sagte ich.

»Doch«, sagte er. »Das ist eine gute Hose.«

»Die war vielleicht vor zehn Jahren gut«, sagte ich. »Bitte zieh' deinen Anzug an.«

»Vielleicht«, sagte er.

Ich rief B. ein paarmal an, damit sie sich mit mir wohler fühlte. Ich glaubte, das würde beruhigend wirken. Ich mochte sie wirklich gern. Mein Mann telefonierte mit ihr. Auch er mochte sie gern. Für mich schien sie die perfekte Frau für meinen Vater zu sein. Es störte sie nicht, daß er kein wohlhabender Mann war. Sie liebte die Geschichten, die ich ihr über ihn erzählte. »B. wird sehr gut in unsere Familie passen«, sagte ich zu meiner älteren Tochter, als sie aus New York anrief.

Mein Vater fragte mich viermal, ob wir das Essen nicht absagen könnten. Wir hatten in einem ruhigen, sehr guten Restaurant am Stadtrand einen Tisch für vier Personen bestellt. Wir hatten vereinbart, uns dort um sieben Uhr zu treffen. Ich hatte meinem Vater versprochen, um sechs Uhr fünfundvierzig da zu sein.

Am Tag der Verabredung rief mein Vater mich um fünf Uhr nachmittags an. Er war in Panik.

»Stimmt was nicht?« sagte ich.

»Ich habe ein kleines Problem«, sagte er. »Du bist schuld. Du wolltest, daß ich einen Anzug trage. Also habe ich den Anzug in die Reinigung gebracht.«

»Sie haben ihn doch nicht etwa verloren?« sagte ich. Ich wußte, daß für einen neuen Anzug keine Zeit mehr blieb.

»Nein«, sagte mein Vater. »Der Anzug ist sogar sehr schön geworden.«

»Was ist es dann?« sagte ich. Ich spürte, wie mein Blutdruck stieg, während ich mich für das Problem wappnete.

»Was es ist«, sagte mein Vater, »ist, daß der Reißverschluß an der Hose kaputtgegangen ist. Könnte ich nicht meine graue Hose anziehen?«

»Die, die du jeden Tag anhast?« sagte ich. »Nein, das könntest du nicht.«

»Und die blaue Hose?« sagte er.

»Die hellblaue Hose, die du in Florida anhattest? Die würde dumm aussehen«, sagte ich in einem schärferen Ton als beabsichtigt. »Ich weiß nicht, was wir tun können«, sagte ich.

»Es ist Viertel nach fünf«, sagte mein Vater. »Ich springe jetzt ins Auto und versuche, den Schneider in der Alma Road zu erwischen.« Er legte auf, und ich fragte mich, wie lächerlich seine hellblaue Hose zu seiner anthrazitfarbenen Anzugjacke aussehen würde. Absolut lächerlich, entschied ich.

Um sechs Uhr rief mein Vater noch einmal an. »Der Schneider hatte schon zu«, sagte er.

»O nein«, sagte ich.

»Mach' dir keine Sorgen«, sagte mein Vater. »Ich habe alles in Ordnung gebracht.«

»Wie?« sagte ich.

»Ich habe den Reißverschluß zugenäht«, sagte er. »Ich habe ihn zugenäht, während ich die Hose anhatte. Ich hab' kurze, kleine Stiche gemacht. Es fällt überhaupt nicht auf.« Mein Vater hat mich oft sprachlos gemacht. Ich war fast sprachlos.

»Und wenn du auf die Toilette mußt?« sagte ich.

»Ich warte, bis ich nach Hause komme«, sagte er.

Mein Vater, der sich in Melbourne bestens auskennt, fragte noch einmal, wo genau das Restaurant sei. Ich sagte es ihm noch einmal. »Wie finde ich dich in dem Restaurant?« sagte er.

»Es ist nicht sehr groß«, sagte ich. »Du siehst mich schon.«

»Wo wirst du sitzen?« sagte er.

»Keine Ahnung«, sagte ich. »Aber ich verspreche dir, vor dir dort zu sein. Ich werde die Tür im Auge behalten. Dann sehe ich dich, sobald du hereinkommst.« Er klang sehr nervös, und ich war auch aufgeregt. »Fahr' vorsichtig«, sagte ich zu ihm.

»Wäre es nicht wunderbar«, sagte ich zu meinem Mann, »wenn sich herausstellte, daß die beiden sich gesucht und gefunden haben?«

»Wir brauchen nicht mehr lange zu warten, um das herauszufinden«, sagte mein Mann. »In zehn Minuten sollten beide hier sein.« Wir saßen an einem Tisch, von dem aus man den Eingang des Restaurants genau überblicken konnte. Ich ließ die Tür nicht aus meinen Augen. »Ich kann nicht glauben, daß er mit einem zugenähten Reißverschluß hier ankommt«, sagte ich. »Ich hätte ihm einen neuen Anzug kaufen sollen.«

»Das hätte er dich nicht lassen«, sagte mein Mann.

Ich fragte mich gerade, ob ich noch schnell auf die Toilette verschwinden könnte, als mein Vater hereinkam. Ich mußte zweimal hinsehen. So elegant hatte ich meinen Vater seit Jahren nicht gesehen. So gutaussehend. So schneidig. So vornehm. Er trug ein gestärktes weißes Hemd zu seinem Anzug. Und eine blaßgraue Seidenkrawatte mit dunkelgrauen und schwarzen Tupfen.

Er sah uns sofort.

»Du siehst fabelhaft aus«, sagte ich zu ihm.

»Jaja«, sagte er.

»Die Haare hast du dir auch schneiden lassen«, sagte ich.

»Ja, ich war beim Friseur«, sagte er. »Da ist ja wohl nichts dabei.« Unter der Schneidigkeit und dem strahlenden Äußeren wirkte er nervös. Es war die Nervösität eines Schuljungen.

Eine Nervosität, die einen krank aussehen läßt. »Ich hätte nie damit einverstanden sein sollen«, sagte er. »Ich hätte mich nie von dir überreden lassen sollen. Aber du könntest ja jeden zu allem überreden.«

»Das Schlimmste, was passieren kann, Dad«, sagte ich, »ist, daß wir gemeinsam ein gutes Essen genießen.« Er stand auf. Einen Augenblick lang dachte ich, er würde gehen. »Siehst du meine Änderungen?« sagte er. Ich wußte nicht, wovon er sprach, dann fiel mir der Reißverschluß ein.

Ich wußte nicht, was ich tun sollte. Man kann in der Öffentlichkeit wohl kaum den Schritt seines Vaters inspizieren. Die meisten Leute würden so etwas ohnehin nicht tun wollen. »Es ist zu dunkel«, sagte ich. Er beugte sich vor. Ich warf einen flüchtigen Blick darauf. »Das hast du sehr gut gemacht«, sagte ich.

»Finde ich auch«, sagte er. »Ich hatte keinen schwarzen Zwirn, also habe ich dunkelblauen genommen, aber es fällt überhaupt nicht auf.«

»Ich glaube, da ist sie«, sagte mein Mann.

»Oij, oij, oij«, sagte mein Vater. Er sah blaß aus. B. hatte mir gesagt, sie würde ein smaragdgrünes Tuch tragen. Die Frau trug ein smaragdgrünes Tuch und sah sich nervös im Restaurant um. »Oij, oij, oij«, sagte mein Vater. »Du mußt sie begrüßen.« Ich stand auf und winkte B. zu. Sie sah sehr erleichtert aus und kam auf uns zu.

B. war nicht das, was ich erwartet hatte. Das smaragdgrüne Tuch war an ihrem Hals zu einer großen Schleife gebunden. Sie trug ein leuchtend rotes, kniefreies Kleid. Sie trug große, weiße Lederschuhe und schwarze Strümpfe. Ihr Haar stand seltsam von ihrem Kopf ab. Es war eine ziemlich wild aussehende, eine Art Grunge-Punk-Frisur. Ich war mir nicht sicher, ob sie ihr Vorhaben, zum Friseur zu gehen, noch hatte ausführen können. Ich mochte die Exzentrik ihrer Aufmachung, mir gefiel ihre verschrobene Art, sich zu kleiden. Doch die Individualität dieses Aufzugs machte auf meinen Vater keinen Eindruck. Für ihn war das alles Plunder. »Sie muß sehr arm sein«, sagte er auf jiddisch zu mir, bevor B. am Tisch eintraf. »Du mußt unbedingt ihre Rechnung bezahlen.«

Mein Vater war wie gelähmt. Er starrte unentwegt meinen Mann an. B. war schrecklich nervös. Ich schlug vor, daß wir bestellen sollten. B. suchte ihre Brille. Sie konnte sie nicht finden. Sie mußte den gesamten Inhalt ihrer Handtasche ausleeren, um die Brille zu finden. Der Tisch war von B.s Handtasche, ihrem Schlüssel, ihrem Lippenstift, ihrem Puder, einigen Papierschnitzeln und einer Pillenschachtel übersät. Sie entschuldigte sich ununterbrochen dafür, ihre Brille nicht finden zu können.

»Bestell' du für mich«, sagte mein Vater.

»Was hättest du gerne?« sagte ich.

»Irgendwas«, sagte er.

Ich versuchte, Gemeinsamkeiten zwischen den beiden zu finden. »Spielen Sie Karten?« sagte ich zu B.

»Nein«, sagte sie, »aber es macht mir nichts aus, wenn andere Leute Karten spielen.« Ihre Nervosität wirkte langsam herzzerreißend. Mein Vater schien nicht fähig zu sein, B. anzusehen. »Ich spiele Karten«, sagte er zu mir.

»Ich selbst spiele auch nicht«, sagte ich zu B. »Und meine Mutter hat nie Karten gespielt.«

Das Essen kam. B. betrachtete ihren im ganzen gebratenen Barsch mit Pommes Frites und sagte: »So eine Riesenmahlzeit habe ich schon lange nicht mehr gesehen.« Dann schwieg sie verlegen, als ob sie unbeabsichtigt etwas Anstößiges gesagt hätte. »Es ist das schönste Essen, das ich seit langem gesehen habe«, sagte sie.

»Meine Tochter speist dauernd in Restaurants«, sagte mein Vater zu mir. »Manchmal nimmt sie ihren Vater mit.«

Ich hatte Kaninchenragout bestellt. Ich mag kein Ragout und esse sehr selten Kaninchen. Ich versuchte herauszufinden, welcher Teil des Kaninchens sich auf meinem Teller befand. Ich hatte Kopfweh.

Mein Mann kümmerte sich um B. Er erzählte ihr lustige Anekdoten aus New York und das eine und andere über unser Leben. »Sprechen Sie Jiddisch?« fragte er B.

»Nein, leider nicht«, sagte sie.

»Ich spreche Jiddisch«, sagte mein Vater zu mir.

Mein Vater versuchte, mit B. zu reden, aber er war so aufgeregt, daß er all sein Englisch vergaß. Die einfachsten Worte fielen ihm nicht mehr ein, und von dem, was er sagte, ergab nichts einen Sinn. B. versuchte zu verstehen, und ich versuchte zu übersetzen. Kurz bevor das Dessert serviert wurde, gaben wir auf.

Ich sprach mit meinem Vater, und B. plauderte mit meinem Mann. Mein Vater lebte auf. »Dieser Schokoladenkuchen ist wirklich ein sehr guter Schokoladenkuchen. Fast so gut wie der Schokoladenkuchen von Scheherezade«, sagte er.

»Bei Scheherezade gibt's keinen Schokoladenkuchen«, sagte ich. »Du meinst Monarch.«

»Dann meine ich eben Monarch«, sagte er. Langsam wurde er wieder der alte.

Als das Essen vorbei war, war B. soweit, meinen Mann zu heiraten. »Er ist ein wunderbarer Mann«, wiederholte sie ständig.

»Er ist wunderbar«, bestätigte ich ihr ständig.

»Wo hast du denn die aufgegabelt?« sagte mein Vater, nachdem wir B. zu ihrem Auto begleitet hatten.

»Was willst du damit sagen?« sagte ich. »Sie ist eine reizende Frau.«

»Aber wie sie aussieht«, sagte mein Vater. »Wer sieht denn so aus?«

»Bloß weil sie nicht so aussieht wie eine der perfekt frisierten Blondinen aus Caulfield heißt das noch lange nicht, daß sie merkwürdig ist«, sagte ich.
»Sie ist sehr merkwürdig«, sagte er. Ich war wütend.
»Wie kannst du jemand nach seinem Äußeren beurteilen?« sagte ich.
»Man braucht etwas zum Anschauen«, sagte er.
»Und für wenn hältst du dich?« sagte ich. »Cary Grant?«
Zwei Tage lang konnte ich nicht mit meinem Vater reden. Die Wut in mir empfand ich zum Teil im Namen aller Frauen, die nach ihrem Äußeren beurteilt werden. Schließlich beruhigte ich mich wieder. »Mein Vater braucht jemanden, der Karten spielt und Jiddisch spricht«, sagte ich zu meinem Mann. »Ich schätze, wir alle reagieren auf das, was uns vertraut ist«, fügte ich hinzu.

Ich rief B. an, um ihr zu sagen, daß mein Vater sie wirklich reizend gefunden habe, aber eigentlich nicht bereit sei, eine Beziehung einzugehen. Sie war sehr lieb. »Es war ein wunderbarer Abend«, sagte sie. »Es ist schon so lange her, daß ich in einem so schönen Restaurant war.« Das machte mich traurig.

Mein Vater, man muß es ihm lassen, rief B. an und sagte ihr, er habe sich sehr gefreut, sie kennenzulernen. Er habe den Abend und die Unterhaltung wirklich genossen, aber sein Leben verliefe in geregelten Bahnen und er verspüre keinen Wunsch nach Veränderung. B. sagte, falls er jemals in der Nähe wäre, sollte er bei ihr vorbeischauen. Mein Vater sagte, daß er nur selten ausgehe. Ich beschloß, mich niemals mehr in Liebesdinge einzumischen.

Juden fürchten sich vor Einmischungen in die Liebe. Bei jüdischen Hochzeiten zerbricht der Bräutigam am Ende der Trauungszeremonie ein Glas, das er meistens zertritt. Die kabbalistische Erklärung hierfür lautet, daß es Dämonen gibt, die das Glück des jungen Paares zu stören beabsichtigen, und daß durch das Zerbrechen des Glases die bösen Geister besänftigt werden.

Eine andere Erklärung ist, daß der Lärm, den das Zerbrechen des Glases verursacht, die Menschen ermahnt, sich in den glücklichen Momenten des Lebens mit nüchternen Gedanken zu mäßigen. Ein Hinweis für das junge Paar, sich für alle Eventualitäten des Lebens zu wappnen.

Die australische Redbackspinne stirbt buchstäblich für die Liebe. Das sind jene Spinnen, bei denen das Weibchen das Männchen während der Kopulation verspeist. Manche Leute glauben, die Spinne stirbt für den Sex, aber ich ziehe es vor zu glauben, daß sie für die Liebe stirbt. Unlängst hat ein Wissenschaftler der Cornell University nachgewiesen, daß jene Redbackmännchen, die während der Kopulation gefressen wurden, proportional mehr Nachwuchs zeugten als die, deren Weibchen sie nicht verspeisten. Der Tod beim Sex, so behauptete der Wissenschaftler, hilft dem Redbackmännchen, seine Nachkommenschaft zu sichern, und hält das Weibchen anscheinend davon ab, von einem Rivalen befruchtet zu werden. Die *New York Times* brachte eine Geschichte über diese Entdeckung. Die Überschrift lautete: »Eine australische Spinnenart stirbt buchstäblich für die Liebe.«

In New York ist die Liebe ein ständig beschworener Begriff. »Ich *liebe* dich«, hört man von Leuten, die man kaum kennt. »Ich liebe dich«, »ich liebe ihn«, »ich liebe sie«. Bei den New Yorkern sitzt die Liebe sehr locker. Ich telefonierte mit einer australischen Filmproduzentin, die sich für die Filmrechte an einem meiner Bücher interessierte. Ich stellte ihr eine Frage und wartete auf ihre Antwort.

Ich wartete und wartete. Ich dachte, wir wären unterbrochen worden. Ich wartete noch ein wenig. Schließlich sagte ich: »Hallo, sind Sie noch da?« Sie war es.

»Ich bin Australierin«, sagte sie. »Wir reden erst, wenn wir etwas zu sagen haben. Ich denke über Ihre Frage nach.« Ich mußte lachen. Nach ihren Maßstäben war ich eindeutig eine exzessive, ungeduldige New Yorkerin.

Vielleicht bin ich das. Aber ich bin weit davon entfernt, zu allen Leuten »ich liebe dich« zu sagen. Meine Freundin Belinda Luscombe, die für die Gesellschaftsnachrichten des *Time Magazine* in New York zuständig ist, hatte ihren ersten Arbeitstag in der neuen Stelle, als sie einen Anruf von Tony Curtis erhielt. Belinda nahm den Anruf mit einer gewissen Beklommenheit entgegen. Dieser Posten war ihr erster guter Job in Amerika. »Hallo«, sagte sie.

»Belinda, ich *liebe* Ihre Kolumne«, sagte Tony Curtis.

9 Schreiben

Ich gehöre nicht zu jenen Schriftstellerinnen, die von Jugend an wußten, daß sie Schriftstellerin sein wollten. Ich wollte schlank sein.

Das ist das einzige Bestreben, an das ich mich erinnern kann. Ich hatte keine Pläne, was ich mit meinem Leben anfangen sollte. Ich war mir nicht sicher, ob ich überhaupt ein Leben haben würde. Ich konnte nicht an meine Zukunft denken. Ich dachte, daß die Zukunft den Menschen den Tod bringt. Meine Pläne, abzunehmen, hatten mit der Gegenwart zu tun. Deshalb waren sie so radikal. Ich mußte viele Pfunde in kurzer Zeit abnehmen.

Während die anderen Kids auf der Uni High darüber nachdachten, ob sie Jura oder Naturwissenschaften oder Medizin studieren sollten, versuchte ich zu berechnen, ob es möglich wäre, in zwei Wochen sechsundzwanzig Pfund abzunehmen. Diese sechsundzwanzig Pfund und mehr sollten mich noch lange Zeit begleiten, aber das wußte ich damals nicht. Also saß ich da mit meinen Berechnungen und Neuberechnungen, während meine Klassenkameraden ihre Abschlußprüfungen machten, sich für eine Karriere entschieden und ihr Leben auf den Weg brachten.

Ein paar Jahre verbrachte ich damit, so zu tun, als ob ich auf die Universität gehen wollte. Ich schrieb mich bei Taylor's ein, einem privaten Tutorencollege in der Stadt. Bei Taylor's erhielt man Seiten über Seiten an Informationen und Notizen zu allen wichtigen Themen. Ich heftete meine sauber beschrifteten Seiten in farblich aufeinander abgestimmte Ordner. Ich habe sie nie gelesen.

Mein Vater wollte seinen Glauben an mich nicht aufgeben. »Du könntest besser sein als Perry Mason«, sagte er. »Kein Mensch kann einen Streit mit dir gewinnen.« Er träumte davon, daß ich mich in Raymond Burr verwandelte. Vielleicht einen schlankeren Raymond Burr. Ich würde bei den kompliziertesten und unlösbarsten Fällen cool bleiben und dann, im letzten Moment, mit der Beweisführung aufwarten, die den Prozeß gewann.

Er hatte nicht ganz Unrecht, mich in dieser Rolle zu sehen. Ich wirkte sicherlich völlig cool. Nichts brachte mich aus der Ruhe oder störte mich. Weder mein schlimmes Versagen im letzten Schuljahr noch mein Mangel an Zielstrebigkeit, noch nicht einmal mein trauriger Rekord beim Abnehmen.

Ich war so ruhig, ich war fast erstarrt. Bis zu dem Tag, an dem meine Mutter sagte, ich würde mir Arbeit suchen müssen. Ich glaube, es war mein Übergewicht, das sie schließlich zermürbte. Ich war tagelang mit meinem Fahrrad in unserem kleinen Hof mit Garten herumgefahren und hatte mich bemüht, die Auswirkungen wochenlangen Schwelgens in Schokoladeriegeln abzuschwächen. Meine Mutter unterstützte diese sportliche Betätigung, aber schließlich mußte sie einsehen, daß sie zu nichts führte. Ich nahm zu.

Ich war so gekränkt, als sie sagte, ich müßte mir einen Job suchen. Und schockiert. Ich hatte geglaubt, daß das Abnehmen immer den Vorrang vor allem anderen haben würde.

Ich bewarb mich bei Imperial Chemical Industries. Mein Vorstellungsgespräch fand in einem der oberen Stockwerke des damals höchsten Gebäudes von Melbourne statt. Ich log, was meine mathematischen Fähigkeiten betraf. Ich bekam den Job nicht. Ich bewarb mich bei einer französischen Firma für Haarpflegemittel und log über meine Französischkenntnisse. Den Job bekam ich auch nicht. Ich bewarb mich bei *Go-Set*, der neugegründeten Rockzeitschrift. Sie stellten mir keine Fragen, die mich gezwungen hätten zu lügen. Den Job bekam ich. Es kam mir nie in den Sinn, mich zu fragen, ob ich schreiben könnte. Bei der Zeitschrift ging jeder davon aus, daß ich es konnte. Und ich tat das auch.

Ich schrieb meinen ersten Artikel an meinem ersten Arbeitstag. Ich setzte mich einfach hin und schrieb ihn. Es machte soviel Spaß. Die einzige Frage, die ich stellte, war die, wie man den Bogen Papier in die Schreibmaschine einspannte. Ich hatte nie zuvor eine Schreibmaschine benutzt. Es dauerte eine Weile, bis ich mit ihr umgehen konnte, aber als ich es begriffen hatte, wurde ich süchtig. Seitdem liebe ich es, eine Tastatur zu spüren.

Ich interviewte Popsänger und Popgruppen und Rockgruppen, dann ging ich in die Redaktion und schrieb die Storys. Nach einer Weile fing ich damit an, Antworten auf die Fragen vorzuschlagen, die ich stellte. Ich schlug das nur Rockstars vor, die ich gut kannte. Einigen von ihnen gefielen meine Ideen. Also dachte ich mir die Fragen aus und erfand die Antworten gleich mit dazu. Meine Herausgeber waren von meinen Storys begeistert.

Aus der unglücklichen Lily, die mit ihrem Fahrrad im Hof umherfuhr, wurde Lily Brett von *Go-Set*. Ich traf mich mit allen Leuten, die alle Leute meines Alters treffen wollten. Ich interviewte die coolsten Gruppen und Musiker, und ich interviewte die Popstars. Ich verbrachte meine Zeit mit Jungs, die Horden von Mädchen verrückt machten.

Aber ich war nicht an Jungs interessiert. Sondern am Schreiben. Ich schrieb Seite über Seite für die Zeitschrift. Das Schreiben wurde mir nie zuviel. Ich kam frühmorgens zur Arbeit und ging spätabends nach Hause.

Meine Eltern waren deshalb nicht glücklicher mit mir. Sie fanden, der Job bei *Go-Set* sei keine richtige Arbeit. Leute mit richtiger Arbeit waren Anwälte oder Ärzte. Journalisten kamen im Lexikon der richtigen Berufe nicht vor.

Aber ich war viel glücklicher. Nachdem ich ungefähr ein halbes Jahr dort gearbeitet hatte, kaufte *Go-Set* mir eine elektrische Schreibmaschine. Ich war im siebten Himmel. Mein Glücksgefühl begann, sobald ich auf »Ein« schaltete und das leise Summen der Maschine anfing.

Go-Set war sensationell erfolgreich. Sie machten ihre Autoren öffentlich bekannt. Mein Foto erschien neben meinen Artikeln und auf der Gesellschaftsseite der Tageszeitung. Ich wurde so bekannt wie manche der Leute, über die ich schrieb. Das Interesse an mir ging mir zum Teil auf die Nerven. Verkäuferinnen baten mich um ein Autogramm. Ich haßte das. Ich rannte mit Höchstgeschwindigkeit durch Myers, wenn ich etwas kaufen wollte. Mädchen, die mich sahen, fingen entweder zu kichern an oder waren ruppig. »Sie ist dicker als auf den Fotos«, sagte ein junges Mädchen zu seiner Freundin, als ich die Bourke Street hinaufhastete.

Die britische Fluglinie BOAC bot *Go-Set* zwei Flugtickets um die Welt gegen Werbeeinschaltungen an. Mein Herausgeber fragte mich, ob ich Lust hätte, auf Weltreise zu gehen. Ich sagte ja. Das war 1967. Ich war zwanzig. »Wie lange wirst du weg sein?« sagte meine Mutter zu mir. »Ich weiß es nicht«, sagte ich. »Vielleicht ein halbes Jahr.« Sie sah traurig aus. Sie sah immer traurig aus, wenn ich verreiste. Ich spürte ihre Liebe zu mir am stärksten, wenn ich wegfuhr. Immer wenn ich irgendwo hinfuhr, weinte sie. Und ich wußte, daß diese Tränen mir galten und nicht einem der Toten.

Ich wußte nicht genau, was ich auf dieser Weltreise tun sollte, und Colin Beard, der Fotograf, mit dem ich unterwegs war, wußte es noch weniger. Als wir in Hong Kong ankamen, wurde ich von einem lokalen Radiosender interviewt. Der Interviewer sprach Englisch mit mir und wiederholte dann meine Antworten auf chinesisch. Ich erkannte die Worte Normie Rowe, Johnny Young, Marcia Jones and the Cookies und Easybeats, durchsetzt mit viel Chinesisch. Während des Interviews machte Colin Fotos von mir. Unsere *Go-Set*/BOAC Weltreise hatte begonnen.

Keine Ahnung zu haben, wie unbedeutend *Go-Set* und Australien waren, erwies sich als Vorteil, als ich nach London kam. Ich machte mich daran, Interviews zu organisieren. Ich rief Manager und Werbeagenten und Schallplattenfirmen an und erklärte, ich sei hier, um ihre Stars zu interviewen. Ich glaube, viele meiner Interviews habe ich nur deshalb bekommen, weil ich davon ausging, daß ich sie bekommen würde. Meine selbstsichere, bestimmte Art überraschte die Leute. So wie mein Alter.

Ich lachte und scherzte und plauderte mit Managern und Werbeagenten, die Jahrzehnte älter waren als ich. Es war mir nicht bewußt, daß ich unterwürfig hätte sein sollen. Ich nahm die Popwelt nicht ernst. Ich dachte, es wäre jedem klar, daß es hier nicht um Leben und Tod ging. Ich dachte, wir alle hätten einfach nur Spaß.

Ich begann also damit, ein halbes Jahr lang ein Interview nach dem anderen zu führen. Ich saß in Büros und Hotelhallen und Garderoben und Restaurants mit Herman's Hermits, den

Trogs, den Rolling Stones, The Who, Manfred Mann, Spencer Davies, den Hollies. Wirklich mit jedem, der jemand war, mit Ausnahme der Beatles.

Woran ich mich viel genauer erinnere als an den Hüftschwung von Mick Jagger, klarer als an die Intensität von Eric Burdon and The Animals oder die Ernsthaftigkeit des jungen Stevie Winwood, war mein Schreiben.

Ich sehe meine Schreibmaschine noch deutlich vor mir. Eine schöne, schwarze, tragbare Olivetti. Ich erinnere mich daran, wie ich meine Storys schrieb, in den verschiedenen Räumen, in den verschiedenen Wohnungen, in denen ich lebte. Ich weiß noch, daß ich die Schreibmaschine manchmal nachts im Bett auf den Knien balancierte und meine Storys tippte, die jede Woche an *Go-Set* geschickt wurden.

Ich erinnere mich, daß ich versuchte, jede Story mit einem interessanten Satz zu beginnen, und mich bemühte, das Wesentliche der verschiedenen Leute, über die ich schrieb, nicht aus den Augen zu verlieren.

Ich erinnere mich deutlich an Jimi Hendrix. Seine sexuelle Ausstrahlung war elektrisierend. Er biß in seine Gitarre, als ob er in ein anderes Leben beißen würde. Er schwang sie um sein Herz und zwischen seinen Schenkeln. Er schlug und zupfte sie, als ob sie ein todbringendes Tier wäre.

Bei seinem ersten Konzert saß ich in der ersten Reihe. Sein Sex war so gewaltig, daß ich mich ein bißchen vor ihm fürchtete. Damals waren viele Mitglieder der Rockbands englischer Abstammung. Und hier war dieser Schwarze. Er funkelte und glühte. Privat war er sehr lieb, sehr höflich und sehr gescheit. Einer der nettesten aller Rockstars.

In vielen Beziehungen war die Rockwelt eine Welt, in der ich mich fremd fühlte. Dominiert von Männern, wie fast der ganze Rest der Welt. Gruppen von selbstverliebten Jungs. Gruppen von Jungs, die ihre gemeinsame Großartigkeit einfach umwerfend fanden. Sie waren ausschließlich mit einander beschäftigt, als ob sie keine Individuen, sondern Teil einer wunderbaren Person wären. Wenn sie meine Fragen beantworteten, sahen sie sich gegenseitig bewundernd an. In den Garderoben zogen sie sich vor mir aus und setzten mit Hingabe die Namen möglicher Groupies in Umlauf.

Manchmal entdeckte ich einen Menschen hinter dieser ganzen Selbstzufriedenheit, aber das kam selten vor. Ich selbst war kaum wirklich dabei. Ich war ein dickes jüdisches Mädchen, das nicht genau wußte, wo es sich eigentlich befand. Äußerlich glänzte ich. Ich hatte mir Pailletten auf die Wangen geklebt, und manchmal flocht ich mir welche ins Haar. In den Garderoben und Konzerthallen und Aufnahmestudios war ich eine Außenseiterin unter den Insidern.

Als ich in Kalifornien zum Monterey Pop Festival kam, hatte ich das Gefühl, eine neue Welt zu betreten. Ich war so aufgeregt. Alle hatten Blumen im Haar und redeten von Love and Peace. Ich glaubte, Zeugin einer Revolution zu sein.

Überall waren Drogen. Joints wurden herumgereicht. Es wäre *anti-sozial* gewesen, nein zu sagen. Ich zog an den Joints und hielt die Luft an, wie ich es bei den anderen sah. Man gab mir Pillen. Völlig fremde Leute sagten zu mir: »Laß dich anturnen.« Ich war wohlerzogen. Ich sagte stets: »Vielen Dank.« Als das Festival vorüber war, hatte ich einen großen Vorrat dieser weißen LSD-Pillen angesammelt.

Während des Festivals saß ich vorne, gleich bei der Bühne. Ich hatte den Eindruck, daß die Presseleute und die Sänger und Musiker alle in diesem vorderen Teil zusammenkamen. Ich saß neben Janis Joplin und Mama Cass und Michelle Phillips.

Ich mochte Janis Joplin. Sie hatte einen wunderbaren Sinn für Humor, war ausgelassen und nicht anmaßend. Sie war nett und unkompliziert, und man sah ihr an, daß sie gelitten hatte.

Sie wirkte so zart und verletzlich, daß man den Wunsch verspürte, sie zu beschützen. Sie kam unter donnerndem Applaus von der Bühne. »War ich gut? War ich okay?« fragte sie die Leute ihrer Umgebung immer wieder.

Ich weiß noch, wie sie von der Bühne gelaufen kam. Ihr wildes Haar, mit allerlei Bändern und Kämmen festgesteckt, flog in alle Richtungen. Man konnte sich gut mit ihr unterhalten. Sie hatte zu allem und jedem eine Idee und eine Meinung. Sie diskutierte heftig und lachte lauthals.

Das war in der Zeit, bevor man Berühmtheiten und ihre Persönlichkeit produzierte und jede Andeutung einer Charaktereigenschaft pasteurisiert und homogenisiert wurde. Die Zeit, in der Berühmtheiten Individuen waren. Nicht so wie heute, wo ein Rockstar oder Schauspieler fast ebenso klingt wie die anderen Rockstars und Schauspieler.

Eine übergroße Anzahl der Stars, die in Monterey auftraten, ist jung gestorben. Janis Joplin, Jimi Hendrix, Keith Moon, Mama Cass.

Ich hatte Mama Cass gern. Sie schien sehr nett zu sein. Sie lächelte oft und sah immer freundlich aus. Sie tat mir leid, weil sie so groß und dick war. Einmal hat mich ein junger Mann auf dem Festival gefragt, ob ich Mama Cass sei.

In Monterey interviewte ich auch Brian Jones. Er brachte keine zwei zusammenhängenden Worte heraus. Der blonde, engelsgesichtige Rolling Stone war völlig high. Nach jeder Frage wartete ich mehrere Minuten und hoffte, daß irgend etwas zu ihm durchgedrungen wäre. Aber das war es nicht. Er sah mich an, und dann starrte er ins Nichts. Wir saßen nebeneinander auf einer Bank. Ab und zu kippte er vornüber, und ich dachte, er würde hinunterfallen. Obwohl das Interview nirgendwo hinführte, blieb ich bei ihm, bis sein Aufpasser kam. Ich wollte ihn nicht alleine lassen. Er schien mir schon lange vor seinem Tod tot gewesen zu sein.

Ich war um diese Leute, die aus unterschiedlichen Gründen in Gefahr zu sein schienen, besorgt wie eine Erwachsene. Zur gleichen Zeit jedoch rauchte ich Pot und schluckte Acid. Nachdem Monterey vorüber war, kroch ich mehrere Tage lang mit unangenehmen Halluzinationen durch Haight Ashbury in San Francisco. Glücklicherweise brauchte ich nicht lange, um herauszufinden, daß ich Drogen nicht ausstehen konnte. Von Pot wurde mir schlecht, und die Verzerrungen und Verwirrungen, die LSD hervorrief, machten mir angst.

Trotz der vielen Worte, die ich jede Woche schrieb, fühlte ich mich nicht wie eine richtige Journalistin. Jedesmal wenn ich es irgendwo als Beruf angab, kam ich mir vor wie eine Betrügerin. Richtige Journalisten arbeiteten für richtige Zeitungen wie die *Age* oder den *Herald*. Jahre später hatte ich Probleme, mich Dichterin zu nennen. Selbst nachdem ich Preise gewonnen und mehrere Gedichtbände veröffentlicht hatte. Es schien mir vermessen, mich als Dichterin zu bezeichnen. Also trug ich noch Jahre, nachdem ich mit dem Journalismus aufgehört hatte, als Berufsbezeichnung »Journalistin« in alle Formulare ein, die das verlangten. Es macht mich immer noch ein wenig verlegen zu sagen, daß ich Schriftstellerin bin.

Das passende Wort war meinen Eltern sehr wichtig. Sie suchten oft nach dem passenden Wort in den Sätzen, die sie sagen wollten, und waren furchtbar beeindruckt, wenn es mir einfiel. Wenn ihnen ein Begriff fehlte, versuchte ich, ihn zu finden. Ich wurde sehr geschickt darin, viele Auswahlmöglichkeiten für ein schwer faßbares Wort zu finden. Die Bewunderung, die mir für diese Fähigkeit gezollt wurde, inspirierte mich, meinen Wortschatz endlos auszudehnen.

Das passende Wort zu finden war eine der wenigen Möglichkeiten, die ich hatte, meine Eltern zu unterstützen. Ich wußte, daß sie Hilfe brauchten, und ich wußte, daß mehr notwendig wäre, als ihnen bei ihrem Englisch zu helfen. Aber dieses Mehr ging über das hinaus, was ich tun konnte, obwohl ich es versuchte, in meiner Phantasie. Ich träumte davon, meiner Mutter die schönsten Kleider zu nähen. Ballroben, Kleider, Kostüme. Meine Mutter würde die Kleider tragen, die ich für sie gemacht hatte, und sie würde strahlen und sehr glücklich sein. Diese Phantasie hielt an, bis ich um die Dreißig war.

Ich wollte mich auf so viele Weisen mit meinen Eltern vereinen. Ich glaube, daß das ein sehr häufiger Wunsch von Kindern traumatisierter Eltern ist. Als Kind und auch während eines großen Teils meines Erwachsenenlebens versuchte ich, mir die Greuel vorzustellen, die meine Eltern erlebt hatten. Die Vorstellungskraft von Kindern ist grenzenlos. Oft stellen sie sich die Dinge schlimmer vor, als sie tatsächlich sind. Aber in dieser Situation war es unmöglich, sich etwas schlimmer vorzustellen, als es war. Die Bruchstücke an Informationen, die ich von meinen Eltern über die Vergangenheit und all ihre Schrecken erhielt, waren klein und furchtbar mächtig. Meine Mutter und mein Vater erzählten mir diese Dinge mit den direkten und unbeholfenen Worten einer neuen Sprache. Ihren Wendungen fehlte jegliche Feinheit. Die Sätze waren gestelzt, und es mangelte ihnen an Details, aber das Böse war vollständig enthalten. Ich fand diese Bruchstücke und Fragmente ihres Lebens entsetzlich.

Meine Eltern haben niemals in ihrer Muttersprache, Polnisch, mit mir gesprochen. Sie sprachen Englisch und manchmal Jiddisch. Das Polnische blieb ihnen vorbehalten. Ich wußte, daß ich nie wirklich das zu hören bekam, was sie ausdrücken wollten. Ich wußte, daß ihre Absichten mir in gebrochener und zerstückelter Form übermittelt wurden. Ich sehnte mich danach, ordentlich mit ihnen reden zu können. Ich schraubte meine eigene Sprache herunter. Ich sprach in einfachen Sätzen mit ihnen. Einfache Sätze eliminieren eine ganze Menge komplexen Denkens. Ich habe mir oft gedacht, daß sich unser Leben trotz unserer intensiven Beziehung und Verbindung zueinander an der Oberfläche der Dinge abspielte.

Mein ganzes Leben lang habe ich das Bedürfnis gehabt, mich klar verständlich auszudrücken. Ich habe jede Erklärung über-erklärt und jede Entschuldigung überzogen. Ich kann die Dinge nicht klar genug machen. Ich pflegte viele meiner Sätze mit der Frage zu beenden: »Weißt du, was ich meine?« Meinen Mann hat das wahnsinnig gemacht. Ich brauchte lange, mir das abzugewöhnen.

Ich weiß nicht, warum meine Mutter darauf bestand, Englisch mit mir zu sprechen. Ich weiß nicht, warum sie nicht Jiddisch mit mir sprach. Als meine Kinder klein waren, konnte ich mir nicht vorstellen, Französisch oder Deutsch oder irgendeine andere Sprache mit ihnen zu sprechen, die ich nur schlecht beherrsche. Die Sprache zwischen Müttern und Kindern ist voller spielerischer Intimitäten, jenen Intimitäten, die einem in einer Fremdsprache nicht vertraut sind.

Jiddisch ist eine so liebevolle Sprache, voller Koseworte, Zärtlichkeit und Liebe. Außerdem ist es eine Sprache der Besorgtheit. In deutschen, italienischen oder spanischen Sprachführern findet man Sätze wie »Wie lange bleibt der Zug hier stehen« und »Ich hätte gern noch ein Omelette«. In einem jiddischen Sprachführer wird einem beigebracht, »Meinen Eltern geht es nicht gut« zu sagen und »Was fehlt ihnen denn?« zu fragen, um darauf »Sie haben Kummer mir ihren Kindern« zu antworten.

1947, ein Jahr, bevor ich nach Australien kam, richtete die australische Regierung in Viktoria ein Empfangs- und Trainingszentrum für Einwanderer ein. Es hieß Bonegilla. Bonegilla lag mitten im Nirgendwo. Es lag acht Meilen von Albury, der nächsten Kleinstadt, entfernt und Hunderte von Meilen von irgendeinem urbanen Zentrum. Die australische Einwanderungsbehörde brachte Hunderttausende Einwanderer nach Bonegilla. Einer der Gründe dafür war, ihnen Englisch beizubringen und sie an das australische Leben zu gewöhnen. Die meisten dieser Menschen waren Zwangsvertriebene, und die Regierung brachte ihnen Englisch bei, indem sie sie Schlager lehrte. Es ist schwer, bei dem Gedanken an einen Haufen zwangsvertriebener Menschen, die den Text zu *Pack up your troubles in your old kit bag and smile, smile, smile** lernen, nicht zu lachen oder zu weinen.

Meine Eltern und ich hatten Glück. Wir mußten unser Englisch nicht in Bonegilla lernen. Ich weiß nicht, ob mein Vater sich jemals mit Roaming *In The Gloaming*** hätte anfreunden können.

Ich konnte schon sehr früh sprechen. Meine Mutter schwor, daß ich mit achtzehn Monaten Sätze aneinanderreihen konnte, auf deutsch. Sobald wir in Australien angekommen waren, wollten mein Eltern, daß ich Englisch lerne. Sie ermunterten mich, mit dem kleinen Mädchen von nebenan zu spielen, weil sie das für den besten Weg hielten, die Sprache zu lernen.

Eines Tages kam die Mutter dieses Mädchens ziemlich aufgeregt zu uns. Ihre Tochter, sagte sie, hätte angefangen, merkwürdig zu sprechen, und es wäre ihr lieber, wenn meine Eltern mich nicht mehr zum Spielen hinüberschicken würden. Ich hatte kein Englisch aufgeschnappt. Das Mädchen von nebenan hatte Deutsch gelernt. Meine Mutter liebte diese Geschichte. Für sie war es ein Beispiel dafür, wie willensstark ich war.

* *Pack deine Sorgen in die alte Reisetasche und lächle, lächle, lächle*
** *Das Wandern im Abendrot*

In Deutschland hatte meine Mutter deutsch mit mir gesprochen. Es war meine Muttersprache. Sobald ich konnte, rangierte ich es aus und vergaß, daß es einmal meine Muttersprache gewesen war. Ich wollte nicht deutsch sprechen. Ich wollte keine Deutsche *sein*. Weil ich in Deutschland geboren wurde, vermuteten die Leute, daß ich Deutsche bin. Diese Vermutung ist mir unerträglich. Auch wenn ich versucht habe, etwas gelassener zu sein, reagiere ich instinktiv darauf, als Deutsche gesehen zu werden. Es macht mich nervös und krank.

Auf der Uni High habe ich jahrelang Deutsch gelernt. Meine Mutter war sehr zufrieden. Sie ging davon aus, daß es für mich ungefährlicher wäre, wenn die Nazis jemals nach Australien kämen. Die Nazis würde meine Eloquenz in ihrer Muttersprache sehen, und es würde ihnen nicht so leichtfallen, mich zu ermorden, dachte sie. Also lernte ich deutsche Substantive und Verben und zitierte Goethe und Schiller. Ich konnte mich nicht daran erinnern, die Sprache jemals fließend gesprochen zu haben, aber ich fragte mich oft, woher ich Dinge wußte, die wir im Unterricht nicht gelernt hatten.

Und dann, eines Tages, hatte ich kein deutsches Wort mehr im Kopf. Es war die gleiche Zeit, zu der ich auch viele andere Dinge nicht mehr im Kopf hatte. Ich war ungefähr achtzehn. Selbst die einfachsten deutschen Worte oder Sätze fielen mir nicht mehr ein. Ich konnte nicht fassen, daß ich all dieses Deutsch vergessen hatte. Ich hatte in der Schule Französisch ebensolang gelernt wie Deutsch und kam damit, wenn auch mühsam, in Paris zurecht. Aber mein Deutsch war völlig weg. Und das blieb es jahrzehntelang.

Vor einem halben Jahr habe ich mir einen deutschen Sprachführer gekauft – *Schiesse: The real German You were Never Taught at School* (Das Deutsch, das Sie nie in der Schule lernten). Ich kaufte ihn für meine ältere Tochter, die das, was sie im Deutschunterricht auf der Schule und an der Universität gelernt hatte, behielt. Ich dachte mir, sie würde das Buch lustig finden. Ich las Sätze wie *Mach mich nicht an*, *Mir ging der Arsch auf Grundeis* und *Dieser alte Grabbelheini hat schon wieder versucht mir unter den Rock zu fassen*. Ich lachte und lachte.

Plötzlich begriff ich, völlig schockiert, daß ich über das Deutsche lachte. Ich saß allein in meinem Zimmer und lachte darüber, wie komisch manche der deutschen Formulierungen und Anordnungen der Worte waren. Ich weiß nicht, wieso mein Deutsch auf einmal wieder da war. Vielleicht sind meine Wut und meine Angst ein wenig geringer geworden. Vielleicht muß ich die Sprache nicht mehr so stark mit dem Volk und seiner Vergangenheit assoziieren.

Mein Bedürfnis zu schreiben rührt zum Teil aus dem Bedürfnis, die Vergangenheit meiner Eltern zu dokumentieren. Ich möchte die Menschen wissen lassen, was geschah, mit ihnen und mit all den anderen Juden. Es gab so viele entsetzliche Dinge, die geschehen durften. Und sie geschahen nur deshalb, weil so viele Menschen sich einig waren, daß die Welt es sich leisten konnte, ein paar ihrer Juden zu verlieren. Oder alle ihre Juden. Sie waren offen und begeistert damit einverstanden, oder sie zeigten ihr Einverständnis durch Wegsehen. Einzelne Menschen waren einverstanden, Regierungen waren einverstanden, Politiker und Diplomaten waren einverstanden, Kirchenführer und Religionsgemeinschaften waren einverstanden, Wohlfahrtsorganisationen waren einverstanden, und Zeitungen und Radiostationen und Wochenschauproduzenten waren einverstanden.

Das, womit sie einverstanden waren, war ein sorgfältig inszenierter und systematisch ausgeführter Plan, demzufolge die vielen Millionen Juden Europas nach und nach aller ihrer Rechte beraubt wurden, bis sie kaum noch existieren konnten.

Dann wurden sie zusammengetrieben, eingesperrt und von der Außenwelt abgeschnitten. In diesen isolierten Ghettos ließ man die Juden hungern, sie wurden eingeschüchtert und gequält, bis sie in Konzentrationslager transportiert wurden, um ermordet zu werden.

Diese kurzen Absätze gehen sauber über all die entsetzlichen Details menschlichen Grauens hinweg. Und genau das wollte ich nicht tun, wenn ich schrieb – über das Grauen hinweggehen. Als ich *The Auschwitz Poems* schrieb, wollte ich, daß das Buch leicht zu lesen wäre. Ich wollte, daß die Leute es in einer Buchhandlung in die Hand nehmen, die erste Seite aufschlagen und mit dem Buch schon halb durch wären, bevor ihnen bewußt würde, daß sie es lesen. Es sind magere Gedichte, Zeilen von ein oder zwei Worten. Sie sehen aus wie Skelette oder dünne Geister. Man kann das ganze Buch in einer halben Stunde lesen. In späteren Büchern habe ich die Vergangenheit und ihr Grauen mit Humor und Liebe durchsetzt, so wie mein wirkliches Leben davon durchsetzt ist.

Komisch zu sein hat sich für mich immer bezahlt gemacht. Wenn es mir als Kind gelang, meine Mutter zum Lachen zu bringen, war das ein wunderbarer Tag. Es war nicht einfach, ihr ein Lachen zu entlocken. Wenn ich etwas Komisches geschrieben habe, fühle ich mich gut. Manchmal ist mir peinlich, wie sehr ich über Dinge lachen kann, die ich selbst geschrieben habe. Es wirkt so unbescheiden. Ich merkte mir, was meine Mutter zum Lachen brachte, und probierte verschiedene Variationen desselben Themas, um herauszufinden, ob ich meinen Erfolg wiederholen könnte.

Ich beobachtete alles an meiner Mutter. Die kleinste Veränderung in ihrem Gesichtsausdruck war für mich von höchster Bedeutung. Ich versuchte, etwas zu verstehen und zu lindern, das ich niemals würde begreifen können – die Ungeheuerlichkeit ihrer Qual. Ich bemerkte jede Veränderung in ihrer Stimme und versuchte, in ihrem Englisch die fehlenden Feinheiten herauszuhören.

Meine Mutter konnte auf persönliche Fragen nicht antworten. Sie konnte es sich nicht erlauben. Sie konnte nicht innehalten, um darüber nachzudenken, was mit ihr geschehen war und wen sie verloren hatte. Denn wenn sie das getan hätte, dann hätten ihre Gedanken sie vielleicht zum absoluten Stillstand gebracht. Also beschäftigte sie sich. Sie kochte, sie wusch ab, sie putzte die Fußböden und wechselte die Bettwäsche, jeden Tag. Solange sie davon in Anspruch genommen war, ging es ihr gut. Während sie mit den Töpfen hantierte, Böden schrubbte und Laken auf die Wäscheleine hing, war alles in Ordnung. Aber nachts, wenn sie gezwungen war, sich ruhig zu verhalten, dann kam alles, was sie unter Kontrolle gehalten hatte, zu ihr zurück, und oft wachte sie schreiend auf.

Ich wußte, daß ich meiner Mutter nicht zu viele Fragen stellen durfte, aber ich wollte unbedingt wissen, was geschehen war, und unbedingt wissen, was jetzt geschah. Es gab soviel Ungesagtes in unserem Haus. Unsichtbar schwirrten kleine, explosive Blasen durch die Luft. Angefüllt mit Scham, Erniedrigung, Bitterkeit und Schuld. Es waren Blasen voller Geheimnisse, über die nie jemand sprach. So viele Geheimnisse. Sie schienen aus Schränken und Schubladen zu quellen. Nichts war das, was es zu sein schien. Sie waren nicht absichtlich geheimnisvoll. Sie wollten mich schützen. Meine Mutter und mein Vater versuchten einen neuen Start. Also lauschte ich auf die gelegentlichen Gesprächsfetzen und versuchte, die schnell hingeworfenen polnischen Sätze zu interpretieren. Ich achtete auf alle Blicke oder Gesten, die etwas verraten könnten.

Ich neige immer noch dazu, alles mit einer ausgefeilten Interpretation zu verzieren. Unter meinen Händen verwandelt sich eine alltägliche Begebenheit zu einer Fülle von Möglichkeiten. Wie gut, daß es mir gelingt, diese Art Mechanismus fiktiv auszuleben. Wenn ich schreibe, kann ich lose Enden, ausgefranste Kanten und Fäden verknüpfen. Ich kann den Dingen eine Ordnung geben. Ich kann Erklärungen liefern, Ängste mildern. Ich kann die Dinge sinnvoll erscheinen lassen.

Das ist es, was es für mich bedeutet, die richtigen Worte zusammenzufügen. Das gibt einer Welt Sinn, die oft sinnlos erschien. Wenn ich Ereignisse anordne, dann halte ich die Zufallselemente im Zaum, die das Leben meiner Eltern zerstört haben.

Meine Eltern haben mir oft gesagt, daß ich niemandem außer ihnen trauen könnte. Sie wußten, wozu Menschen fähig sind. Doch wenn jemand gut zu ihnen war, dann strahlten sie. Sie waren sehr rasch dabei, das Schlechteste in einem Menschen zu sehen, aber ebenso schnell sahen sie auch das Beste. Ich kämpfte gegen das Empfinden an, daß fast die ganze Welt schlecht sei, und ich glaube, sie taten das auch. Sie suchten, trotz allem, das Gute in den Menschen.

Diese Suche habe ich in meinem Leben und in meinem Schreiben fortgesetzt. Manchmal möchte ich jemanden ungemildert böse erscheinen lassen. Im wirklichen Leben gelingt mir das. Ich kann unversöhnlich und abscheulich sein. Doch wenn ich schreibe, und zwar ganz gleich, wie sehr ich versuche, das zu vermeiden, dann fließt Versöhnliches immer mit ein. Ich sehe Liebenswürdigkeit in rücksichtslosen Menschen und Mitleid in den Ungehobelten und Verständnislosen. Ich lasse Figuren, die ich eigentlich trennen wollte, wieder zusammenkommen. Es scheint stärker zu sein als ich.

Alle meine weiblichen Hauptfiguren waren schreibende Frauen. Eine Dichterin, eine Dramatikerin, eine Verfasserin von Nachrufen. Ich habe einen fast kindlichen Glauben an die Macht des Wortes. Die richtigen Worte könnten die Welt verändern. Die richtigen Worte könnten Menschen bewegen.

Ich war so glücklich, wenn die anderen Kinder weinten bei den Geschichten, die ich ihnen als Kind erzählte. Ich habe mir immer Geschichten ausgedacht. Meistens waren es traurige Geschichten. Ich erinnere mich noch an die aufmerksamen, ernsten Gesichter der anderen Kinder und an ihre gelegentlichen Tränen, und wieviel Zufriedenheit ich dabei empfand. Ich war ungefähr acht.

Ich wollte die Menschen zum Weinen bringen. Ich wußte, daß es soviel zu beweinen gab. Ich war mir noch nicht klar darüber, was es war, aber ich wußte, wenn ich Leute zum Weinen bringen wollte, mußte ich meine Worte sorgfältig wählen.

Ich glaube, das Bedürfnis, Menschen zu bewegen, kommt davon, in dem Wissen aufgewachsen zu sein, daß es nur sehr wenige Menschen gab, die von dem bewegt wurden, was meinen Eltern und allen anderen Juden geschah. Während Hitler einen Juden nach dem anderen ermordete, gingen die amerikanischen Juden in Einkaufszentren einkaufen und ins Kino. Während Hunderttausende und dann Millionen Juden starben, blieb die amerikanische Einwanderungsquote für Juden unerfüllt.

Auch Großbritannien wollte nicht zu viele Juden hereinlassen. Es herrschte die Angst vor, zu viele Juden ins Land zu lassen, könnte zu wachsendem Antisemitismus führen. Man hielt es für vernünftiger, die Juden sterben zu lassen, als das zu riskieren, was der britische Premierminister Neville Chamberlain »die ernsthafte Gefahr, antisemitische Gefühle in Großbritannien zu erwecken« nannte.

1939 brachte die britische Regierung außerdem ein Weißpapier heraus, das die jüdische Einwanderung nach Palästina auf 75.000 Menschen für die nächsten fünf Jahre beschränkte. Australien und Kanada erklärten sich bereit, einige jüdische Landarbeiter aufzunehmen, aber keine Akademiker oder Kaufleute. Leider gab es nicht sehr viele jüdische Landarbeiter.

Es gab auch individuelle Ängste davor, Juden ins Land zu lassen. In England und Amerika kam es zu organisierten Protesten gegen Einwanderungsgenehmigungen für jüdische Ärzte.

Diese Fakten waren mir nicht bekannt, als ich klein war, aber ich kannte ihre Auswirkungen. Ich spürte sie in meinen Knochen. Ich atmete sie ein; ich roch sie. Ich wußte, daß niemand daran interessiert gewesen war.

Ich glaube, eine der Ursachen dafür, warum mich Begräbnisse bewegen, ist, daß sie ein Zeichen für Aufmerksamkeit, ein Zeichen für emotionale Bewegtheit sind. Ich hasse lauwarme Begräbnisse, bei denen gesetzte Reden gehalten werden und jeder Haltung bewahrt. Ich bin ganz aufgeregt, wenn es keine offenen Ausbrüche von Trauer gibt. Ich möchte die Eulogien und Reden neu schreiben. Ich möchte die Worte neu anordnen, damit die Menschen weinen können. Ich habe emotional überreagiert, selbst wenn ich den Toten nicht gut kannte. Doch der Anblick eines Sarges oder einer Trauerversammlung beruhigt mich dann wieder.

Kürzlich wurde in den Nachrichten von einem Bestattungsinstitut in der Bronx berichtet, das abgebrannt war. Zwei Feuerwehrleute wurden verletzt, sagte der Reporter, doch den fünf Leichnamen sei nichts geschehen. Das Interesse des Reporters an dem unversehrten Zustand der Leichen beeindruckte mich. Ich glaubte, wenn man tot ist, könne einem nichts mehr geschehen. Laut fragte ich mich, wie sie unbeschadet davonkommen konnten. »Vermutlich lagen sie im Kühlhaus«, sagte mein Mann.

Das ließ mich an einen Artikel über den Inhalt von Kühlschränken denken, den ich in der *New York Times* gelesen hatte. Man hatte herausgefunden, daß die Leute heutzutage weniger Lebensmittel, aber mehr kalte Getränke in ihren Kühlschränken aufbewahren. Daraufhin wurden neue Kühlschränke entworfen, in denen mehr Platz für kalte Getränke und weniger für Lebensmittel vorgesehen war. Der Artikel listete eine ganze Reihe seltsamer Dinge auf, die manche in ihren Kühlschränken aufbewahren: Batterien, Juwelen, Filmrollen, ein Manuskript. Der Schriftsteller hatte sich vor einem möglichen Brand gefürchtet.

Ich hatte vergessen, mich vor möglichen Bränden zu fürchten. Ich habe dieses Buch mit der Hand geschrieben. Ich schreibe alle meine Bücher mit der Hand, allerdings tippe ich üblicherweise jedes Kapitel, bevor ich mit dem nächsten beginne. Dieses Mal hatte ich mir allerdings vorgenommen, das ganze Buch erst zu tippen, wenn ich mit dem letzten Kapitel fertig war. Nachdem ich den Kühlschrankartikel gelesen hatte, lagerte ich die Kapitel im Kühlschrank. Mein Mann meinte, es würde eines der wenigen Manuskripte mit einem Aroma von Pesto und Parmesan sein.

Nach ein paar Wochen holte ich das Manuskript aus dem Kühlschrank. Das Manuskript wurde feucht. Ich wickelte es mehrfach in Plastik ein und legte es ins Gemüsefach, aber die Seiten kamen mir immer noch lasch vor. Also kaufte ich einen kleinen feuersicheren Safe. Ich bestellte ihn telefonisch und hoffte, mein Mann würde nicht zu Hause sein, wenn der Safe geliefert wird. Er macht sich nicht viele Sorgen. Weder über Brände noch über Unfälle oder das Wetter. Er lachte, als er sah, wie ich meine Kapitel für den Kühlschrank einwickelte und auswickelte.

Mein Safe kam. Er war kompakt und unaufdringlich und garantierte den Schutz seines Inhalts bei Feuerausbruch, eine halbe Stunde lang, bis zu zweitausend Grad Fahrenheit. Seine Feuerfestigkeit war bis zu fünfmal höher als die gewöhnlicher, isolierter Metallboxen, deren Inhalt in einem

Feuer verglüht. Ich war froh, keine isolierte Metallbox gekauft zu haben.

Ich lernte einige interessante Dinge aus der Gebrauchsanweisung, die mit dem Safe geliefert wurde. Schlafen Sie nur mit geschlossener Schlafzimmertür, hieß es da. Bleiben Sie stehen, werfen Sie sich auf den Boden und rollen Sie herum, wenn ihre Kleider Feuer gefangen haben. Der Safe hatte ein Kombinationsschloß, von dem ich wußte, daß ich es niemals beherrschen würde. Wie dem auch sei, wenn er abgeschlossen war, würde der Safe vielleicht aussehen, als ob er Juwelen enthielte. Also ließ ich ihn offen. Ich legte alle meine Kapitel sowie die Notizen für einen neuen Roman in den Safe.

Ich war recht zufrieden mit mir. Ich klebte ein Etikett auf den Safe, auf dem »Nur Dokumente« stand, um Einbrecher zu informieren, daß sie sich die Mühe sparen könnten. Ich weiß nicht, warum ich mich vor Einbrechern fürchte. Die Verbrechensrate in New York sinkt ständig.

Ich bin oft gefragt worden, ob es schwer ist, in New York zu schreiben. Ich sage nein, es ist nicht schwer, in New York zu schreiben, es ist schwer, zu schreiben. Schwer, sich zu disziplinieren, Tag für Tag allein in einem Zimmer zu sitzen. Schwer, nicht zum Telefon zu greifen, nicht zu spät schlafen zu gehen, sich nicht vom Schreiben ablenken zu lassen durch all die Ablenkungen des Lebens.

In New York kann man sich leicht absondern. Niemand kommt unangemeldet. Man trifft nur selten zufällig Freunde auf der Straße. Die Nachbarn sind freundlich, aber sie halten sich nicht länger auf. Und jeder respektiert Arbeit. Arbeit ist so etwas wie eine Religion in New York. Kein Mensch erwartet, daß man irgend etwas höher einschätzt als die Arbeit. Arbeiten zu müssen ist ein ausreichender Grund, jede Einladung, von der feinsten bis zur einfachsten, abzulehnen.

In gewisser Weise *ist* es leichter, in New York zu schreiben. Sobald man auf die Straße tritt, ist man sofort mitten in der Welt. Heute morgen habe ich das Haus verlassen, um einen Kaffee trinken zu gehen. Ich hatte mehrere Stunden gearbeitet und mußte wieder einen klaren Kopf bekommen. Ich ging drei Blocks zu Fuß zur Gourmet Garage an der Ecke Broome und Mercer Street.

Ich kaufte mir einen Kaffee und setzte mich vor dem Geschäft auf eine Bank. Ein schäbig gekleideter Schwarzer sprach mich an. »Ich tue Ihnen nichts«, sagte er. »Ich bitte Sie nur um Hilfe. Ich wohne in einem billigen Hotel, und wenn ich bis Ende der Woche meine Miete nicht bezahlen kann, werde ich hinausgeworfen.« Er zeigte mir seinen Ausweis. Ich weiß nicht, warum er mir den Ausweis zeigte oder warum ich mir das Foto ansah. Ich gab ihm einen Dollar. »Danke, daß Sie mich angesehen haben, Ma'am«, sagte er. »Und danke, daß Sie mir zugehört haben.« Ich fühlte mich mies. Ich hatte ihn nicht ansehen und ich hatte ihm nicht zuhören wollen. »Gott segne Sie, Ma'am«, sagte er.

Ich widmete mich wieder meinem Kaffee. Eine Frau mittleren Alters mit einem Hund kam auf mich zu. »Ich muß in das Geschäft«, sagte sie. »Würde es Ihnen etwas ausmachen, auf meinen Hund aufzupassen?« Ich sah verblüfft aus, was sie als Zustimmung deutete. Sie reichte mir die Hundeleine. »Er heißt Dexter«, sagte sie. »Er ist ein sehr guter Hund.«

Es schien Dexter nichts auszumachen, bei einer Fremden gelassen zu werden. Er sah ganz glücklich aus, wie er da mit heraushängender Zunge auf dem Gehsteig saß. Das heißt, bis ein anderer Hund nahte. Dexter, ein großer, schwarzer Labrador, sprang den anderen Hund an. Ich versuchte es mit Strenge. »Sitz, Dexter, sitz«, sagte ich. Aber Dexter akzeptierte von mir keine Befehle. Ich konnte meinen Kaffee nicht trinken. Ich brauchte beide Hände, um Dexter zurückzuhalten. Als sein Frauchen zurückkam, saß Dexter wieder brav zu meinen Füßen. »Sie sind ein guter Mensch«, sagte die Frau zu mir.

Gerade als ich dabei war, meinen Kaffee auszutrinken, kam Sean Lennon, Sohn von John Lennon und Yoko Ono, vorbei. Sein Haar war von leuchtend gelben und grünen Strähnen durchzogen, und er sah seinem Vater zum Fürchten ähnlich. Er war viel stämmiger, als ich gedacht hätte. Ich ging nach Hause. Dieser kleine Ausflug, diese Kaffeepause, dieses kurze Eintauchen in die Außenwelt, hatte zwanzig Minuten gedauert.

Es fällt mir schwer, meinen geselligen Teil mit dem Teil, der gern allein ist, in Einklang zu bringen. Manchmal komme ich mir einsam vor, nachdem ich monatelang geschrieben habe. »Ich habe keine Freunde«, jammere ich meinem Mann wie ein schlaffer Teenager vor. Aber in New York gibt es ein ständiges Kommen und Gehen, und niemand empfindet die Abwesenheit eines anderen als persönliche Beleidigung. Die Leute sind daran gewöhnt, sich nur ab und zu zu sehen.

Und ich weiß, daß draußen immer Leben sein wird, ganz gleich zu welcher Tageszeit ich aus meiner Arbeit hervortauche. Buchhandlungen haben bis Mitternacht geöffnet. Es gibt Cafés, wo die ganze Nacht Kaffee serviert wird. Supermärkte und Geschäfte für den täglichen Bedarf, die rund um die Uhr geöffnet haben. Restaurants, die erst im Morgengrauen schließen, und andere, die im Morgengrauen aufsperren.

Ein französischer Schriftsteller, der in der Nähe wohnt, schläft tagsüber und arbeitet nachts. Wenn ihm um drei Uhr früh die Ideen ausgehen, sagt er, erholt er sich bei einem kurzen Einkauf im Supermarkt an der Ecke. Es sei die beste Zeit, dort hinzugehen, sagt er. Er kann die Sonderangebote in Ruhe studieren. Es gibt kaum Kunden und keine Schlange an der Kasse.

Die New Yorker begegnen Schriftstellern mit großem Respekt. Wenn man ein wenig seltsam ist, oder vergeßlich, oder schüchtern und ungeschickt, dann schreiben sie das der Kreativität zu. »Sie sind so *kreativ*«, sagen sie zu mir und meinem Mann. Bevor ich nach New York kam, hatte ich mich nie für einen kreativen Menschen gehalten.

Die Nachbarn in dem Haus, in dem ich wohne, schreiben alles, was mit mir zusammenhängt, der Tatsache zu, daß ich Schriftstellerin bin. »Sie sind so ruhig«, sagte eine Frau zu mir, »aber Schriftsteller sind ja auch ruhige Leute.«

Gemessen am New Yorker Standard *bin* ich ruhig. Ich war mir nicht sicher, ob die meisten der Schriftsteller, die ich kenne, ruhig sind. Ich dachte darüber nach und fand, daß sie es sind.

Als ich mich bei einer anderen Nachbarin nach ihrer Schwangerschaft erkundigte, sagte sie: »Oh, das ist die Romanschriftstellerin in Ihnen. Immer muß sie Fragen stellen.« Ich fragte mich, ob es die Romanschriftstellerin in mir war, die den Leuten Fragen stellte, oder die neugierige Person in mir, und wie ich zwischen den beiden unterscheiden könnte.

Ich war immer neugierig und habe mich dafür auch immer ein wenig geschämt. Als ob es ungehörig wäre, beinahe obszön. Ich möchte mehr über andere Menschen wissen, als die meisten Leute wollen, das man über sie weiß. Ich möchte hinter das geduschte und parfümierte Bild sehen, das wir uns alle gegenseitig präsentieren.

Ich bin unter forschenden Blicken aufgewachsen, und ich betrachte andere forschend. Ich nehme so viele Einzelheiten an anderen wahr, es ist kein Wunder, daß mir das peinlich ist. Ich bemühe mich nicht, so zu sein, ich bin einfach so. Ich erinnere mich für alle Zeit an den Gesichtsausdruck, an das Gesagte, an Kleider, an Gesten. Es ist absurd. Manchen Leuten macht das angst. Ich kann etwas zitieren, das mir jemand vor Jahren gesagt hat. Ich erinnere mich an völlig absurde Dinge, wie die

Daten der Ferienreisen anderer Leute oder an die Einzelheiten einer Krankheit ihrer Mutter. Wenn es mir gelungen wäre, diese Fähigkeit, Dinge zu absorbieren und zu erinnern, einem besseren Zweck zuzuführen, hätte ich Astronomin werden können.

Mein armer Mann ist das Hauptopfer meiner Beobachtungen. Ich liebe es, ihn zu betrachten. Ich liebe es, die Choreographie seiner Körperpflege zu kennen. Wie er sich die Haare wäscht und Arme und Beine abtrocknet. Es macht mir Spaß, ihm beim An- und Auskleiden zuzusehen. Ich mag es, ihm beim Malen zuzusehen. Ich weiß, in welchem Grad er die Pinsel hält, wenn er eine Leinwand grundiert, und ich kenne seine Bewegungen, wenn er die Details malt. Ich liebe es, ihn beim Essen zu beobachten. Einer Freundin habe ich einmal erzählt, ich könnte jede Mundbewegung meines Mannes beschreiben, wenn er eine Olive ißt. Sie sah mich etwas angewidert an und meinte: »Das zu kennen macht dir Freude?«

Ich habe viel Zeit in meinem Leben damit verbracht, Dinge zu begreifen. Versucht, das Unbekannte vertrauter und das Vertraute noch vertrauter zu machen. Wenn man das Kind von Eltern ist, die gezwungen wurden, die Bahn ihres Lebens zu verlassen, hat man immer das Gefühl, nicht im Einklang mit sich selbst zu sein. Ich hatte Glück. Ich habe viel Hilfe dabei gehabt, meinen eigenen Weg zu finden.

Ich fand diese Hilfe eigentlich aus Versehen. Ich war fünfundzwanzig und hatte nach jedem vorstellbaren Mittel gegriffen, um abzunehmen. Vergeblich. Jemand schlug eine Psychotherapie vor. Ich hatte keine Ahnung, was das war. Zu dem Zeitpunkt hätte ich jede Therapie gemacht. Mein dritter Hypnotiseur hatte mir gerade mitgeteilt, daß ich nicht hypnotisierbar war.

Ich fand einen Analytiker für meine Psychotherapie. In sieben Jahren Psychotherapie habe ich die Vergangenheit meiner Eltern kaum erwähnt. Ich habe *meine* Vergangenheit kaum erwähnt. Ich weinte über meine Gegenwart.

Sieben Jahre später begann ich mit meiner ersten Analyse. Das erste Jahr in dieser Analyse brachte mir viele Schocks und Offenbarungen. In jeder Sitzung wurde etwas Neues aufgedeckt. Ich hatte das Gefühl, als ob alles, das ich verborgen und unter Verschluß gehalten hatte, aus mir herausgeströmt käme.

Ich hatte eine sehr strenge Analytikerin, und das war mir recht. Sie nannte mich Mrs. Rankin während der gesamten fünf Jahre der Analyse. Während der Sitzungen nannte ich sie nicht beim Namen, und ansonsten benutzte ich nur ihre Initialen, wenn ich mich auf sie bezog.

Innerhalb der Grenzen dieses strengen, sachlichen Gefüges fühlte ich mich sicher. Sicher genug, mich schrecklich zu fühlen. Sicher genug, mich mit dem zu konfrontieren, was ich als schreckliche Enthüllungen meiner selbst empfand. Sicher genug, langsam zu begreifen, was ich verborgen gehalten hatte.

Es hat immer jemanden gegeben, der mir von der Analyse abriet. Angefangen bei meinen Eltern, die sie als etwas sahen, das beschämend war und ein schlechtes Licht auf sie als Eltern warf. Ich versuchte, ihnen zu erklären, daß das nicht der Fall war. Ich sagte ihnen immer wieder, daß ich dasselbe Kind war, mit oder ohne Analytikerin, und sie dieselben Eltern. Das Bedürfnis, eine Analyse zu machen, hieß nicht, daß sie als Eltern Fehler gemacht hätten. Aber das haben sie nie geschluckt, und sie waren mir sehr lange böse.

Jahre später wurde mein Vater milder. Er gestattete mir meine eigenen Kämpfe. Kämpfe, die durch seine und die Kämpfe meiner Mutter verwischt und herabgewürdigt worden waren. Er betrachtet das Ganze jetzt gelassener. Er kann keinen Nutzen darin erkennen, jemandem viel Geld zu zahlen, um auf einer Couch zu liegen und zu reden, aber er kann sehen, daß es nützlich war.

Auch mein Arzt in Melbourne riet mir davon ab, einen Analytiker aufzusuchen. »Das brauchen Sie nicht«, sagte er zu mir einige Wochen, nachdem ich in höchstem Angstzustand zu ihm gebracht worden war. Andere sagten das gleiche. Einen Psychiater zu konsultieren würde mich krank machen. Psychiater wären alle verrückt. Ich würde verrückt werden. Jeder war unerschütterlich. Ich brauchte keinen Psychiater oder Psychologen oder Analytiker. Das waren alles liebe Menschen, die es gut meinten.

Andere reagierten verärgert. »Du brauchst nur mit einem Freund oder einer Freundin zu reden«, fuhr eine Freundin mich an. Diesen Spruch sollte ich im Laufe der Jahre noch oft zu hören bekommen. Jeder schien sich aus einem anderen Grund bedroht zu fühlen. Ich bin mir nicht sicher, weshalb ich trotz all dieser Widerstände beharrlich blieb. Ich muß verzweifelt gewesen sein.

Selbst heute, im Zeitalter der Therapien und Ratgeber, fühlen sich die Leute von der Analyse immer noch bedroht. Es hat den Anschein, als ob alle möglichen Therapien in Ordnung seien, die Analyse jedoch ist immer noch suspekt. In den fünfundzwanzig Jahren, seit ich meinen ersten Analytiker für eine Psychotherapie aufsuchte, hat mir niemals jemand gesagt, daß es bewundernswert oder nützlich oder mutig sei, eine Analyse zu machen. Ich spreche nicht viel über die Analyse, aber wenn ich es tue, provoziere ich heftige Reaktionen.

Ich habe Künstler und Schriftsteller sagen hören, sie würden sich niemals in Analyse begeben. Sie möchten ihre Neurosen nicht stören. Sie sind überzeugt, daß ihre Neurosen die Verbindung zu ihrem Ideenreichtum sind, und dafür sind sie bereit, sich mit Alkoholismus und Eheproblemen herumzuschlagen, oder was sonst ihre Symptome sein mögen. Sie betrachten es als den Preis, den sie für ihre Kreativität bezahlen müssen, was ziemlich genau der öffentlichen Vorstellung vom gemarterten Künstlerhirn entspricht. Es ist eine romantisierende Vorstellung, der ich nie beigepflichtet habe.

Ich habe keine Ideen, wenn mein Kopf sich anfühlt, als ob er in einem Eimer voll Dreck steckte. Meine Ängste und Befürchtungen knebeln mich. Irrationales Verhalten befreit mich nicht. Es schnürt mich ein und erschöpft mich. Meine Welt ist verschwommen genug. Ich brauche Klarheit und Einsicht. Die Analyse hat mich entwirrt. Sie hat mich dazu gebracht, in meinem richtigen Leben das empfinden zu können, was ich vorher nur in meinem Schreiben empfinden konnte. Ich bin die beherzte Person, über die ich schreibe. Ich habe Jahre gebraucht, um sie zu werden.

Früher hatte ich eine Klarheit im Schreiben, die mir in meinem täglichen Leben fehlte. Heute sind die beiden nicht mehr so weit voneinander entfernt. Es erforderte Kämpfe, diese Klarheit zu erreichen. Ich gelangte zu Einsichten und Verständnissen in meiner Arbeit, die, einmal niedergeschrieben, meinem täglichen Leben noch jahrelang fehlten.

Diese Kämpfe gehen deutlich aus dem Tagebuch hervor, das ich während meiner ersten Analyse führte. Ich weiß nicht, warum ich das Tagebuch führte. Ich nahm es zu meinen Sitzungen mit und setzte mich dann anschließend ins Auto, um Seite über Seite vollzuschreiben. Als ob das, was ich über mich lernte, weniger nebulös und flüchtig sein würde, wenn ich es niederschrieb.

Ich schrieb jedes Detail auf, an das ich mich erinnern konnte, dann schrieb ich von einigen Sitzungen Zusammenfassungen mit einer Aufzählung, die mir als Leitfaden dienen sollten. Aber ich vergaß die Aufzählungen und vergaß, was ihr Zweck gewesen war.

Heute ertrage ich es nicht mehr, diese Tagebücher anzusehen. Sie sind voller Aufzählungen von Dingen, die zu erstreben sind. Voller Listen mit Anzeichen, auf die es zu achten gilt, und Dingen, vor denen man sich hüten oder die man ignorieren muß. Sie sind voller Absichtserklärungen und Verzweiflung. Immer wieder ist von den gleichen Gefühlen die Rede.

Das Analysetagebuch, das mich wirklich bedrückt, ist jenes, in dem ich über die Krankheit und den Tod meiner Mutter schreibe. Ich hatte solche Angst davor, meine Mutter zu verlieren, daß ich in den Wochen vor ihrem Tod völlig erstarrte.

Ich sagte nicht, was ich hätte sagen können. Von dem ich mir seitdem hunderte Male gewünscht habe, ich hätte es gesagt. Ich wollte ihr sagen, wie sehr ich sie liebte. Sie sollte wissen, daß sie immer in meinem Herzen war, stets ein Teil von mir sein würde. Sie sollte wissen, daß nichts uns jemals trennen könnte. Aber sie wollte nicht wissen, daß sie starb. Und ich war erstarrt.

Ich habe andere in derselben Lage gesehen. Emotional oder physisch abwesend. Und ich beeile mich, ihnen zu versichern, daß ein gemeinsam gelebtes Leben zählt und nicht ein paar in letzter Minute gesagte Sätze. Doch das Tagebuch stört mich immer noch.

Ich bewahre diese Tagebücher in einem verschlossenen Koffer in meinem Schrank auf, als ob sie unter Verschluß gehalten werden müßten. Mein ganzes Leben lang habe ich Papierfetzen, auf denen Worte standen, eine übertriebene Bedeutung beigemessen. Ich bewahre Zettelchen, die mir meine Kinder geschrieben haben, in meiner Handtasche auf. Ich habe Schubladen voll mit ihren Briefen und mit den Briefen und Faxnachrichten meines Vaters. Ich habe Hunderte von Zetteln, die mein Mann mir hingelegt hat. Kurze Nachrichten, in denen er mir mitteilt, daß er zur Post oder in eine Ausstellung gegangen ist.

Ich habe ein Stück Papier, das fast zerfetzt ist. Die Bibliothekarin in Glamorgan, der Volksschule, die meine Kinder in Melbourne besuchten, schrieb meiner jüngeren Tochter eine Mitteilung, daß sie eine Strafe zahlen muß, wenn sie ihr Buch nicht bis Donnerstag zurückbringt. Über diese knappen Worte der Bibliothekarin schrieb meine Tochter, die ein sehr scheues kleines Mädchen war, in ihrer Kinderhandschrift: *Well fuck you*. Es fällt mir schwer, irgendeines dieser geschriebenen Worte fortzuwerfen.

Ich sehe mir die Faxe meines Vaters an, seine schöne Handschrift, und die präzise Art und Weise, wie er in seinem gar nicht perfekten Englisch direkt auf den Punkt kommt. In seinen Zeilen lag immer Poesie, sie ist heute noch da. Ich könnte es nicht ertragen, seine Briefe wegzuwerfen. In den letzten paar Briefen bat er mich, seine Rechtschreibung zu korrigieren. Ich tat das nicht, und er war mir sehr böse. »Wo sind die Rechtschreibkorrekturen?« faxte er mir. Ich sagte, es hätte nicht viele Fehler gegeben. Er sagte, ich möchte bitte jeden Fehler und die Korrektur herausschreiben. Das tat ich. Aber ich war traurig. Ich liebe diese Fehler. *Sytuation, traying, realy, stil*. Sie machen die Worte zu den Worten meines Vaters, und niemandes anderen.

In den letzten paar Jahren bin ich, was Papierbögen betrifft, nachlässiger geworden. Mit meinen Briefen und in meiner Arbeit. Ich muß die Kapitel eines Romans nicht mehr mit Gummibändern zusammenhalten, damit die Seiten nicht wegfliegen. Ich muß nicht mehr fieberhaft jedes Blatt an ein anderes Blatt anheften, als ob die Blätter verlorengingen, wenn sie nicht geklammert und geheftet sind. Die Seiten repräsentieren nicht länger das Leben in mir. Ich habe mein eigenes Leben.

Die Analyse hat mir mein eigenes Leben zurückgegeben. Das Leben, das ich erdrückt hatte, weil ich mich schuldig fühlte, eines zu haben. Schuldig, fröhlich und lebendig zu sein, wenn es soviel Tod und soviel Leid gab. Ich habe dieses Leben nach und nach zurückbekommen. Es ist in kleinen Bröckchen und Stückchen zu mir zurückgekommen. Manchmal ist es aus mir hervorgebrochen, unbeholfen und unbändig. Ich möchte Fahrrad fahren und spazierengehen und laufen und springen, und alles gleichzeitig.

Es ist herzzerreißend, auf all das zurückzublicken, dessen es bedurfte, um dieses Leben zu erhalten. Ich will nicht mehr an all die Symptome und all die Traurigkeit denken. Fast fünfzehn Jahre litt ich immer wieder an unerträglichen Angstsymptomen. Agoraphobie, Depression, Panikattacken.

Ich weiß noch, wie ich einmal die Punt Road entlangfuhr und von einer Angstwelle überschwemmt wurde. Ich war schweißbedeckt, mein Herz raste, und ich wollte das Auto nie mehr anhalten. Ich fürchtete mich davor, am Straßenrand ohnmächtig zu werden. Dann würde man mich ins Krankenhaus bringen. Einen anonymen, bewußtlosen Körper. Patient Nummer XYZ. Ich hatte immer mehrere Ausweise bei mir, damit die Leute wüßten, daß ich nicht nur eine Nummer war.

Diese Phantasie, nur eine statistische Nummer zu sein, war eines der Symptome meiner Unfähigkeit, mein Leben von dem meiner Eltern zu trennen. Besonders von dem meiner Mutter. Sind wir beide im Ghetto von Lodz gewesen? Waren wir beide in Auschwitz? Ich kannte den Grundriß des Ghettos von Lodz. Ich kannte die Straßennamen und die Grenzen. Ich konnte die drei hölzernen Fußgängerbrücken beschreiben. Ich konnte den Karren beschreiben, in dem die Exkremente fortgeschafft wurden, und der von jüdischen Frauen statt von Pferden gezogen wurde. Mir war die Kirche Unserer Gesegneten Mutter Gottes bekannt, in der von den Juden konfiszierte

Daunen und Federn sortiert wurden, die anschließend nach Deutschland kamen.

War ich dort? Nein, aber ich hätte es genausogut sein können. Ich wünschte, ich wäre es gewesen. Ich wollte mich mit meiner Mutter vereinen. Meiner schönen Mutter, der es schwerfiel, sich mit irgend jemandem zu vereinen, nach dem Krieg.

In dem Versuch, meine Angst loszuwerden, nahm ich Pillen. Hauptsächlich Valium. Dann kam noch Inderal hinzu, ein Betablocker. All das Valium, das ich nahm, hätte jemand anderen völlig betäubt, ich aber war immer noch nervös. Ich schluckte Valium in Autos, Büros, auf Flughäfen und Toiletten in ganz Australien. Ich wurde sehr geschickt darin, die Tabletten geräuschlos und fast bewegungslos aus ihren Folientaschen zu drücken. Notfalls konnte ich sie auch ohne Wasser nehmen. Allerdings bin ich einmal, im Theater, fast erstickt, als mir eine Valium im Hals steckenblieb. Ich hatte die Pille wegen meiner Angst, im Theater eingeschlossen zu sein, schlucken wollen. Danach habe ich jahrelang jedes Theater gemieden. Auch heute noch sitze ich lieber an der Seite, für den Fall, daß ich plötzlich hinausgehen müßte.

Es war nicht leicht, genug Valium zu bekommen. Ich versuchte, ganz lässig auszusehen, wenn ich meinen Doktor um mehr bat, doch ich kam mir vor wie ein Dieb, wenn nicht gar wie ein abgestumpfter Verbrecher, wenn ich, ganz nebenbei, um ein weiteres Rezept bat. Ich fragte Freunde, ob sie bei ihrem Arzt ein Rezept besorgen könnten. Die Leute überhörten meine Bitte. Niemand wollte mir helfen, aber es wollte mich auch niemand damit konfrontieren. Ich hortete mein Valium an sicheren Orten. Ich war so geheimnisvoll und subversiv wie eine Heroinsüchtige. Ich habe niemals jemandem gesagt, wie viele ich nahm.

In den frühen achtziger Jahren fragte mich der Melbourner Psychiater Ainslie Meares, ob ich seine Biographie schreiben würde. Ich hatte für das *Pol Magazine* eine Kurzbiographie über ihn geschrieben.

Dr. Meares war ein großer, aristokratischer, gutaussehender Mann von Mitte Siebzig. Ich hatte noch nie mit einem Menschen dieses Alters näher zu tun gehabt. Ich empfand eine Verehrung für Ainslie, die ich nie empfunden hätte, hätte ich Großeltern gehabt. Ich war begeistert von dem Gedanken, ihm nahe zu sein und von ihm lernen zu können.

Was ich nicht wußte, war, daß Ainslie Meares eine *Autobiographie* wollte. Ich brauchte eine Weile, bis mir auffiel, daß er über alle meine Fragen hinwegging und mich mit Informationen fütterte, die er aufgezeichnet haben wollte. Ich konnte mit ihm keine Auseinandersetzung führen. Gegenüber diesem großen, silberhaarigen Mann war ich sprachlos. Ich saß in der Rolle des guten Enkelkindes fest. Ich begann, vor jedem Interview Valium zu schlucken. Je mehr Ainslie Meares sich von einer liebevollen, ehrwürdigen Figur in einen strengen, aufgeregten und herrischen Mann verwandelte, desto mehr Valium schluckte ich.

Unsere Rollen waren mit der Größe und der Position der Sessel festgelegt, die Ainslie für uns arrangiert hatte. Mich setzte er in einen niedrigen Sessel, während er, etliche Zentimeter höher, in einem reich verzierten Stuhl mit aufrechter Lehne saß. Er sah aus dem Fenster und ich zu ihm hinauf.

Mit genügend Valium bewaffnet, widersprach ich ihm und versuchte, meine eigenen Fragen zu stellen. Das machte ihn wütend. Dieses Projekt entwickelte sich nicht so, wie er es geplant hatte. Er tat alles, um jede Initiative meinerseits zu unterbinden. Er stellte sicher, daß ich nur mit jenen Freunden und Bekannten sprach, die ihm genehm waren. Andere bat er, sich nicht von mir interviewen zu lassen. Ich schluckte soviel Valium, um meinen Ärger über Ainslie hinunterzuschlucken, daß ich vor mir selbst erschrak.

Eines Tages sagte ich ihm, daß ich mit der Biographie nicht fortfahren könne. Ich muß gefügiger gewirkt haben, als ich war, denn meine Entscheidung schien ihn niederzuschmettern.

Einer von Ainslies Hauptvorwürfen gegen mich war, ich wäre zu analytisch. Doch es hat mich gerettet, analytisch zu sein. Die Analyse hat es mir erlaubt, die Welt als sicherer zu betrachten. Sicherer, nicht sicher. Ich brauche nicht mehr so viele Ausweise mit mir herumzutragen, daß man damit ein ganzes Bataillon ausstatten könnte. Den Beutel für den Notfall, den ich jahrelang mit mir herumgeschleppt hatte, habe ich auch nicht mehr in meiner Handtasche. Er enthielt Pflaster, Schere, Pinzette, Nadel und Faden, eine Taschenlampe, ein Antiseptikum, Brandsalbe, Kopfwehtabletten, Pfefferminz und Lippenstift.

Auch die Liste mit Telefonnummern, die mich früher überallhin begleitete, habe ich nicht mehr. Ich packe nicht mehr für jeden Ausflug, der über zwanzig Minuten dauert, Proviant ein. Seit sechs oder sieben Jahren habe ich keine Medikamente mehr genommen – kein Valium, kein Inderal oder sonst etwas. Ich zögere, eine Kopfwehtablette zu nehmen. Ich habe die Pillenbox aus Schildpatt behalten, in der ich meine Tabletten aufbewahrte. Eine Valium habe ich dringelassen. Wenn ich sie ansehe, denke ich an all die anderen Valiumtabletten, und mir kommen die Tränen. Eines Tages werde ich sie wegwerfen.

Ich wechselte als Zwischenmaßnahme zu Allen's Butter-Mentholbonbons, als ich aufhörte, Valium zu schlucken. Sie schienen mich zu beruhigen. Die alte Werbung, die mir seit meiner Kindheit vertraut war, gab es immer noch auf der Verpackung. *Butter mildert Halsweh, Menthol macht einen klaren Kopf.* In allen meinen Handtaschen befinden sich alte, klebrige Butter-Mentholbonbons.

Analyse ist etwas, das fast außerhalb der realen Welt geschieht. Und doch führen das Verständnis, zu dem es in kleinen, meistens sanft beleuchteten Räumen kommt, und der Austausch, der dort stattfindet, dazu, eine Verbindung zur wirklichen Welt herzustellen und sich in ihr zu verankern. Auf der Couch meiner Analytikerin zu liegen, an manchen Tagen fast regungslos, hat mich gefestigt. Als ich mich von der Couch fortbewegte, wollte ich mich wirklich bewegen.

Früher habe ich in einigen meiner schmerzlicheren Analysesitzungen die Finger verknotet und meine Handgelenke verdreht. Jetzt mache ich andere Verrenkungen. Bankdrücken, Kreuzheben und Kniebeugen. Es war, als ob all die Stunden, in denen ich stillag, mir meinen Wunsch nach Bewegung nähergebracht hätten. Ich begann zu joggen. Und Gewichte zu heben.

An manchen Tagen verzog ich schmerzvoll das Gesicht, wenn ich mich von der Couch erhob. Ich hatte dann immer Lust, zu lachen. Der Schmerz, der mich das Gesicht verziehen ließ, war ausnahmsweise kein psychischer Schmerz. Es war Muskelkater. Ich liebe es, wenn mir nach dem Training die Muskeln weh tun. Es ist eine solche Erleichterung, wenn einem aus ganz einfachen Gründen alles weh tut. Schmerzende Waden oder Achillessehnen bedürfen keiner Interpretation. Tatsächlich sind sie ein Zeichen dafür, daß die Muskeln sich gedehnt haben, und das ist es ja, was man möchte, wenn man Gewichte hebt.

Ich bin so stolz darauf, Gewichte zu heben. Ich erzähle völlig fremden Leuten, die mich gar nicht danach gefragt haben, daß ich Gewichte hebe. Was sollen sie dazu sagen. Die meisten hören höflich zu. Es macht mir soviel Spaß, sage ich. Die Worte sprudeln aus mir heraus. Ich kann meine Begeisterung nicht zurückhalten.

Manchmal, während ich schreibe, ertappe ich mich dabei, daß ich meine Muskeln in einem geistesabwesenden Rhythmus betaste. Sie sind der solide Beweis für meine Veränderung. Manchmal, wenn mein Schreiben mich in die Vergangenheit eintauchen läßt, brauche ich diesen Beweis, um mich zu vergewissern, daß ich dort nicht mehr bin.

Eine Analyse zu machen und Schriftsteller zu sein gilt beides als unorthodoxe Beschäftigung. In beiden Fällen, sei es von der Analytikercouch oder vom Schreibtisch des Schriftstellers aus, führt man einen einsamen, mühseligen Kampf, um die Verbindung zu einem größeren Universum herzustellen.

Das Schreiben und die Analyse bieten nur Langzeitoptionen. Weder das eine noch das andere winkt mit schnellen Preisen oder Belohnungen, wenn auch die Freude des Schreibens ziemlich berauschend ist. Nichts beschäftigt mich so vollkommen wie das Schreiben. Ich tauche gänzlich darin ein. Die Zeit vergeht, und ich merke es nicht. Meine Welt ist zum Stillstand gekommen. Sicher versteckt und eingekapselt zwischen knisternden Bögen weißen Papiers. Zwei Stunden können wie zwei Minuten sein. Manchmal bewege ich mich nur, weil ich steif bin oder pissen muß. In meinem Arbeitszimmer verkrochen, habe ich ganze Tage versäumt. Ich muß fragen, wie das Wetter war oder ob irgend etwas Welterschütterndes geschehen ist.

Das Schreiben gehört mir allein. Niemand braucht mir dabei zu helfen. Ich mache es selbst. Es ist meine private Welt, in die niemand eindringen kann. Vielleicht ist das für mich ein besonders wichtiger Aspekt des Schreibens, weil ich eine Frau bin. Frauen müssen soviel in ihrem Leben teilen. Nur selten haben wir eine Domäne, die ganz allein uns gehört. Ich teile mein ganzes Leben mit meinem Mann und meinen Kindern. Doch wenn ich schreibe, dann bin ich allein, mit meinen eigenen Richtlinien, meinen eigenen Gefühlen und meinen eigenen Unterbrechungen.

Manchmal, wenn ich das, was ich schreibe, als zu schmerzlich empfinde, dann wünsche ich mir, ich wäre Köchin geworden oder Restaurantbesitzerin oder hätte einen Catering-Service. Ich frage mich, ob ich wohl fröhlicher geworden wäre, wenn ich meine Tage damit verbracht hätte, Kräuter und Gemüse und Käse auszuwählen. Frische Produkte verleihen einem Auftrieb. So wie Märkte, am frühen Morgen. Und es hat etwas sehr Befriedigendes, andere mit Nahrung zu versorgen.

Diese Phantasie habe ich schon lange. Als ich noch sehr jung war, sehnte ich mich danach, einen Sandwich-Shop zu eröffnen. Ich wollte riesige Berge von geschnittenem Weißbrot mit Butter bestreichen können. Mit Butter aus einem großen Glasbehälter. Butter, die so weich geworden wäre, daß das Brot mit nur einem Strich des flachen Messers, das man in australischen Delikatessenläden benutzt, bestrichen wäre.

Als Kind liebte ich alles, was dazugehörte, ein Sandwich zu machen. Ich liebte die rechteckigen Plastikbehälter mit geschnittenen Tomaten, geschnittenen Gurken, geschnittenen roten Rüben, mit gehackten Eiern und gehobeltem Eisbergsalat. Ich liebte die dicken Stapel aus Schinken-, Corned Beef- und Käsescheiben, die auf den Arbeitstischen lagen und auf die Mittagspause der arbeitenden Bevölkerung warteten.

Ich konnte den Frauen stundenlang dabei zusehen, wie sie die Brote strichen und belegten und aufeinanderklappten und einpackten. Sie waren so flink. Jedes Sandwich wurde diagonal in zwei perfekte Dreiecke geteilt und, symmetrisch, in viereckiges Wachspapier eingewickelt. Ich wollte meine eigene Ausrüstung aus Wachspapier und braunen Papiertüten. Ich hatte Ideen, wie man die Sandwiches belegen könnte. Ich machte der Frau im Delikatessenladen in der Nicholson Street den Vorschlag, Meerrettich auf das Corned Beef zu geben. »Was ist Meerrettich?« sagte sie.

Es macht mir immer noch Freude, Sandwiches zuzubereiten. Es macht mir Spaß, neue Kombinationen zu erfinden. Ziegenkäse mit getrockneten Oliven. Alten Cheddarkäse mit Rhabarberchutney. Truthahnbrust, Pfirsichmarmelade und Pfeffer. Wäre ich reich geworden, wenn ich bei den Sandwiches oder beim Kochen geblieben wäre? Wer weiß? Meerrettich und Corned Beef klingt in meinen Ohren immer noch gut.

Es ist eine schöne Phantasie. Aber es ist eine Phantasie. Ich kann mir kein Leben vorstellen, in dem ich nicht schreibe. Ich finde, ich habe soviel Glück gehabt, etwas tun zu können, das mir soviel Freude bereitet. Und das so einfach ist. Das Schreiben erfordert keine teure Ausrüstung, man hat es immer bei sich. Ich habe stets Block und Bleistift bei mir, ganz gleich, wohin ich gehe. Ich brauche mich nie von meinem Schreiben zu trennen. Ich kann so nah damit verbunden bleiben, wie ich möchte.

Ich beende meine sechs Jahre andauernde Analyse, wenn ich dieses Buch beende. Dies ist meine letzte Analyse. Sie hat mir eine Körperlichkeit gebracht, die ich nie besaß. Es ist ein komischer Gedanke, daß all diese Stunden, die ich damit verbrachte, auf einer Couch zu liegen, mich zu physischer Aktivität getrieben haben. Ich kann joggen. Ich kann meilenweit zu Fuß gehen. Ich bin eine akzeptable Schwimmerin. Ich bin nicht mehr die, die ich war. Zum ersten Mal in meinem Leben habe ich ein starkes Empfinden für mein eigenes Glück und gleichzeitig ein Verständnis für die Grenzen meiner Fähigkeit, dieses Glück zu akzeptieren.

Für jemanden, der keine Veränderungen mag, habe ich mich sehr verändert, und ich bin dankbar für die Analyse, die mir diese Veränderungen gestattet hat. Dankbar, nicht in

Routinen und Strukturen erstarrt oder in einer Stadt hängengeblieben zu sein. Ich freue mich auf ein weniger straff geregeltes Leben, in dem meine Tage und Wochen nicht mehr von den Terminen meiner Analysesitzungen bestimmt werden. Ein Teil von mir fürchtet sich vor diesem Ende. Ich habe mich zeitlebens vor jedem Ende gefürchtet. Ein anderer Teil freut sich. Ich sehe es als einen Anfang. Ich träume davon, durch China zu radeln und Italien zu durchwandern. Ich habe daran gedacht, Langlaufen zu gehen, und sogar in Erwägung gezogen zu klettern.

Ich habe mich oft gefragt, welches Leben ich wohl geführt haben würde, wenn Hitler nicht interveniert hätte. Wäre ich eine polnisch-jüdische große Dame geworden? Die Familie meines Vaters war sehr wohlhabend. Hätte ich weniger Angst gehabt? Mich nicht jahrelang mit Angstsymptomen herumquälen müssen? Mich weniger gefürchtet? Vertrauensvoll in die Welt geblickt? Wäre ich entspannt und fröhlich und charmant gewesen? Wer weiß?

Ich bin mir nicht sicher, ob ich eine radfahrende, joggende, potentiell kletternde Langläuferin geworden wäre. Ich bin sehr froh, daß ich es wurde.

Die englische Originalausgabe erschien unter dem Titel
In Full View bei Pan Macmillan Australia Pty Limited, Sydney
© Lily Brett 1997

3. Auflage

Alle Rechte dieser Ausgabe:
© 1999 Franz Deuticke Verlagsgesellschaft m. b. H., Wien–München
Alle Rechte vorbehalten.
Fotomechanische Wiedergabe bzw. Vervielfältigung, Abdruck,
Verbreitung durch Funk, Film oder Fernsehen sowie Speicherung
auf Ton- oder Datenträger, auch auszugsweise,
nur mit Genehmigung des Verlags.
Umschlaggestaltung: Robert Hollinger
Umschlagfoto: © Buenos Dias
Druck: Wiener Verlag, Himberg
Printed in Austria
ISBN 3-216-30446-9

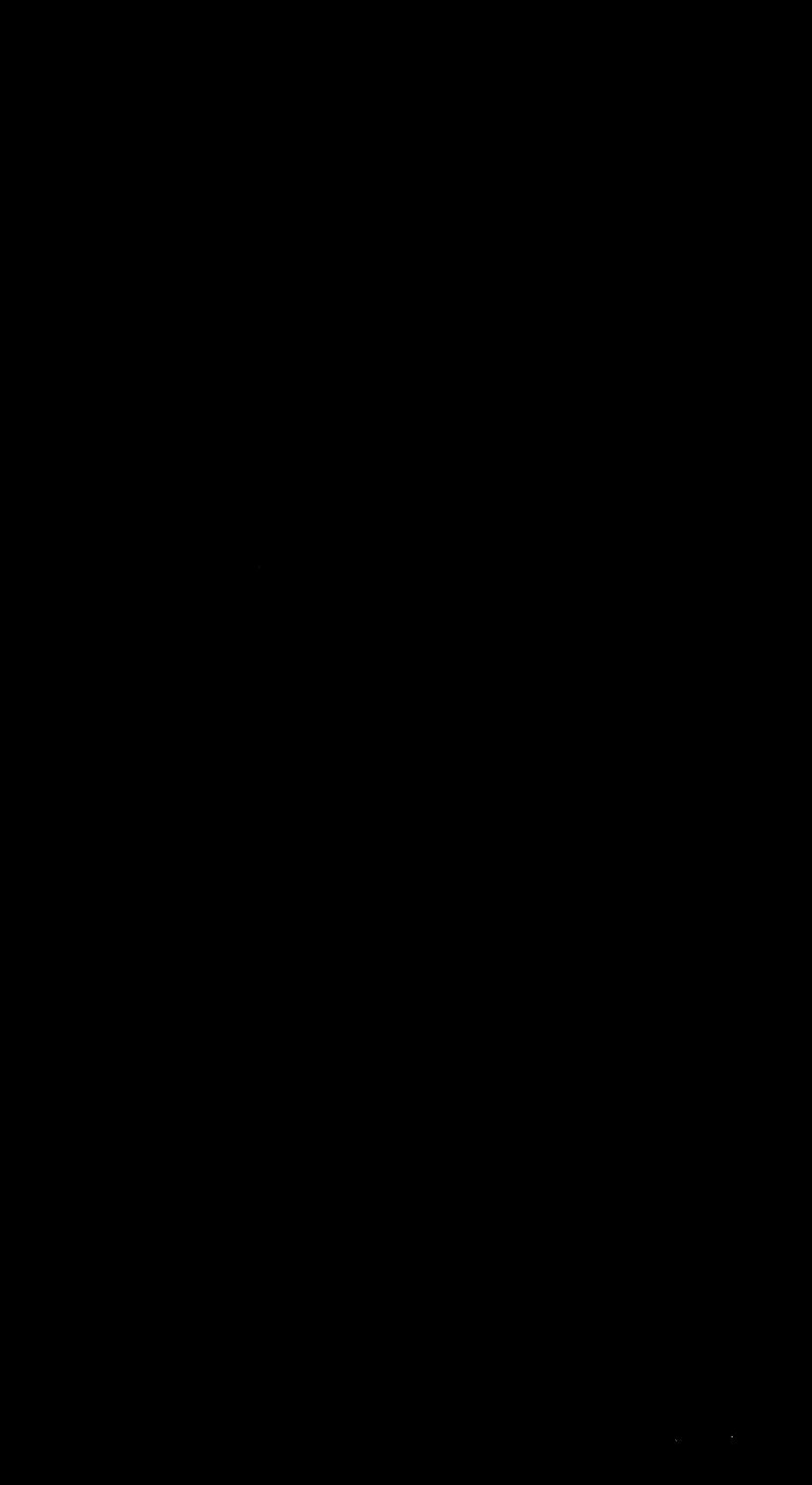

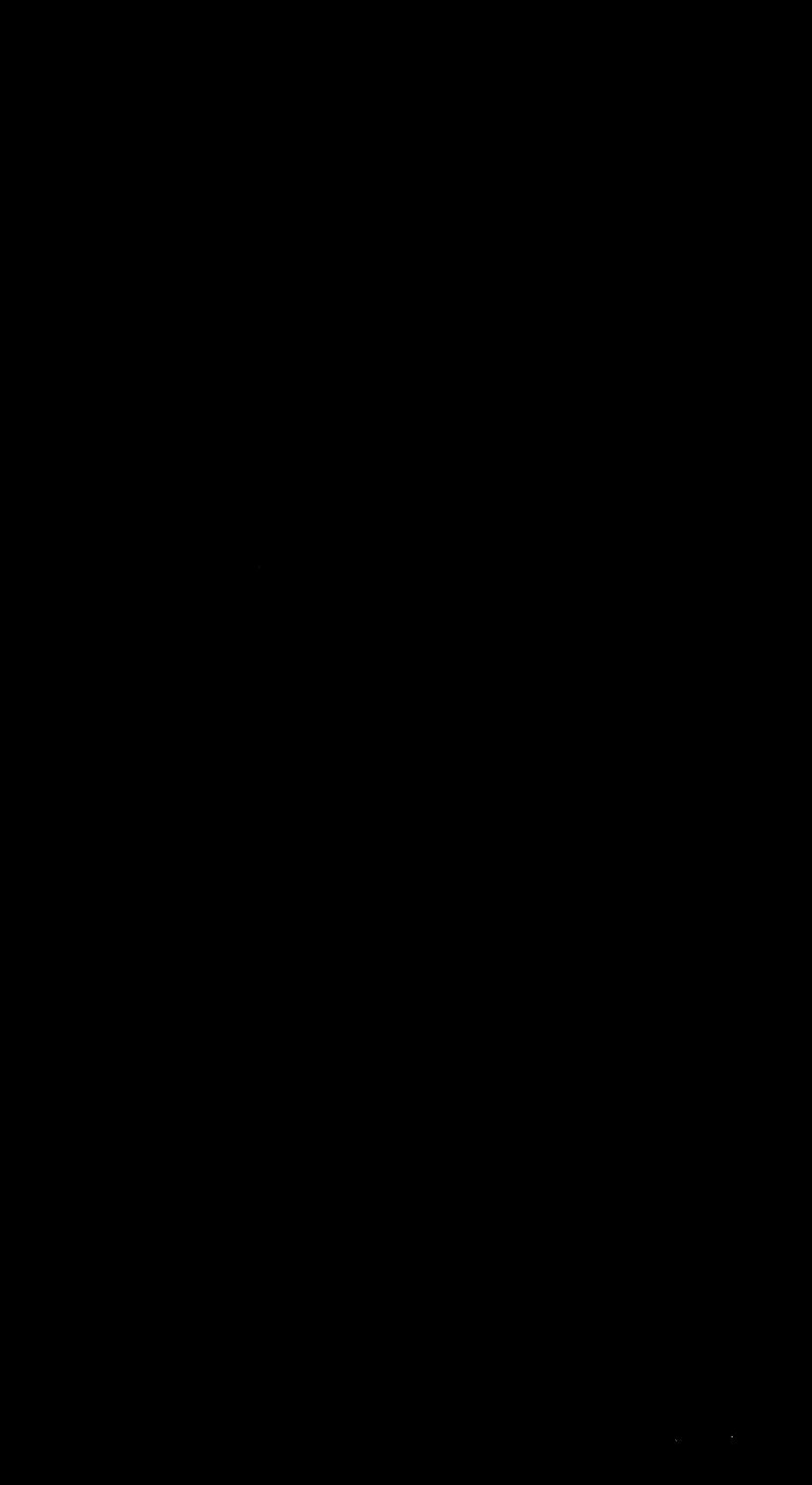